古籍保护研究

第一辑

国家古籍保护中心 编

中原出版传媒集团
大地传媒
大象出版社
·郑州·

图书在版编目(CIP)数据

古籍保护研究. 第 1 辑／国家古籍保护中心编. — 郑州：大象出版社，2015.11
ISBN 978-7-5347-8620-4

Ⅰ.①古… Ⅱ.①国… Ⅲ.①古籍—图书保护—中国—文集 Ⅳ.①G253.6-53

中国版本图书馆 CIP 数据核字(2015)第 269613 号

古籍保护研究（第一辑）
国家古籍保护中心 编

出 版 人	王刘纯
责任编辑	吴韶明
责任校对	裴红燕　张迎娟　牛志远　马　宁
装帧设计	付镞镞

出版发行　大象出版社（郑州市开元路 16 号　邮政编码 450044）
　　　　　发行科　0371-63863551　　总编室　0371-65597936
网　　址　www.daxiang.cn
印　　刷　郑州新海岸电脑彩色制印有限公司
经　　销　各地新华书店经销
开　　本　787mm×1092mm　1/16
印　　张　18.75
字　　数　300 千字
版　　次　2015 年 11 月第 1 版　2015 年 11 月第 1 次印刷
定　　价　30.00 元
若发现印、装质量问题，影响阅读，请与承印厂联系调换。
印厂地址　郑州市文化路 56 号金国商厦七楼
邮政编码　450002　　　　电话　0371-63944233

编辑委员会

顾　问：李致忠　史金波　王刘纯
主　编：韩永进　李　培
副主编：张志清　李国庆
编　委：艾俊川　陈红彦　马辛民
　　　　孙　彦　王红蕾　王雁行
　　　　张廷银

发刊词

《古籍保护研究》是为了配合实施"中华古籍保护计划"而推出的古籍专业学术出版物。我们创办《古籍保护研究》，旨在及时揭示实施"中华古籍保护计划"所取得的学术研究成果，为古籍保护工作者提供一个学术交流平台，总结推广先进工作经验，及时发布研究成果，推动古籍保护事业向纵深发展。

2007年，国务院办公厅颁布《国务院办公厅关于进一步加强古籍保护工作的意见》（国办发〔2007〕6号）（以下简称《意见》），对全国古籍保护工作进行总体部署，正式实施"中华古籍保护计划"，这是我国历史上首次由国家主持开展的全国性古籍保护工程。按照《意见》要求，建立了全国古籍保护工作部际联席会议制度、全国古籍保护工作专家委员会和国家古籍保护中心，各省、自治区、直辖市相继建立了省级古籍保护领导小组、厅际联席会议制度、省级古籍保护中心和专家委员会，形成了覆盖全国的古籍保护工作体系。这些制度和组织的建立，极大地推动了古籍保护工作在全国的有效展开。

自"中华古籍保护计划"实施以来，全国古籍保护工作取得了一系列阶段性成果：开展全国古籍普查登记工作，陆续编辑出版《馆藏古籍普查登记目录》，古籍底数逐步摸清；颁布《国家珍贵古籍名录》，古籍分级保护制度基本建立；命名"全国古籍重点保护单位"，古籍存藏环境得到有效改善；多形式开展古籍保护人才培养工作，专业人才队伍不断扩充；建立国家级古籍修复中心，古籍修复成果显著；大力开展中华古籍数字资源库建设，古籍揭示及利用效能显著增强；开展古籍法规及标准规范建设，古籍保护工作科学化水平不断提升；全面推进新疆、西藏古籍保护专项工作，少数民族古籍保护成果显著；加强古籍整理与影印出版，古籍再生性保护成果丰硕；设立海外中华古籍合作保护项目，古籍调查和数字化回归初见成效；全面开展古籍保护宣传推广，全社会古籍保护意识显著提高。

在成绩面前，我们还必须看到，古籍保护工作仍存在一些突出的矛盾和问题，主要反映在：一是重视不足。一些地方没有把古籍保护工作放到维系中华文明根脉和维护国家文化安全的高度来认识，没有意识到这是一项和时间赛跑的伟大事业，缺乏责任感和紧迫感。二是法规不完善，跨部门跨系统合作有待加强，与国家其他重要文化工程衔接不足。三是经费投入不足，人员岗位配备不到位，部分单位缺乏严格有效的管理督导。四是专业人才不足。这仍是制约古籍保护事业发展的突出问题。与此同时，在古籍保护研究方面，尤其是在古籍定级与《珍贵古籍名录》、古籍存藏环境、古籍再生性保护、古籍数字化建设、少数民族古籍保护、海外中华古籍保护及古籍保护推广等领域尚缺乏有分量的研究成果。古籍保护工作存在的这些突出矛盾和问题，需要我们大家一起努力研究解决。

2016年，我们将迎来古籍保护第十三个五年计划。《古籍保护研究》的创办恰逢其时。我们应抓住机遇，迎接挑战，提升古籍保护科研水平，努力开创古籍保护事业新局面。

本辑是《古籍保护研究》的第一辑，我们在栏目设置、稿件征集等方面存在的不足之处，恳请业界同人不吝赐教。让我们携起手来，共同努力，精心培育，把这个属于我们大家的学术集刊办好。最后，衷心感谢天津市古籍保护中心和大象出版社对《古籍保护研究》的鼎力支持和厚爱。

国家古籍保护中心
2015年10月

目 录

古籍保护综述

大力推进优秀文化传承　精心规划古籍保护未来
　　——在"2014年省级古籍保护中心工作会议"上的讲话 … 刘小琴　001
把握重点　推进保护
　　——在"2014年省级古籍保护中心工作会议"上的讲话 … 韩永进　005
谈谈"十三五"时期"中华古籍保护计划"的规划设想 ………… 张志清　015
古籍保护与典藏、整理、传播之关系浅探 ………………………… 李德龙　021
复旦大学"中华古籍保护研究院"的创建与构想 ………………… 杨光辉　028
浙江省"中华古籍保护计划"实施的调查思考 …………………… 蔡　彦　032

古籍普查与编目

辽宁省图书馆馆藏古籍源流与特色 ……………………………… 刘　冰　042
围绕胶东乡邦文化而开展的古籍普查保护工作
　　——以烟台图书馆为例 …………………………………… 刘树伟　049
谈济宁市古籍文献保护整理工作 ………………………………… 黄银萍　055
周叔弢研究文献目录 ……………………………… 陈东辉　卢新晓　060
钱氏述古堂影宋抄本《歌诗编》浅说 ……………………………… 赵　前　076

从《龙藏经》经版整理中新发现的问题看乾隆皇帝对文章的删改与撤毁
　　………………………………………………………… 翁连溪　079
契嵩《镡津文集》版本简述………………………………… 王红蕾　087
《四库全书总目·经部》补正七则………………………… 许超杰　101
《历代妇女著作考》清代妇女部分考订十三则…………… 赵　嫄　106
李慈铭越缦堂藏书四种述略………………………………… 杨　健　110
《明夷待访录》两种抄本比较研究………………………… 罗　恰　116
《广州大典》子部释家类所收明末清初佛教文献述论
　　…………………………………………… 李福标　肖　卓　122
读者的群像：以嘉靖本题跋为中心的考察………………… 向　辉　133
浅论钱泰吉的版本学成就…………………………………… 张丽华　144
焦竑"博学启悟"论指导下的藏书思想 …………… 韩梅花　罗　军　151
从国家图书馆藏四种文瑞楼藏书目录抄本谈金檀文瑞楼藏书
　　…………………………………………………………… 孙　婠　157
论《水利营田图说》独特的版刻与装帧形式……………… 宋文娟　163
古籍书目四角号码索引编制过程的批处理………………… 王永华　169
《中华古籍总目·天津卷》对MARC数据的利用及计算机编目方法初探
　　…………………………………………………………… 丁学松　174

古籍人才培养

国家图书馆古籍修复技艺传习中心人才培养模式思考…… 陈红彦　182
古籍修复事业任重道远……………………………………… 杜伟生　189
在北图学习的回顾
　　——追忆恩师张士达先生………………………………… 师有宽　194

古籍存藏环境

浸水纸质藏品的稳定与干燥………………………………… 刘家真　202
浅析常温常态下纸质文献的管理…………………………… 杨文龙　216

古籍修复

《大清万年一统地理全图》分切合裱操作述评 ················· 鲍国强　220
蝴蝶装金镶玉的实际应用
　　——手稿的一种修复方法 ················· 葛瑞华　程仁桃　229

古籍标准规范化建设

《中华古籍总目》分类表(修订稿) ················· 李致忠　233
《中华古籍总目》著录规则 ················· 吴　格　247
《中华古籍总目》款目组织(修订稿) ················· 李国庆　264

古籍保护推广

南京图书馆古籍整理研究与推广 ················· 陈　立　280

大力推进优秀文化传承
精心规划古籍保护未来
——在"2014年省级古籍保护中心工作会议"上的讲话

刘小琴

（2014年4月17日）

各位领导，各位专家，同志们：

大家上午好！今天，国家古籍保护中心召开"2014年省级古籍保护中心工作会议"，我谨代表文化部公共文化司，向各省、自治区、直辖市古籍保护中心负责同志和与会的全体同志表示诚挚的问候！国家图书馆馆长、党委书记、国家古籍保护中心主任韩永进同志一会儿将会做重要报告，就前一时期工作进行全面总结，对今年的工作做深入的部署。借此机会，我就如何贯彻党的十八大和十八届三中全会精神，全面深入开展古籍保护工作谈几点意见，供大家参考。

一、深入贯彻习近平总书记系列重要讲话精神，进一步增强大局意识、责任意识

党的十八大和十八届三中全会对文化建设提出了一系列新思想、新论断、新要求，特别是习近平总书记的一系列重要讲话，为继承优秀文化传统，弘扬中国精神，建设社会主义文化强国，增强国家文化软实力，实现中华民族伟大复兴的中国梦，指明了前进方向。习近平总书记指出，每一种文明都延续着一个国家和民族的精神血脉，既需要薪火相传、代代守护，更需要与时俱进、勇于创新。提高文化软实力，就必须夯实国家文化软实力的根基，其中一个很重要的工作就是从思想道德抓起，继承和弘扬我国人民在长期实践中培育和形成的传统美德，在去粗取精、去伪存真的基础上，坚持古为今用、推陈出新，努力实现中华传统美德的

创造性转化、创新性发展。他特别提出，要系统梳理传统文化资源，让收藏在禁宫里的文物、陈列在广阔大地上的遗产、书写在古籍里的文字都活起来。近期，蔡武部长也从建构"中华优秀传统文化传承体系"的高度，强调了做好古籍工作的重要性。

习总书记在讲话中对古籍工作提出要求还是第一次，这充分说明中央对文化工作、对古籍工作的高度重视。近年来，在党和国务院的关怀下，在有关部门的大力支持下，我国古籍保护工作取得了很大成绩，古籍保护工作体系初步建立，古籍普查、修复、整理、出版等工作取得显著成果，初步建立了一支古籍保护队伍，通过实施《中华再造善本》等重点出版项目，古籍逐步从善本书室走出来，得以被社会广泛利用。应当说，做好古籍保护工作，既是中央对我们的要求，也是我们文化工作者义不容辞的历史责任。我们一定要充分认识古籍保护工作的重要意义，进一步增强责任感和紧迫感，通过系统研究、挖掘、整理优秀传统文化遗产，深入做好古籍保护工作，不断为弘扬社会主义核心价值观提供思想资源，为经济社会发展提供文化动力。

二、以改革为动力，努力创新，推动古籍保护工作取得新进展

虽然古籍保护工作取得了积极成效，但仍然存在一些问题和不足：保护专业人员匮乏，人才培养工作艰巨；保护经费投入不足，缺口很大；缺乏跨系统的工作协调机制等问题比较突出。在今后工作中，我们要围绕如何解决这些问题，把握稳中求进的总基调，采取有力措施，不断改革创新，推动古籍保护工作取得新成效。

（一）创新人才培养模式。培养人才是做好古籍保护工作的关键。近年来，我们培养造就了一大批古籍保护专业人才，但与古籍保护的繁重任务相比还远远不够。要在创新培养机制上下功夫，按照多渠道、分层次培养人才的新模式，培养一批技术精湛、素质较高的古籍修复人才，培养一批业务精通、素质过硬的古籍保护管理人员。要通过与高等院校和研究机构合作，开设古籍保护相关专业，加大古籍保护人才的培养力度。按照计划，国家古籍保护中心人才培训基地申报工作已经启动，"国家级古籍修复技艺传习中心"附设传习所试点工作、与高等院校合作培养古籍保护专业硕士等人才培养工作项目已提上议事日程。各省级古籍保护中心也要探索新的人才培养模式，推动古籍保护工作可持续发展。

（二）拓宽经费投入渠道。自2007年"中华古籍保护计划"实施以来，全国掀起了古籍保护的新高潮，各省市相关部门和单位积极争取各种经费支持，加大了对本省市古籍保护工作资金投入的力度。据不完全统计，从2007年到2013年底，中央财政拨付人民币约1.25亿元，引导地方保护经费投入1.2亿元。随着工作的深入开展，古籍保护经费仍存在较大缺口，迫切需要中央和地方继续完善古籍保护经费投入机制。因此，一方面要争取把古籍保护工作经费纳入单位预算，确保古籍保护工作的日常经费开支；另一方面，要加强与财政部门协商，争取以项目经费的形式向全国古籍保护工作提供支持。同时，争取通过制订全国古籍保护工作的中长期规划，确保经费投入的持续性。希望各省级古籍保护中心也积极争取地方资金支持，加大对古籍保护工作的投入。此外，还要注重调动社会各行业和社会资金参与古籍保护的积极性，实现资金渠道的多元化。

（三）建立跨系统的统筹协调机制。协调教育、文博、民族宗教等其他系统有关单位共同做好保护工作至关重要。目前，全国古籍保护工作部际联席会议在协调相关部委、组织实施古籍保护工作等方面发挥了积极作用，各省也建立了相应机构。在具体业务层面，国家古籍保护中心和各省级古籍保护中心要发挥平台和枢纽作用，加强与其他系统有关单位的协调联系，共同做好古籍普查登记、业务培训、学术研究等工作，实现资源共建、成果共享。各地各有关部门要认真履行职责，完善协调机制，形成工作合力，不断提高古籍保护工作水平。

三、抓住发展机遇，做好规划，为古籍保护工作的长远发展打好基础

2014年是全面贯彻落实党的十八大和十八届三中全会精神、全面深化改革的重要一年。我们要抓住文化大发展大繁荣、建构现代公共文化服务体系、建设社会主义文化强国的重要机遇，根据中央提出的任务要求和总书记的重要讲话精神，从实现中华民族伟大复兴的中国梦的全局和战略高度，规划和实施古籍保护工作。在扎实做好今年古籍保护各项工作的同时，要立足当前，着眼长远，对接国家特别是文化改革发展的"十三五"规划，提前进入，提早准备，在深入调研的基础上，启动新的古籍保护计划编制工作，为古籍保护工作的长远发展奠定基础。

编制新的古籍保护计划要坚持高标准、高起点，按照"加大古籍保护工作力

度,建立科学有效的古籍保护制度,提高全社会的古籍保护意识"的要求,围绕深入开展古籍普查工作、健全《国家珍贵古籍名录》、评选命名"全国古籍重点保护单位"、加强古籍保护人才队伍建设、科学开展古籍修复工作、充分利用古籍保护成果等重点方面,增加新内容,创造新形式,取得新成效。

为总结成绩,交流经验,研究部署今后一个时期的古籍保护工作,文化部已将今年的图书馆年会工作会议板块主题定为古籍保护工作,将在年会期间召开全国古籍保护工作会议,国家古籍保护中心将举办中华优秀传统文化论坛,举办中华优秀典籍文化展。同时,国家古籍保护中心也策划了"我与中华古籍"主题征文活动,这个活动很有意义,各省级古籍保护中心都要大力支持。今年还要做好第五批《国家珍贵古籍名录》和"全国古籍重点保护单位"的申报、评审工作;加强古籍数字化工作,为"中华古籍数字资源库"建设打好基础;系统调查散失海外的中华古籍珍本;切实做好《中华再造善本续编》《中华医藏》的编纂工作。

同志们,加强古籍保护功在当代,利在千秋。做好这项工作,责任重大,任重道远,需要我们的共同努力。我们要扎实工作,共同努力,努力开创全国古籍保护工作新局面,为弘扬中华民族优秀传统文化、繁荣和发展社会主义先进文化做出更大贡献!

谢谢大家。

(作者:刘小琴,文化部公共文化司巡视员)

把握重点　推进保护
——在"2014年省级古籍保护中心工作会议"上的讲话

韩永进

（2014年4月17日）

尊敬的小琴巡视员，各省级古籍保护中心主任、馆长，各位同人：

大家上午好！

在春意盎然、万物复苏的春天，我们聚集在国家图书馆，规划部署"中华古籍保护计划"2014年重点工作，展望传承中华优秀传统文化伟大事业的前景，心情格外振奋。首先，我代表国家图书馆、国家古籍保护中心，对文化部公共文化司领导、各省级古籍保护中心领导、各位馆长和同人的到来表示热烈欢迎。这次会议也是我担任国家古籍保护中心主任以来，第一次和这么多馆长在一起商议全国古籍保护工作，希望在工作上得到大家的支持和帮助。

下面，我就"中华古籍保护计划"的进展和存在的主要问题向大家报告，并就2014年的工作进行部署。

一、"中华古籍保护计划"的进展

2007年"中华古籍保护计划"开展以来，在文化部领导下，各省级古籍保护中心和古籍收藏单位对全国古籍保护工作给予大力支持和密切配合。大家积极谋划，全力参与，扎实工作，使这项造福子孙、保存中华民族精神家园的伟大事业取得了重要进展。

（一）全国古籍普查登记工作从2012年正式启动以来，全国已有28个省、市和2家中央直属机关单位的500余家古籍收藏单位完成了古籍普查登记工作，正式出版3部《全国古籍普查登记目录》（即《天津图书馆藏古籍普查登记目录》

《中国中医科学院图书馆藏古籍普查登记目录》《黑龙江省图书馆藏古籍普查登记目录》),还有 37 家单位的普查登记目录即将正式出版。据初步统计,全国 2800 家单位收藏古籍超过 5000 万册。在普查登记工作中,涌现出一批过去不为人所知的重要古籍收藏单位,发现了一批过去不为人所知的珍贵古籍,使我们对于古籍的认识在品种、版本和学术上有了重要的拓展。国家古籍保护中心与国家文物局就古籍普查数据共享方式等事项达成共识,并于 2013 年 7 月国家文物局与文化部的共同发文中,明确了古籍普查与文物普查数据共享方案。

(二)从 2007 年至今,国务院颁布了四批《国家珍贵古籍名录》和"全国古籍重点保护单位",有 11375 部珍贵古籍入选《国家珍贵古籍名录》,166 家单位入选"全国古籍重点保护单位"。全国有 18 个省还开展了省级珍贵古籍名录和省级古籍重点保护单位的评审,古籍分级管理机制逐步形成。

(三)从 2007 年到目前为止,国家古籍保护中心举办了 103 期古籍鉴定、普查、保护、修复方面的培训班,培训古籍保护人才 6394 人次,全国 1622 家古籍收藏单位参加了培训。各省级古籍保护中心和古籍收藏单位还举办了大量古籍保护人才培训班。古籍保护人才培训班先后聘请了 200 多位老专家、老学者、老技师,使他们成为培训教学的中坚力量。中等和高等教育系统培养古籍保护人才,从过去只有中专、大专生到今天逐步转向本科、硕士和博士研究生培养,很多高等院校已经获批开设古籍保护专业方向的专业硕士班,逐步使我国古籍保护人才培养走上科学化轨道。一批古籍编目、鉴定和修复方面的青年人才脱颖而出,日益成熟,古籍保护事业后继有人。2013 年 6 月,国家古籍保护中心在国家图书馆古籍馆设立"国家级古籍修复技艺传习中心",采取师带徒方式培养古籍修复人才,从非遗传承角度拓展古籍保护人才的培养方式。

(四)全国古籍保护修复工作成果显著。全国古籍重点保护单位多数重建或修缮了古籍书库,为古籍提供了设备设施齐全、古籍典藏制度完备、古籍监控技术完善的良好保护环境。文化部成立了 12 家国家级古籍修复中心。国家古籍保护中心为 12 家国家级古籍修复中心重点配置了比较先进的设备、仪器、工具、材料,培训修复人才。各国家级古籍修复中心在 2010—2012 年三年间修复了 110 万页珍贵古籍。

(五)2012 年起,国家古籍保护中心开展"中华珍贵典籍资源库"建设,编制下发《全国古籍数字化工作手册(试用本)》等相关文件。全国首批 27 家参建单位开展了珍贵古籍数字化工作,安徽、浙江、福建、南京、湖南、广西、河南及首都图书馆等 8 家参建单位的数据资源提交至国家古籍保护中心。

(六)2012 年,国家古籍保护中心设立了海外中华古籍调查和合作保护项目,目前重点推进了与美国、加拿大、德国、法国和英国的古籍调查和保护项目。《海外中华古籍书目丛刊》已经开始编纂出版,《美国普林斯顿大学葛思德东方图书馆中文古籍目录提要》《美国哥伦比亚大学亚洲图书馆中文古籍目录提要》《德国国家图书馆七种中文古籍历史目录》《日本文求堂中文古籍销售书目》《北美中文古籍善本书目》等第一批书目的编纂工作已经启动,《海外中华珍贵古籍丛刊》的编纂工作也已开展。国家古籍保护中心还组织了对德国杰斯克纸张除酸公司的考察工作,为我国古籍纸张脱酸探索途径。

(七)推进《中华再造善本续编》《中华医藏》《中国珍贵典籍史话丛书》《国家珍贵古籍题跋汇编》等项目的保护整理工作;联合海内外公藏机构和私人藏家共同参与合作编纂《天禄琳琅书目新编》及《孔氏六帖》《春秋经传集解》的"合璧"复制工作;编制完成了古籍特藏定级六项标准和古籍书库标准;推进《古籍保护条例》和各类相关标准的修订和升级,加快古籍保护科学化、规范化进程;继续指导、协调有关部门做好新疆、西藏古籍保护工作,推动新疆、西藏地区古籍普查、珍贵古籍数字化及古籍保护人才培训工作。

(八)积极推进中国古籍保护协会的筹备申报工作。伴随"中华古籍保护计划"的深入开展,为完善全国古籍保护工作机制,解决人才短缺和社会资金参与古籍保护困难等问题,加强政府与收藏单位、民间组织、企业及古籍专家、爱好者之间的联络,发挥政府管理参谋助手的作用,全国一批古籍保护单位和专家呼吁成立中国古籍保护协会。该协会将经由民政部注册,文化部主管,依托国家古籍保护中心开展工作。目前,协会申报材料已上报至国务院。

(九)"中华古籍保护计划"实施以来,国家古籍保护中心共举办 8 个国家珍贵古籍和古籍保护大型展览、50 多个全国古籍保护巡展、2 个"中华古籍保护计划"展示体验区;举办各类型古籍保护讲座 50 多场次,并与《光明日报》《中国文化报》、中央电视台《国宝档案》栏目、光明网等媒体合作,通过专栏、专版、专题片等多种形式开展大规模新闻宣传活动,结合全国各地每年举办的古籍保护活动,各类报道超过万次,有力宣传了古籍保护工作,为使社会认识古籍、参与古籍保护工作发挥了重要作用。

二、古籍保护工作存在的主要问题

目前,文化部已将古籍保护工作正式纳入公共图书馆评估体系。2013年6月至7月,文化部组织14个督导组,对各省(自治区、直辖市)"中华古籍保护计划"进展情况进行了督导,重点检查各地古籍保护工作组织协调、经费投入、普查登记、保管修复、人才培养、宣传推广等相关工作的开展情况。通过这次督导我们可以看到,"中华古籍保护计划"实施七年来,古籍保护机制渐趋完善,古籍保护经费投入有所增加,古籍保管环境不断改善,民众古籍保护意识日益增强。与此同时,通过督导和调研,我们对当前全国古籍保护工作中所面临的困难和存在的问题有了更加深刻的认识。这些困难和问题主要有:

(一)古籍保护经费缺口较大。由于各地经济情况不同,经费投入也有差异,部分地区工作开展缺乏资金投入。个别省市和地区一直没有古籍保护专项经费,严重影响了当地古籍整理、保护、研究工作的落实。随着古籍保护工作的深入开展,所投入经费与实际工作需要相比依然有较大缺口。一些珍贵文物和罕见重要古旧史料文献,缺乏统一管理的特藏书库;一些图书馆古籍保护条件较差,珍贵古籍文献存放条件堪忧。此外,全国古籍修复工作量巨大,地方修复力量亟须进一步加强,特别是民族地区古籍修复工作进展缓慢,仍需加大经费投入。

(二)专业人员匮乏,人才培养模式有待创新。目前大部分省级古籍保护中心加挂在各省级图书馆,没有单独增加人员编制,相对古籍保护所需开展的大量工作,人员短缺成为一些地区古籍保护工作推进缓慢的主要因素之一。很多基层古籍收藏单位没有专职古籍业务人员,仅依靠省级古籍保护中心派人帮助整理登记古籍,严重影响了古籍普查登记工作进度。此外,缺乏古籍研究型人才,尤其是高层次的古籍研究人才和少数民族古籍保护人员。古籍人才培养是一个漫长的过程,要求有丰富的知识积累,而现在各地举办的培训班因为经费限制,大都是短期培训班,培训效果不甚理想。

(三)跨系统协调问题依然突出。各省级古籍保护中心对跨系统藏书单位普查登记工作的推动力有限。行政系统归属不同,在一定程度上制约了古籍保护工作的有效开展。对于协调教育、文博、民族宗教等其他系统有关单位做好保护工作需要进一步探索和加强。

此外，古籍保护宣传力度也有待加强。部分省份在古籍保护宣传工作方面比较薄弱，少数地方对古籍保护工作特别是宣传工作没有给予足够重视和支持。在各类媒体对古籍保护工作日益关注的同时，还应对媒体加以引导和规范，使其更好地宣传古籍保护工作。各相关机构和单位也应保持关注度，尽职尽责做好古籍保护工作信息的提供和把关工作。

三、2014年全国古籍保护工作

针对上述问题，我们深深感到，古籍保护工作任重道远。我们要坚定信心，明确方向，坚持重点，推进工作，以项目开展促进古籍保护行业整体水平的提升。下面我就今年重点要开展的工作进行说明：

（一）学习习总书记系列讲话精神，开展中华优秀传统文化传承工作。

党的十八大以来，习近平总书记发表了一系列重要讲话，阐述中华优秀传统文化的重要作用，对开展全国古籍保护工作意义重大。2013年12月30日，习总书记在主持中共中央政治局学习时指出，提高国家文化软实力，要努力展示中华文化独特魅力，系统梳理传统文化资源，让书写在古籍里的文字活起来。为贯彻党中央精神，弘扬我国传统典籍文化，进一步加大古籍保护宣传推广力度，中央宣传部开展"中华优秀传统文化传承工程"，国家图书馆作为国家重要文化单位，计划编纂一部大型"中华优秀传统文化丛书"，这项工作经过策划，正在批准立项过程之中。文化部计划在2014年10月中国图书馆年会（北京东城年会）期间召开全国古籍保护工作会议，同时举办中华优秀传统文化论坛和中华优秀传统典籍保护成果展览。为配合中宣部和文化部的工作，国家图书馆、国家古籍保护中心将联合各省级古籍保护中心，做好相关项目的策划、组织、宣传、实施工作。

国家古籍保护中心近期内还将开展"我与中华古籍"主题征文活动。活动将面向海内外大众和古籍保护工作者征文，征文范围涉及中华古籍阅读及古籍收藏、鉴定、普查、修复、保护等与中华古籍相关的各方面内容。国家古籍保护中心将组织评审委员会进行评选，并在2014年中国图书馆年会上给获奖者颁奖。希望各省级古籍保护中心配合国家古籍保护中心做好征文活动的新闻宣传、稿件初审工作，届时我们还将在各省级古籍保护中心中评选出组织奖。

（二）编制《中华古籍保护计划中期规划》《中华古籍保护计划管理办法》，完善机制，规划项目，争取资金，做好古籍保护工作。

古籍保护工作机制问题一直制约着全国古籍保护工作的开展。文化部今年将与财政部沟通，通过制定《中华古籍保护计划管理办法》，进一步理顺中央本级资金面向全国古籍保护项目的使用范围，规范财务管理和审计制度，使全国古籍保护经费真正用到古籍保护实处。目前，国家古籍保护中心在过去项目和资金管理办法的基础上，根据文化部要求，已经起草完成《中华古籍保护计划管理办法》，报请文化部审批。国家古籍保护中心今年还将组织专家学者和各省级古籍保护中心开展调研工作，制订《中华古籍保护计划中期规划》，希望各省级古籍保护中心予以支持和协助。

为充分发挥民间古籍收藏单位和个人、各界专家学者的作用，引导造纸、出版、保护、修复、数字化等行业的企业和社会团体参与古籍保护工作，国家古籍保护中心要协助做好中国古籍保护协会的筹办和组建工作，这项工作由文化部原副部长、国家图书馆名誉馆长周和平同志主持。目前中国古籍保护协会已获文化部和民政部批复，正在国务院审批，即将进入筹组阶段。中国古籍保护协会将设立秘书处负责相关工作，与古籍保护中心密切配合，开展古籍保护工作。

(三)申报评审第五批《国家珍贵古籍名录》和"全国古籍重点保护单位"。

今年1月，国家古籍保护中心下发了《关于申报第五批〈国家珍贵古籍名录〉和"全国古籍重点保护单位"的通知》，在今年5月30日前，由各省级古籍保护中心组织本省古籍收藏单位申报第五批《国家珍贵古籍名录》和"全国古籍重点保护单位"。

《国家珍贵古籍名录》的主要收录范围是1912年以前书写或印刷的、以中国古典装帧形式存在的，具有重要历史、思想和文化价值的珍贵古籍。少数民族文字古籍可视具体情况适当放宽。国家珍贵古籍的评选标准，原则上与《古籍定级标准》所规定的一、二级古籍的评定标准相同，即国家珍贵古籍原则上从一、二级古籍内选定。需要特别指出的是，在第五批《国家珍贵古籍名录》中，雕版版片列入申报范围。古籍版片反映古籍的印刷源流、增补修订过程，具有重要的历史文物、学术资料和艺术价值。特别是有些古籍散佚后，版片留存至今，更加难能可贵。2009年，以扬州广陵古籍刻印社、金陵刻经处、德格印经院为代表的雕版印刷被批准列入联合国教科文组织的"世界文化遗产目录"。作为古籍刊印载体的雕版版片此次进入《国家珍贵古籍名录》，国家古籍保护中心特别请全国古籍保护工作专家委员会牵头，对雕版申报条件和著录格式进行规范，今天一并发给大家。请各省级古籍保护中心认真组织做好第五批《国家珍贵古籍名录》申报工作。

第五批"全国古籍重点保护单位"的申报标准与以往相同：收藏古籍数量一般在 10 万册（件）以上或收藏古籍善本数量在 3000 册（件）以上；有古籍专用书库，并有自动灭火系统；有专门的古籍保护机构和专职工作人员，管理制度健全；有专项古籍保护经费。版片收藏单位也可纳入全国古籍重点保护单位。国家古籍保护中心将在第五批《国家珍贵古籍名录》评审和版片普查登记后，另行通知版片收藏单位申报"全国古籍重点保护单位"。

（四）开展全国古籍普查登记工作，推进《全国古籍普查登记目录》和《中华古籍总目》分省卷的编纂出版。

全国古籍普查登记工作是"中华古籍保护计划"的重点工作，希望各省级古籍保护中心进一步重视本省古籍普查登记，积极发挥省级古籍保护工作联席会议机制的作用，安排专职人员从事古籍普查登记工作。从目前情况看，凡领导重视这项工作、有资金投入、开展普查人员培训、安排专职普查人员的地方，古籍普查登记工作就开展得好、开展得快。希望大家努力打好这场攻坚战役，真正把全国古籍家底摸清楚。

全国古籍普查登记工作与国家文物局"可移动文物普查"工作实现了对接，国家文物局特别编制了转换软件，相关对接工作的文件这次也一并发给大家。在我发言后，会议还将邀请国家文物局何晓雷同志就古籍普查和文物普查对接问题讲话。

作为古籍普查登记的成果，国家古籍保护中心要重点做好普查人员培养、平台服务和专家服务工作，重点做好《全国古籍普查登记目录》编纂出版工作。在会场上有《全国古籍普查登记目录》天津图书馆卷、黑龙江省图书馆卷和中国中医科学院图书馆卷的出版样书，请大家参考。国家图书馆出版社的宋志英同志可以为大家解答《全国古籍普查登记目录》的出版问题。

按照步骤，已经完成《全国古籍普查登记目录》出版的地区和单位，如天津和重庆市，可以在本省古籍保护中心统一规划下推进《中华古籍总目》分省卷编纂工作。《中华古籍总目》简帛古籍和敦煌遗书等分卷的编纂工作也将启动。国家古籍保护中心将成立《中华古籍总目》总编委会推进这项工作。《中华古籍总目》的分类和著录标准由国家古籍保护中心发布，全国古籍保护工作专家委员会主任李致忠先生将给予各馆具体指导。

（五）建立"全国古籍普查登记数据库"和"中华珍贵典籍资源库"。

"中华古籍保护计划"开展以来，全国古籍普查平台系统在全国各省级古籍保护中心全面部署，《全国古籍普查登记目录审校要求》《全国古籍普查登记目录格式整理规范》等相关规范文件相继制定，为全国古籍普查登记工作的顺利开展打下了良好的基础。截至2014年3月底，全国已有28个省、市及2家中央直属机关单位的500余家古籍收藏单位完成了古籍普查登记工作，上报数据80多万条。国家古籍保护中心已经完成了古籍普查登记发布系统的研制工作，将在2014年10月前实现全国古籍普查平台数据发布，建立"全国古籍普查登记数据库"。

首批参加"中华珍贵典籍资源库"建设工作的27家单位，通过参与国家古籍保护中心组织的古籍数字化技术培训，积极改进、完善本单位古籍数字化硬件设施，珍贵古籍数字化工作均取得了显著进展，安徽省图书馆更是率先完成任务并提交了该馆的数字化数据资源。各参建单位要保证质量，加快进度，力争在今年6月底之前完成首批数字化任务。完成任务通过验收的古籍，国家古籍保护中心将按照每个筒子页15元的价格，随时拨付建设资金。全部完成第一批数字化任务的单位还将规划下批建设任务。国家古籍保护中心在2014年年底前建立"中华珍贵典籍资源库"，正式对外服务。

（六）申报评审国家古籍保护中心人才培训基地。

为使古籍保护人才培养走上专业化、科学化轨道，国家古籍保护中心在广泛征求意见的基础上，从今年起在全国开展国家古籍保护中心人才培训基地建设。日前发布了《关于开展国家古籍保护中心人才培训基地申报工作的通知》。培训基地将致力于古籍编目、版本鉴定、文献修复等领域的人才培养，使人才培养工作规范化、科学化。国家古籍保护中心预算的2014年人才培养经费将重点投入培训基地，开展培训工作。此次申报时间最晚不超过5月16日，凡符合申报条件的省（市）古籍保护中心、中高等院校、科研院所、古籍公藏机构等均可独立或联合申报。国家古籍保护中心将组织专家组对申报单位进行考察、评审和督导。评审合格名单将在"中国古籍保护网"上公示。公示结束后，国家古籍保护中心对合格单位发文通知并颁牌。在此期间，希望各省（市）古籍保护中心做好本地区传达及申报组织，配合国家古籍保护中心专家组完成考察、督导工作。

（七）与高等院校合作培养古籍保护专业硕士。

随着全国古籍保护工作的深入开展，对古籍高精尖人才的需求越来越迫切，古籍保护学科体系建设日益完善，继南京艺术学院、金陵科技大学等高等院校开设古籍修复专业之后，中山大学、复旦大学等一类高校计划于2015年与国家古籍保护中心和相关省级古籍保护中心联合开设古籍保护专业硕士班。高等院校负责教材编写、课程设置、师资聘任等工作，国家古籍保护中心负责推荐教师、提供实践场地、协助招生宣传和分配等工作。招生生源参加全国高等院校硕士招生统一报名、考试和录取。初步计划每年招生20人，国家古籍保护中心根据合作院校每年实际招生人数及在校生人数拨付培训经费。希望各省级古籍保护中心在今后对这些高端人才的培养和就业予以支持，使他们在学有所成后，实现学有所用。关于如何更好地开展古籍保护专业教育，也是我们这次会议要讨论的一个重要命题，在下午的分组讨论中各位可以畅所欲言。

（八）申报评审国家珍贵古籍修复项目。

2009年，为加强对国家珍贵古籍的修复工作，文化部命名了12家"国家级古籍修复中心"。经过多年建设，各国家级古籍修复中心的修复能力、设施建设都得到明显改进和提高。今年，国家古籍保护中心将面向全国开展国家珍贵古籍修复项目申报和评审工作，加快修复珍贵古籍。项目将首先抢救破损严重、亟须修复的国家珍贵古籍，同时对具有重要文物、史料和艺术价值的珍稀专藏古籍进行修复，由全国12家国家级古籍修复中心申报，经国家古籍保护中心组织专家评审后下达任务，并根据具体情况给予经费补贴。项目进行过程中，国家古籍保护中心将组织专家对项目工作进行不定期检查和终期验收评估。

日前，国家古籍保护中心已组织古籍修复专家对项目进行了反复论证。此项目涉及申报古籍修复资质，完善项目顶层设计，以及利用文博系统资源等问题，但鉴于该项目将极大地促进全国古籍修复和古籍修复人才培养工作，专家一致认为，应以边论证边推进的方式，尽早实施此项目。根据专家意见，国家古籍保护中心今年将先期选择修复力量雄厚的单位进行试点，待经验成熟后深入推进。关于此项工作的具体细节，在下午的讨论会上大家可以共同探讨。

（九）建立"国家级古籍修复技艺传习中心"附设传习所试点。

2013年6月8日"国家级古籍修复技艺传习中心"（以下简称"传习中心"）在国家图书馆古籍馆挂牌成立，国家图书馆研究馆员杜伟生作为国家级非物质文化遗产"国家图书馆古籍修复技艺项目"代表性传承人,向学员传授古籍修复技艺。这是国家古籍保护中心在古籍修复人才培养方面的创新之举,旨在建立古籍修复人才培养的长效机制。为充分发挥传习中心和国家级专家在古籍修复领域的学术带头和技艺传承作用,今年国家古籍保护中心将开展传习中心附设国家级古籍修复技艺传习所试点工作。根据目前实际情况,首批将选取北京周边的天津、山东、辽宁三地作为试点,建立传习所。传习所由杜伟生老师亲自授课,采取师带徒形式,将古籍修复项目与技艺传承相结合,在实际工作中培养高质量人才队伍。通过试点工作使传习所相关机制完善后,国家古籍保护中心将在全国范围内遴选传承老师,统一组织传习所申报、审核和评价工作。

(十)将《中国古籍珍本丛刊》《中华古籍书志书目丛刊》《中华再造善本(海外编)》项目纳入"中华古籍保护计划"框架下开展。

今年,在《中华再造善本续编》《中华医藏》《中国珍贵典籍史话丛书》《国家珍贵古籍题跋汇编》基础上,国家古籍保护中心将委托国家图书馆出版社,面向海内外古籍收藏单位,编纂《中国古籍珍本丛刊》和《中华古籍书志书目丛刊》。各古籍收藏单位的珍贵古籍,可以汇总编纂成《某馆古籍珍本丛书》,纳入《中国古籍珍本丛刊》系列,最大范围实现各馆珍贵古籍的再生性保护,服务学术界和社会大众。各古籍收藏单位历史上编制的书目、新编专题目录,以及书影和提要等,将统一列入《中华古籍书志书目丛刊》中。国家古籍保护中心在《中华再造善本续编》完成后,计划根据财政部和文化部的要求,论证《中华再造善本(海外编)》出版的可行性,适时启动这个项目。

同志们,习近平总书记指出,中华优秀传统文化是中华民族的突出优势,是我们最深厚的文化软实力。古籍是中华文明的根脉,我国作为一个有着悠久历史、灿烂文明的古老国度,传承文化,保护古籍,必然是一项艰巨而浩大的工程,在这一过程中遇到种种困难和问题亦是必然的。广大古籍保护工作者就是中华文明的守护者,我们要勇于面对,全力以赴,做好长期奋战的准备,让中华古籍薪火相传,代代守护。相信通过我们的不懈努力,中华民族伟大复兴的中国梦终将实现!

(作者:韩永进,国家图书馆馆长、党委书记兼国家古籍保护中心主任)

谈谈"十三五"时期"中华古籍保护计划"的规划设想

张志清

中国作为历史悠久的文明古国,拥有卷帙浩繁的古代典籍。八年来,全国古籍保护工作者以"保护古籍、传承文明、服务社会"为宗旨,开展"中华古籍保护计划"。作为传承中华优秀传统文化的基础工程,保护古籍是与时间赛跑的重要工作,做好"十三五"规划布局尤为重要。

一、"中华古籍保护计划"工作回顾

"中华古籍保护计划"以 2007 年国务院办公厅颁布的《关于进一步加强古籍保护工作的意见》(国办发〔2007〕6 号)为开端,成为我国历史上首次由国家主持开展的全国性古籍保护工程。中央和地方相继建立了联席会议、专家委员会和古籍保护中心,构建了古籍保护工作体系。八年来,中央和地方共投入资金约5.5亿元,取得了阶段性成果,主要有:

(一)全国古籍普查登记完成过半。目前全国 2500 余家古籍收藏单位累计普查登记 198 万部古籍,1200 余家古籍收藏单位完成登记工作。通过"全国古籍普查登记基本数据库"向社会发布 32 万余条 296 万册(件)普查数据。

(二)珍贵古籍分级保护制度逐步建立。国务院先后公布四批《国家珍贵古籍名录》,入选珍贵古籍 11375 部,包括汉文和少数民族文字古籍、甲骨文、简帛古籍、敦煌遗书、碑帖拓本、古地图和外文珍贵古籍等,发现了一批过去不为人所知的珍贵典籍。全国 19 个省份先后开展省级《珍贵古籍名录》评审工作,珍贵古籍分级保护制度逐步建立。

（三）重点古籍收藏单位保护条件得到较大改善。国务院先后命名四批166家"全国古籍重点保护单位"。除部分边远地区因经济社会发展条件限制外，90%的全国古籍重点保护单位新建或改建了古籍库房，带动全国1000余家古籍收藏单位不同程度地改善了库房条件。

（四）古籍保护从业人员增加较快，学历提高。国家古籍保护中心举办古籍修复、普查、鉴定、管理等各类培训班141期，培训古籍从业人员7638人次，涵盖全国1700余家古籍收藏单位。建立12家国家古籍保护人才培训基地、14家国家级古籍修复技艺传习中心和传习所，与多所高等院校合作培养古籍保护专业硕士，培养了一批具有较高水平的古籍保护专业人员，本科以上从业人员达到半数以上，使我国古籍保护人才严重匮乏的局面得到改善。

（五）一批珍贵古籍得到修复。文化部命名12家国家级古籍修复中心，全国建立修复室共计247个，总面积达16392平方米。国家古籍保护中心为百余家具有修复能力的单位配发大量古籍修复设备、材料，"古籍修复管理系统"试运行，古籍修复工作得到有效保障。自2011年至今，全国各古籍收藏单位累计修复古籍达5万余册（件）200万页，清宫"天禄琳琅"、宋刻本《文选》、珍贵西域文献等一批珍稀善本得到修复。

（六）古籍数字资源大幅增加。按照"合作共建、资源共享、边建设边服务"的原则，陆续开展国家珍贵古籍数字化、普通古籍数字化、善本缩微胶片转数字化、外购古籍数字资源等项目，完成数字化古籍超过2万种，通过"中国古籍保护网"供学界和大众免费使用。

（七）古籍保护标准研制推广。编制完成《古籍保护条例》（征求意见稿）。《古籍修复技术规范与质量要求》《图书馆古籍书库基本要求》《汉文古籍特藏藏品定级》等国家标准被颁布实施。建成国家级古籍保护实验室，开展古籍保护研究，获得多项古籍保护科研成果。

（八）新疆、西藏古籍保护得到加强。支持新疆、西藏先后建立自治区古籍修复中心，开展具有当地特色的古籍修复项目和研究工作。举办"西域遗珍——新疆历史文献暨古籍保护成果展"等大型活动，引起社会各界热烈反响。西藏著名宗教寺庙全面启动古籍普查登记。古籍数字化和古籍整理工作不断结出硕果。

（九）《中华再造善本》顺利完成。完成《中华再造善本》一期及续编编纂出版工作，收录珍贵古籍1341部，完成向110所高等院校的配发工作；开展《中华医藏》《中国珍贵典籍史话丛书》《中国古籍珍本丛刊》《中华古籍书志书目丛刊》等大型古籍整理出版项目，影印出版一批珍稀古籍善本。

（十）海外古籍保护合作日益加深。利用影印、缩微、数字化等方式促进海外中华典籍利用，先后发布"中华古籍善本国际联合书目系统""东京大学东洋文化研究所汉籍全文影像数据库"和"哈佛燕京图书馆藏中文善本特藏资源库"。完成北美 10 家古籍收藏单位古籍目录数据收集工作，建立海外古籍调查数据库，累计登记数据 10 万条；影印出版《永乐大典》《游相兰亭序》等海外珍藏中华古籍。

（十一）民众对古籍保护热情空前高涨。累计举办大型专题展览 12 场、各种巡展 500 余场、讲座 600 多场次，在传统纸媒开设专版专栏 200 余版次，各类报道数万次。建立"中国古籍保护网"，编发《中华古籍保护工作简报》《古籍保护参考》，带动全国 32 个省级古籍保护中心建立古籍保护专题网页，28 个省份编制工作简报。宣传推广工作普及了古籍保护知识，民众参与古籍保护热情高涨。

二、"中华古籍保护计划"在"十三五"时期的规划设想

目前，全国古籍保护工作存在的突出矛盾和问题，主要反映在政府重视不足、法规不健全、跨部门跨系统合作薄弱、与国家其他重要文化工程衔接不够、经费投入不足、专业人才缺乏等方面。目前，国家以"两个一百年"为战略目标，坚持"四个全面"，力争建设文化强国，实现中华民族伟大复兴。我国古籍保护事业面临新的机遇和挑战。发挥古籍在提高民族素质、增强民族凝聚力上的重要作用，既是推进公共文化服务体系建设的基本要求，也是古籍保护工作的内在需要。

"十三五"时期，"中华古籍保护计划"需贯彻"保护为主，抢救第一；合理利用，加强管理；统筹规划，分类指导；突出重点，分步实施"的方针。总体目标是到 2020 年，全国古籍基本实现科学有效保护，古籍保护人才培养和使用走入良性循环，古籍利用效能和服务质量显著提升，古籍保护利用在公共文化服务体系和优秀传统文化传承体系中发挥重要作用，成为传承文明、服务社会的重要阵地。为此，拟从以下几个方面开展工作：

（一）形成完善的古籍保护工作机制。

重点通过全国古籍保护工作各级联席会议制度来健全跨部门长效协作机

制;适当增加行业古籍保护中心;扩大古籍保护专家委员会,增加专业委员会;扩充省级古籍保护中心编制和人员配备;建立古籍保护行业准入制度;与中国古籍保护协会密切协作,调动社会资金和社会力量参与古籍保护工作。

(二)基本完成古籍普查登记工作。

协同第一次全国可移动文物普查,基本完成全国古籍普查登记;建立长效的国家古籍登记制度,颁发古籍身份证;编纂出版《全国古籍普查登记目录》,在条件成熟地区开展《中华古籍总目》分省卷编纂;研制古籍保护、修复、人才培养等动态管理平台,完善"中华古籍综合信息数据库",为各级政府有效开展古籍保护提供基本依据。

(三)完善珍贵古籍分级保护制度,改善古籍存藏环境,修复珍贵古籍。

建立覆盖全国的国家级和省级《珍贵古籍名录》和"古籍重点保护单位"制度;以各级名录档案体系建设为抓手,出台国家级、省级珍贵古籍管理办法,完善省级名录向国家古籍保护中心报备制度。

全面推动古籍库房标准化建设。全国古籍重点保护单位库房全面达标,东、中、西部古籍收藏单位的古籍库房按比例分批达标;开展国家珍贵古籍装具配置工作,严格古籍保管、出入库和流通等管理制度;对国家珍贵古籍实施专库(或专架)管理,增设战备、防灾管理部分,增强古籍收藏单位应对突发事件的能力;开展古籍寄存书库试点工作,探讨珍贵古籍寄存制度的可行性。

加强对"国家级古籍修复中心"的管理,适时开展第二批"国家级古籍修复中心"申报评审工作,建立中华古籍修复工程管理体系;设立项目,切实抢救修复国家珍贵古籍;鼓励图书馆、博物馆、档案馆等古籍收藏机构合作开展古籍修复工作;加强少数民族文字古籍修复方法研究和民族古籍修复中心(修复室)建设。

(四)加强古籍保护人才队伍建设。

进一步发挥"国家古籍保护人才培训基地""国家古籍修复技艺传习所"和中高等教育机构的作用,发挥专家和非遗技艺传承人的积极性,建立多层次、多渠道培养优秀古籍人才队伍的职业培养模式,形成古籍保护人才培养的良性循环,基本缓解古籍保护人才短缺的局面。

在"国家古籍保护人才培训基地"开展古籍编目、鉴定、保护、修复、传拓等各类古籍专业人员的在职培训,重点采用讲授、研究和实践相结合的方式,学以致用,逐步提高从业人员素质,实现古籍保护人才队伍可持续发展。

充分发挥古籍修复、传拓、装裱、鉴定等非遗传承人和业务骨干的作用,设立更多传习所、讲习所,采用师带徒、导师制方式,在实际工作中传授技艺,培养人才。

在高等院校设立几所中华古籍保护研究院,利用各校学科优势,综合所长,设立科研项目,开展古籍保护研究和人才培养工作;通过与古籍收藏单位的合作,开展实习工作,培养古籍保护的高层次实用人才。

规范引导社会力量参与古籍保护工作,以古籍保护协会为平台,以公益性基金或社会企业为重点,拓展古籍保护人才资金来源渠道,做好古籍人才的社会化培养工作,积极探索建立古籍从业人员资格准入制度。

建立"全国古籍保护专家库"和"全国古籍保护行业人才信息数据库",形成古籍保护人才动态管理体系。充分发挥古籍编目、版本鉴定、保护与修复等领域专家学者在古籍保护工作中的学术带头和技艺传承作用。

(五)推动古籍保护法规制度和标准化建设,深化古籍保护科学研究。

完善并出台《古籍保护条例》,对现有文物保护相关政策进行细化补充,为解决古籍保护工作提供长效稳定的法律依据;建立古籍保护科研中心,以国家级古籍保护实验室为依托,开展古籍材料、古籍技艺、古籍检测和鉴定、古籍修复和保护等科学保护基础研究,基本建立面向应用、重点突出、科学规范、便于操作的古籍保护标准体系框架,健全古籍保护的技术标准、管理标准、工作标准;通过研究、产品推广和产业发展,重点突破制约古籍保护的瓶颈问题。

(六)加强古籍数字化和整理出版工作。

开展国家珍贵古籍数字化,以国家珍贵古籍数字化为基础,建立品种齐全、版本丰富、利用便捷的"中华古籍数字资源库";建立数字古籍共建共享机制,提升古籍利用效能。

实施濒危孤罕古籍影印整理项目,使之化身千百、服务社会,做好古籍的再生性保护。具体实施"中华古籍数字资源库"与《中华医藏》《中国古籍珍本丛刊》《中华古籍书志书目丛刊》《国家珍贵古籍书志》等项目。

(七)开展重要的古籍保护专项工作。

继续开展新疆、西藏古籍保护专项工作。组织开展新疆、西藏地区珍贵古籍数字化和珍稀孤罕文献的出版工作。加强少数民族文字古籍造纸、写经、修复等传统技艺研究,做好少数民族地区与古籍相关的非物质文化遗产项目传统技艺抢救工作，开展新疆、西藏古籍保护的宣传推广工作，组织具有影响力的展览、讲座和研讨活动。

充分利用国际图联文献保存保护中心中国中心的联络机制，积极开展海外古籍资源数字化、影印出版合作项目，举办高质量国际古籍保护学术会议，推进国际间古籍保护科技合作。加强中外古籍保护人才合作培训工作，深化与港澳台地区古籍收藏机构的交流合作。开展《中华再造善本（海外编）》编纂出版工作。

（八）做好古籍保护宣传推广工作。

实施"中华优秀文化典籍推广项目"，深入挖掘典籍文化资源，开展"册府千华"系列展览、"我与中华古籍"系列宣传推广活动，以"中华优秀传统文化实践基地"为依托，以古籍收藏机构为平台，开展讲习、展览、互动体验等活动，形成全民参与保护的良好社会氛围。以"中国古籍保护网"为基础平台，及时发布古籍资源和保护工作成果。与中国古籍保护协会、中国图书馆学会等社会机构形成合力，通过文化创客等形式，支持古籍保护相关产业发展。

做好"中华古籍保护计划"在"十三五"时期的规划工作，要做好政策、经费、组织保障工作，明确目标任务，落实责任分工，提出实施方案，制定配套政策，加强监督管理和绩效评价，切实加强各级古籍保护中心职能，广泛宣传动员，营造良好环境，为"中华古籍保护计划"在"十三五"时期的实施创造条件。

（作者：张志清，国家图书馆副馆长，国家古籍保护中心副主任）

古籍保护与典藏、整理、传播之关系浅探

李德龙

一、古籍保护之重要性

中华民族多元一体的灿烂文化,经过数千年的发展、演变,始终绵延不断,各民族的文化在相互借鉴中吸收、融合,美美与共;外来的佛教文化、基督教文化、伊斯兰文化在与中华文化的接触和冲突中被我融容,为我所用,从而造就了中华民族独有的悠久文明。这一切靠的是什么?尽管答案会有许多,但是谁都不可否认,千古一系的书籍是中华文化连绵传递的重要载体。也就是说,在各种条件均已具备的历史条件之下,没有这千古一系的典籍书册,任何文明要想保持数千年连续不断,都是不可想象的。

举例来说,我国的纪传体历史典籍二十五史,从西汉中期司马迁撰著《史记》(汉武帝征和三年、公元前90年左右成书),到清乾隆四年(1739)张廷玉修完《明史》,经过了一千八百多年,至民国十六年(1927)赵尔巽等纂成《清史稿》,前后经过了两千多年。在长达二十个世纪的时间里,我们的历代史学家持之以恒,薪火相传,以纪传一体记录了各个朝代数不清的各色人物、典章制度、政治变迁、历史事件,使我们至今能够清晰地看到两千多年前统一中国和巩固帝业的秦皇、汉武,使我们能够绘声绘色地描述雄才大略的唐宗、宋祖,更能让我们近距离地观赏一代天骄成吉思汗和不忘"国语骑射"、最终奠定多民族统一国家辽阔疆域的康熙、乾隆。二十五史不仅记载了历朝历代的帝王将相,也记录着揭竿而起的陈涉、吴广、黄巢、李自成,更有造纸的蔡伦、印刷的毕昇、发明"五禽戏"的华佗和医

治伤寒的张仲景,至于李白、杜甫等大诗人,苏轼、欧阳修等大文豪,在二十五史中更是数不胜数。

除二十五史外,以唐朝杜佑的《通典》为滥觞的"十通",即《通典》《通志》《文献通考》《续通典》《续通志》《续文献通考》《清通典》《清通志》《清文献通考》和《皇朝续文献通考》,完整地记录了自古以来直至清末宣统三年(1911)数千年间的各种典章礼仪、制度规范,使我们凭借此类典籍,便可以勾画出各朝代治国理政的体制和秩序。这些典籍无处不在给我们今天的社会提供借鉴。

试想,中国若没有留下二十五史和"十通"这些基本古籍文献,我们怎能完整地认识我们自己的历史?又如何去发扬历史传统,总结历史经验,服务于当今的社会呢?

众所周知,中国的古籍文献浩如烟海,所谓的"正史"只不过是众多古籍文献中的长陵一抔土,海量的儒家典籍、佛教藏经、道藏道书、地方史志、诗词文赋、日记档案、科技教材、出土文书、金石碑刻、书法绘画及民间的契约私书、说唱文辞等古籍不胜枚举。除汉文古籍外,还有多种少数民族文字的古籍存世,这些文献无疑都保存着中华悠久的优秀文化,都是彰显中华文明的珍贵宝典。如果将源远流长的中华文化比作我们多元一体的中华民族之血液,那么汗牛充栋的古籍文献就是承载这些流动的鲜血的血管和心脏。湮没了古籍文献,中华文化就失去了根源。我们要珍视并保护好存世的各种古籍文献,保护好中华文化赖以留存的血脉。

二、保护、典藏、整理之关系

认识到古籍文献保护的重要性,还需理顺保护、典藏、整理三者的关系。笔者曾经走访过一些国内外的古籍文献收藏单位,发现正是在处理三者关系方面存在一些问题,归纳起来大体有三:一是典藏不善,轻视保护;二是过度收藏,秘不示人;三是频加整理,事与愿违。

第一个问题的产生,显然是由于古籍收藏者还没有认识到古籍文献之重要性。稍微深究一下,为什么会有收藏者(单位或个人)认识不到古籍文献的重要性呢?原因又有三点:一是收藏者和管理者缺乏起码的文化学识,"权将古书当废纸",只将古籍文献无序地堆放在库房之中,根本不懂什么叫"典藏"。笔者到访过北方一所大学的图书馆,想看看他们的古籍书库,看管书库的馆员连繁体字都不认识,她说这个书库基本上不开,也很少有人来看,古籍文献在书架上也不分类。像这样的收藏单位,无论如何也是不会将古籍保护提高到像保护我们的心脏与血管一样来认识的。第二点是古籍收藏单位的领导认识不足,他们宁可在形象工程方面大把花钱,也不愿在古籍保护上加大投入。即使图书馆馆长或馆员反复请示,呼吁拨款增添设备,妥善保存古籍,也因基本条件不足而使古籍文献得不到应有的保护。有一所高校,几乎连年投入上百万元用于更新校园的草坪、柏墙、林木,却不肯拿出几万元资金为古籍文献购买几个书柜。第三点是管理不善,造成典藏与保护不力。如有些单位的古籍典藏没有很好的制度保障,管理人员缺乏责任心,致使书库漏水,甚至失火。

以上列举的典藏不善、缺乏保护意识的古籍文献收藏单位毕竟是极少数,而多数重视古籍保护的收藏者,则仍然需要认真思考两个问题,即过度典藏和过度整理的问题。应该说两者都充分认识到了古籍保护的重要性,但在实际操作过程中则片面地理解了保护的意义,以至于好心做了坏事。例如,有些古籍收藏单位死死抱住古籍不放,哪怕是在没有任何损伤的情况下也不允许学者阅览,更不用说对其进行编目、整理,或复制、印刷使其流传了。笔者曾经为了研究清代的"苗蛮图",走访多所古籍收藏单位,将近三分之一的单位根本不允许阅览,直到请求馆长或更高一级的领导批准,才勉强允许看上一眼,而有的单位则始终不准从书柜中拿出。有些单位的古籍长期封存在书库之中秘不示人,即使遭虫蛀、被水浸也全然不知,这就是所谓的过度收藏造成的恶果。与此相反,也有的古籍收藏者极为重视古籍的保护,他们唯恐这些古籍会自然消失,认为只有加大整理力度才能达到保护古籍的目的,于是不断地对所藏古籍文献加以修复、整理,频繁地扫描、复印、数字化加工。结果一些珍贵古籍被修复得面目全非,或者虽然复印出版了,但原书因复印而干燥破损,使后人再也看不到它们的原貌了,造成了不可弥补的损失。以上两者的出发点都是保护古籍,其结果皆适得其反。

因此,正确处理好古籍保护与典藏、整理之间的关系显得十分重要,既不可过度典藏,以为挪动一下都对保护不利,更不可随意整理、任意复制,两方面都要适度才可取得古籍保护的最好效果,达到真正保护古籍的目的。

三、传播对古籍保护之作用

如何对古籍文献加以最为长效的保护?具体方式和方法或许很多,比如妥善典藏、精心修复、适度整理等,然而,笔者认为,能够对古籍文献起到长久保护作用的,还有最为重要的一条,就是通过各种科学合理的手段使古籍文献广泛传播。只有这样才能够使古籍文献得到真正的永久性保护。

回顾古籍文献发展演变的历史,我们很容易就会得到这样一个判断:凡是流传很广的古籍,自然就会得到很好的保护;相反的是,哪种古籍文献传播少,一旦遇有社会动荡,就很难得到有效的保护,有的文献甚至会因此绝迹。在印刷术出现之前,不知有多少文献只靠手写而传播有限,结果没有流传下来;而在印刷术出现之后,大量的文献得以广泛传播,因此得到了保护并流传下来。只有使古籍文献得到广泛传播了,才有可能使更多的人典藏这些古籍,才有可能有更多的人去保护这些古籍,才有可能在一个收藏家失去某种古籍之后,还有另一位或更多的收藏家保存着这种古籍。因此,让古籍文献得到传播是古籍保护的硬道理。从这个角度来看,对古籍文献过度保护,尤其是对稀有文献、孤本文献藏而不露、秘不示人,不使其传播,一定不是保护古籍最上乘的做法。

这里讲的传播,绝不是不加整理的无序传播,而是有计划、有方法的保护性传播。传播的手段要具有保护性,传播的效果要达到保护的目的,保护好古籍文献又是为了更好地传播。那么,如何使古籍得以传播呢?笔者认为,首先要对古籍文献进行认真的调查、编目、整理,通过调查了解每种古籍文献的收藏状况与价值,通过编目整理使其科学有序,在此基础上,将同类或同一专题的古籍文献集中在一起加以编辑,再采用冷光源扫描或拍照等技术手段,原本原貌、整旧如旧地复制或进行数字化,或进一步进行全文检索的数字化加工,从而以纸质影印、镜像存储、网络应用等方式向全社会广泛传播。

毋庸置疑,今天的出版市场上复制的古籍文献的确不少,在数字化、网络化的今天,也有像"中国基本古籍库"和网络版二十五史那样的质量上乘的数字化古籍文献被广大读者应用,这些纸质的和数字化古籍文献的传播达到了前所未有的程度,是可喜可贺的好现象。通过这些古籍的传播,相应的古籍原本完全可以避免因读者翻检、阅读而造成损伤,完全可以在良好的条件下得以静静地典藏,从而达到古籍保护的最好效果。然而,我们也看到,有些古籍的复制出版或数字化实施者在弄清古籍文献的收藏状况,了解古籍文献的版本、价值之前,就匆匆复制、数字化,结果出现了许多文献收集不完整,版本介绍不全面甚至错误,或号称"稀见"古籍文献而名不副实的古籍文献复制书籍或数据库。这些制作多以营利为目的，不仅不利于古籍文献的保护，甚至糟蹋了古籍文献，表面上看古籍文献在流传，实际上是以讹传讹。例如，有的影印古籍错误地标注原书版本，有的新印古籍动辄冠以"某某集成""某某全书""某某大全"而实际上只收集到了同类文献的一小部分，这样的古籍传播只会误导读者。我们需要的不是这样的传播，而是经过科学整理、名副其实的古籍文献的传播，只有这样才能够使优秀的古籍文献得以流传，才能够使珍贵古籍得到认识和保护。

四、中央民族大学图书馆古籍整理、保护之实践

中央民族大学图书馆现有藏书200余万册，其中古籍文献25万余册。这些古籍文献，不仅有汉文文献，也有古藏文、古彝文、蒙古文、回鹘文、西夏文、女真文、古傣文、东巴文等少数民族文字文献。有些文献为国内外独有，很多文献虽非孤本，但确属稀有版本。这些文献包括抄稿本《新疆四道志》《西藏志考》《防城县小志》，以及各种手绘本《御制外苗图》《云南三迤苗蛮图》《黔南苗蛮图说》《台湾番社民俗图》等。

对这25万余册的古籍文献，中央民族大学图书馆全部单独典藏，书库条件优越，除安装有恒温恒湿、红外防盗、自动消防等设施外，全部收藏在有樟木隔板的书柜之中，不仅防火、防水、防盗，而且防潮、防燥、防蛀。

在具备良好设备设施的情况下，中央民族大学图书馆古籍部始终坚持安排具有古籍文献专业背景且热爱古籍文献的馆员来管理，同时，始终不忘科学整理与传播对于保护古籍文献的作用，坚持进行古籍整理与传播工作。建馆六十多年来，全部古籍均已完成编目制卡，完成了馆藏古籍数字化三期建设，所有古籍的书目数据均已进入图书馆数据库之中，实现了网络检索、查询和现场借阅，使古籍文献的利用更加便捷。

在对馆藏古籍文献详细编目的前提下，中央民族大学图书馆一直坚持完整编辑或专题辑录具有重要文献价值，又有边疆民族特色，而且是社会上存世稀少的文献，对其加以科学整理、编辑、研究，并开发影印，使之得以广泛传播。早在20世纪70—90年代，中央民族大学图书馆就先后编辑整理了《中国民族史地资料三十种》，从大量的古籍文献中，辑录了《西藏见闻录》《巴塘志略》《和阗乡土志》《亦山新疆奏稿》《松筠新疆奏稿》等边疆文献。接着又整理编印了《甘新游踪汇编三十六种》《川藏游踪二十八种》，其中包括清代多位驻甘肃、新疆、西藏、

四川等地的官宦和旅经四省区文人的日记、随笔、政论文稿,如《北征日记》《从军杂记》《莎车纪行》《西藏巡边记》《定藏纪程》等,影印了《两朝平攘录》,正式出版了《景纹驻藏奏稿》《清代藏事辑要》《川藏游踪》等。作为内部资料,中央民族大学图书馆还整理编印了《西域同文志》《兰州纪略》《五边典则》等数十种古籍文献丛书。当时,这些复制的古籍文献大部分都无偿地赠送给了各高校和各地区的图书馆,广泛流传于学术界。

进入21世纪以来,中央民族大学图书馆一面继续整理研究馆藏古籍文献,一面进行数字化建设,先后整理出版了《中国民族古籍集成》100册,《中国边疆民族地区抄稿本方志》7种。作为内部文献,精心复制了曾藏于避暑山庄的《御制外苗图》。编辑出版了《中国边疆民族地区自然环境资料丛刊》之云南卷、广西卷。该馆还集中古籍专业馆员的力量,花费四年时间,整理了数千件有关清代新疆巡抚饶应祺的稿本文献,包括1万余件奏折、谕旨、电报等珍贵文献,正式出版了《新疆巡抚饶应祺稿本文献集成》38册,终于使这批别无他藏的文献实现了传播,供国内外广大学者使用,彻底改变了以前这些文献以绳打捆、装袋收藏、无法供学者阅览、每次返检都会对文献造成损伤的状况。原文献被整理之后分类入函典藏,使这些珍贵的古籍文献得到了永久性保护。这样的实践证明,古籍文献的科学整理、广泛传播,既可以使文献得到充分利用,又可以使原文献得到更好的保护。

随着图书文献数字化的发展,中央民族大学图书馆积极利用新的技术,对馆藏特色古籍和读者查阅较频繁的民族文字工具书等古籍文献,进行了数字化建设。该馆从2006年起建成了"民族文献特色数据库",将满汉文合璧的古籍《大学衍义》《大清全书》,蒙古文古籍《蒙文晰义》,满蒙汉藏四种文字的《四体清文鉴》等做成数字化图书,同时又将这些书原样复制,再将原书妥善典藏起来。读者既可以从数据库中查阅这些古籍文献,又可以观览与原书一模一样的纸质复制文献,原书的文献价值和文物价值都得到了充分利用,这些珍贵古籍也得到了更好的保护。

五、结语

古籍保护是一个常提常新的课题,古籍整理、传播与保护是一项永久性工作。既然是常新的课题,就应当始终常抓不懈;既然是永久性工作,就应该有条不紊,持续不断,松懈和急躁都应当为古籍文献工作所避免。值得重视的是,在新技术日新月异的今天,为了古籍的传播与保护,利用和发挥传统方式的作用与利用现代化技术,都是十分必要的,这是当今古籍保护之双翼,切不可偏废一方、跛足行进。只要二者兼备,古籍保护事业在盛世中国的今天,就一定会取得任何时代都不可比肩的伟大成就。

(作者:李德龙,中央民族大学历史文化学院教授、博士生导师,中央民族大学图书馆馆长)

复旦大学"中华古籍保护研究院"的创建与构想

杨光辉

复旦大学"中华古籍保护研究院"于 2014 年 11 月 30 日正式成立。研究院是在中国政府重视古籍保护工作背景下,根据复旦大学古籍整理研究与古籍保护工作的历史及现状,在文化部、国家古籍保护中心的推动下建立的,希望通过研究院的建设,进一步整合复旦大学现有的学科综合优势,进一步提升复旦大学的人文学科。

一、中华古籍保护研究院建设缘起

中华古籍是中华文明最主要的物质载体。自 2007 年国务院办公厅发布《关于进一步加强古籍保护工作的意见》后,各级政府相继成立古籍保护中心。

2008 年 4 月,复旦大学图书馆入选首批"全国古籍重点保护单位"。2009 年 5 月,复旦大学成立全国高校首家"古籍保护研究中心",由著名版本目录学家吴格研究馆员任中心主任。

2014 年 4 月,国家古籍保护中心副主任、国家图书馆张志清副馆长特邀本馆与中山大学图书馆,前往文化部汇报"古籍保护方向图书情报专业硕士"教学筹备情况,经过多次商谈,建议复旦大学创设"中华古籍保护学院"。

2014 年 5 月,接替前馆长葛剑雄教授出任新一届图书馆馆长的陈思和教授,针对国家新形势下的古籍保护工作,决定向文化部、国家古籍保护中心申办"国家古籍保护人才培训基地",并向学校提交成立"中华古籍保护学院/研究院"的报告。复旦大学领导班子经过仔细研讨,决定正式成立该机构,为了表示学校对研究院的重视,决定由杨玉良校长担任首任院长,并邀请国家图书馆韩永进馆长担任名誉院长。

二、中华古籍保护研究院建设条件

复旦大学在古籍整理研究方面有传统优势和多学科综合优势。

1981年,中共中央书记处下发《中共中央关于整理我国古籍的指示》。复旦大学蒋天枢教授致信陈云同志,建议增设古典出版机构,恢复商务印书馆古籍出版,并建议清华大学恢复中文系,对古籍整理与出版工作起了推动作用。

1983年,全国高等院校古籍整理研究工作委员会成立,复旦大学由中文系章培恒教授领衔,成立复旦大学"古籍整理研究所"。三十多年来,古籍整理研究所在古籍整理与人才培养方面贡献巨大。

2008年成立的第四届全国古籍整理出版规划领导小组成员中,来自复旦大学的有:古籍整理研究所章培恒教授、中文系王运熙教授、裘锡圭教授、陈尚君教授,历史地理研究院周振鹤教授、文史研究院葛兆光教授,图书馆吴格研究馆员。

其他如古籍整理研究所陈正宏教授、钱振民研究员,历史系王振振教授,历史地理研究院李晓杰教授,中文系傅杰教授等,在古文献研究与整理方面都卓有成就。

复旦大学图书馆作为首批入选的"全国古籍重点保护单位",在全国高校率先成立了"古籍保护研究中心";吴格研究馆员与龙向洋研究馆员承担合成《中国古籍总目》及《索引》的编撰工作;杨光辉研究馆员、眭骏研究馆员负责"高校CALIS古文献传递服务项目",开创古籍服务新模式;古籍整理研究所、中文系、出土文献与古文字研究中心在古文献研究与教学方面拥有雄厚的实力;历史地理研究院建有"中国历史地理信息系统(CHGIS)"。学校还设有全国一级学会"中国索引学会"秘书处等。

基于上述学科综合优势,以及对复旦大学在中华古籍保护研究、服务及人才培养理念方面的认可,文化部、国家古籍保护中心对复旦大学在中华古籍保护方面寄予厚望,大力促成"中华古籍保护研究院"成立,希望由图书馆牵头,搭建学科平台,整合历史地理研究院、古籍整理研究所、中文系、出土文献与古文字研究中心、文史研究院等相关资源,来探索国家目前急需的古籍保护专门人才的培养,整理和保护古籍资源,建立国家级古籍书目数据研究中心。

三、中华古籍保护研究院的构想

中华古籍保护研究院将设"国家古籍保护中心人才培训基地""基于CHGIS的中华古籍书目数据研究中心"及"中华古籍保护技术基础科学实验室"三大机构和"复旦大学古代数字人文资源库",分述如下:

(一)国家古籍保护中心人才培训基地

国家古籍保护中心于2014年4月17日启动"国家古籍保护中心人才培训基地"申报工作。复旦大学特地在古籍部所在的光华楼拨出200余平方米,作为人才培训基地专用房。5月19日,国家古籍保护中心专家张志清副主任、王红蕾博士,福建省图书馆谢水顺研究馆员一行,完成对基地的考核。

2014年7月,复旦大学图书馆入选首批12家"国家古籍保护中心人才培训基地",并与文化部、国家古籍保护中心合作,启动古籍保护方向的图书情报专业硕士培养工作。

国家古籍保护中心人才培训基地的培训分"古籍编目与鉴定"与"古籍修复与保护"两个方向,复旦大学已组建由吴格研究馆员领衔的中华古籍编目与鉴定团队,由赵嘉福先生、童芷珍女士领衔的中华古籍修复团队。两个团队将主要承担古籍保护专业硕士人才的培养及古籍编目与鉴定、古籍修复与保护的实际工作与研究任务。

(二)基于CHGIS的中华古籍书目数据研究中心

"基于CHGIS的中华古籍书目数据研究中心"项目,是希望联合国家古籍保护中心,复旦大学图书馆、历史地理研究院、外文学院等,建成基于CHGIS的国家级中华古籍书目数据研究中心,利用基于CHGIS技术存储、管理古籍书目数据库,构建可视化的古籍时空分布系统,为国家移动文物普查、古籍保护、传统中华学术研究提供大数据平台,为国家文化保护提供决策依据,为来自高校、社会、科研单位的研究人员及各类决策机构提供书目信息咨询服务。

建设目标为:完成古代书名、人名、地名三大规范数据库,逐步将人名、书名、地名(机构名)正式名称翻译成外文标准名称。

另外,希望由复旦大学出土文献与古文字研究中心承担"中国古代书目规范文字数据库"建设,由复旦大学外文学院负责规范数据的外文翻译工作。

中心将组建由书目数据专家龙向洋研究馆员、历史地理学专家侯扬方教授、历史地理学专家李晓杰教授、CHGIS专家孙涛先生等学者组成的世界一流的中华古籍书目数据研究团队。

通过古籍书目数据研究中心的建设，争取使复旦大学成为"国家级中华古籍书目数据研究中心"。

（三）中华古籍保护技术基础科学实验室

中华古籍的编目、鉴定与保护，向来秉承传统的经验主义与师带徒形式，缺乏相应的科学实验数据作为支撑。国家古籍保护中心已在国家图书馆创建化学实验室、纸张物理性能实验室、纸张耐久性实验室、生物实验室和精密仪器实验室这五大科学实验室，已取得一批基础数据。由于古籍保护属于新兴学科，需要大量的跨学科——融合化学、物理、生物、环境等基础学科的研究，为古籍鉴定与保护提供科学数据支撑。我们希望建设以化学保护为中心的实验室。

（四）复旦大学古代数字人文资源库

数字人文建设是数字图书馆及文化校园的重要组成部分，是新技术环境下人文学科文献资源建设的转型契机。复旦大学图书馆已利用"985二期"经费，设立古籍稿抄本数字化项目，将赵景深教授等所藏古籍稿抄本数字化，已完成2000余种近60万页稿抄本的数字化制作。以后将继续推进馆藏特色古籍资源数字化，结合基于CHGIS的古籍书目数据，积极建设复旦大学古代数字人文数据库，并逐步提供网络化服务，扩大中华文化的国际传播与影响力。

中华古籍保护研究院希望能与全世界收藏中华古籍的机构、个人进行合作研究，为创立中华古籍保护学科体系共同努力。

（作者：杨光辉，上海复旦大学图书馆副馆长、研究馆员，复旦大学中华古籍保护研究院常务副院长）

浙江省"中华古籍保护计划"实施的调查思考

蔡 彦

浙江文化源远流长,博大精深。据文化部的统计,国内现存古籍3000万册,其中浙江省有266万册。从2007年开始,浙江省有关部门就着手实施"中华古籍保护计划",对古籍开展有针对性的保护,通过保存更多古老的书籍,留下浙江文化的特色、地情资料和薪火相传的精神血脉。在2014年10月召开的全国古籍保护工作会议上,浙江省文化厅厅长金兴盛做了典型发言。

一、"中华古籍保护计划"

文化是民族的血脉,是人民的精神家园。古籍是中华民族在数千年历史发展过程中创造的重要文明成果,是中华文化一脉相承、光辉灿烂的历史见证。党的十七大报告提出要"加强中华优秀传统文化教育,运用现代科技手段开发利用民族文化丰厚资源。加强对各民族文化的挖掘和保护,重视文物和非物质文化遗产保护,做好文化典籍整理工作"。党的十八大以来,习近平总书记关于弘扬中华优秀传统文化的系列讲话,特别是"提高国家文化软实力,努力展示中华文化独特魅力","让书写在古籍里的文字活起来"的指示,体现了新时期党委、政府对古籍保护的重视,加强古籍保护已经在全社会形成共识。

2007年,国务院办公厅发出《关于进一步加强古籍保护工作的意见》,提出在"十一五"期间大力实施"中华古籍保护计划"。其主要内容是:第一,统一部署。从2007年开始,用3—5年时间,对各公共图书馆、博物馆和教育、宗教、民族、文物等系统的古籍收藏和保护状况,进行全面普查并定级。完善各单位的藏书目录，做好未经编目之书的著录，摸清全国古籍的家底。第二，建立《国家珍贵古籍名录》和"全国古籍重点保护单位"制度①。通过采取防火、防水、防紫外线和控温、控湿的技术手段，改善古籍保管条件。"中华古籍保护计划"还要求加大跨系统藏书单位之间、公藏单位和民间机构之间的沟通联系。同时对于一些利用频率高、文献价值大的古籍，不仅要进行数字化加工，更要将其点校出版，使之化身千百，嘉惠公众。

随着"中华古籍保护计划"的铺开，国务院分四批公布了11375部珍贵古籍和166家"全国古籍重点保护单位"。国家珍贵古籍的评选标准，与《古籍定级标准》所规定的一、二级古籍的评定标准一致，即具有重要历史、学术、艺术价值的代表性古籍。入选"全国古籍重点保护单位"必须具备四项条件：1.收藏古籍的数量一般在10万册（件）以上，或收藏古籍善本数量在3000册（件）以上；2.有古籍专用书库；3.有专门的古籍保护机构和工作人员，管理制度健全；4.有专项古籍保护经费。目前，全省入选《国家珍贵古籍名录》的古籍达到753部，"全国古籍重点保护单位"10家。浙江省还将古籍普查、古籍库房建设纳入全省文化先进县评选考核体系，使古籍保护成为各级政府的一项常态化工作。

2007年我省的浙江图书馆、杭州图书馆、宁波天一阁博物馆、绍兴图书馆和温州图书馆被列入全国首批古籍保护试点单位，探索在不同条件下开展古籍保护和普查的方法。在不长的时间里，建成一批市（县）图书馆、文博单位的新馆舍，古籍保管条件普遍得到改善。从2013年开始，全省相继组织第一批及第二批《浙江省珍贵古籍名录》、"浙江省古籍重点保护单位"和"浙江省古籍保护达标单位"的评审。其中规定：凡收藏古籍总量3000册（件）以上或善本800册（件）以上的单位均可申报"浙江省古籍保护达标单位"称号。对入选《浙江省珍贵古籍名录》的古籍，或获评"浙江省重点古籍保护单位""浙江省古籍保护达标单位"的单位，给予每部古籍500元、每家单位10万元（重点单位）或5万元（达标单位）的补助。2013年，省财政一共下拨古籍保护专项经费156.1万元。

二、保护重点

善本简单讲就是好的书，是古籍保护的重点。清张之洞总结前人经验，并结

---

① 文化部新闻发言人就《国务院办公厅关于进一步加强古籍保护工作的意见》有关问题答中国政府网问，中国政府网2007年3月2日。

合自己的认识,给善本提出了三条标准:一是"足篇",即无缺卷、无删削之本;二是"精本",即精校精注本;三是"旧本",即旧刻旧抄本。1978年开始编纂的《中国善本书总目》,根据历史性、学术性、艺术性要求,提出了具体衡量"善本"的9条标准,并且把它的时间下限定在清乾隆六十年(1795)。在这里,历史性侧重版本时间,学术性侧重书的内容,艺术性侧重版本具有的特征。在很长一段时间内,1795年成为判断古籍是否为善本的一条界线。此后,2006年国家文物局重新制订《文物出境审核标准》,把1949年作为时间线。2006年发布的《国家古籍定级标准》(WH/T 20—2006)把古籍分为"善本"和"普本"两大类,一、二、三级古籍为"善本",四级古籍为"普本"。2008年3月1日,国务院公布第一批2392部国家珍贵古籍,其中汉文古籍2282部,少数民族文字古籍110部。国家珍贵古籍全部从一、二级古籍内选定,少数民族文字古籍适当放宽,第一批"国家珍贵古籍"的出品时间绝大部分在1795年以前。

在《国家古籍定级标准》中确定古籍的级别,按版本年代来划分确实容易,但它不是唯一依据。凡按历史文物价值应属下一级别,而按学术价值、艺术价值衡量可列入上一级别者,均应定为上一级别。2013年,在国务院发布的第四批1516部国家珍贵古籍中,清乾隆至近代时期的古籍数量出现较大增加,它们大多是近代史上名人手稿和地情资料。如浙江大学图书馆藏清孙诒让稿本《大戴礼记斠补》、杭州图书馆藏明来集之稿本《倘湖遗稿》。同年,浙江省人民政府发文公布第一批《浙江省珍贵古籍名录》,共228部。其中清乾隆至近代时期共44部,约占20%。2014年,浙江省人民政府发文公布第二批《浙江省珍贵古籍名录》,共195部。其中清乾隆以后至近代共77部,约占40%。以版本分类,稿抄本120部,刊本75部。在75部刊本中,泥活字本1部,武英殿本1部,名人跋批本34部。现分析如下:

(一)版本经良,一窥历史原貌。如:

一切如来心秘密全身舍利宝箧印陀罗尼经一卷。(唐)释不空译,北宋开宝八年吴越国王钱俶刻本,邹安跋,陈锡钧题签。浙图。

校补金石例四种。(清)李瑶编,清道光十二至十三年李瑶泥活字印本。温图。

顾氏集古印谱四卷。(明)罗王常辑,明隆庆六年钤印本,(清)语冰、崖师、(民国)褚德彝、张鲁庵、叶丰题跋。西泠印社。

庙制考义一卷图一卷。(明)季本撰,明嘉靖二十五年刻本。天一阁。

三国志六十五卷。(晋)陈寿撰,(南朝宋)裴松之注,清乾隆四年武英殿刻二十四史本,(清)孙尔准校,沈衍纯题记。嘉图。

五代十国是我国历史上四分五裂的动乱时期,但刻书事业却是承前启后。吴越国忠懿王钱俶笃信佛教,一再印造《宝箧印陀罗尼经》,每次八万四千卷,分藏各地。这样屡次大规模地印造佛经,使刻书不再是民间或寺庙的事,而成为政府的出版事业,与以后浙江文化的发达有直接关系。在已发现的印经中,丙辰年(956)本藏瑞典,乙丑年(965)本藏浙博,乙亥年(北宋开宝八年,975)本藏浙图和国图,即是本。

世界上第一个发明活字印刷术的是我国北宋庆历年间(1041—1048)的毕昇,沈括的《梦溪笔谈》一书记录了毕昇使用泥活字印刷的事迹:"板印书籍,唐人尚未盛为之,自冯瀛王始印五经,后世典籍皆为板本。庆历中有布衣毕昇又为活板。其法用胶泥刻字,薄如钱唇。每一字为一印,火烧令坚。先设一铁板,其上以松脂蜡和纸灰之类冒之。欲印,则以一铁范置铁板上,乃密布字印,满铁范为一板,持就火炀之。药稍熔,则以一平板按其面,则字平如砥。"毕昇发明活字印刷比德国的谷腾堡要早400多年。但流传下来用泥活字印刷的实物却很少,目前能见到的有清代苏州人李瑶和安徽人翟金生两家的印品。清道光十年(1830),苏州人李瑶寓居杭州时,借钱印书,雇工十余人,在二百四十多天内印成《南疆绎史勘本》八十部。封面背后有"七宝转轮藏定本,仿宋胶泥板印法"篆文两行。李氏自称为"七宝转轮藏主",凡例中有"是书从毕昇活字例排板造成"之语。次年有人出钱又排印一百部,日人德富猪一郎称它为"中国胶泥板的标本",此书绍兴图书馆有藏,已被列入第四批国家珍贵古籍。李氏印成自己所编辑的《校补金石例四种》,亦称"仿宋胶泥板",但有的目录上仍以之为吴郡李氏木活字排印。查该书,李氏自称"仿宋胶泥板","从毕昇活字例排板造成",是书自序又说:"即以自治胶泥板,统作平字捭之。""捭"通"摆",可以肯定这是泥活字本。

将治印名家的作品直接钤盖纸上,订本成册,叫钤印本。《顾氏集古印谱》四卷,明隆庆六年(1572)太原王常幼安集,原印朱钤本。全本应六卷,缺卷一与卷六。初藏者褚德彝买到后,不知道此为何谱,故在封面上题:"册中所列秦汉玺印皆精,不知为何人藏,审其朱泥,必乾嘉人所为。虽残册,亦可宝。"后确认为明隆庆六年太原王常幼安集,仅以朱泥钤成二十部,距今已四百多年。近代罗振玉于印学称宏博，在其《潋秋馆印存序》中说："古印谱集，昉于天水之世。宣和以降，若杨克一，若王厚之，若颜叔夏，若姜夔；有元若吾邱衍，若赵孟頫，若杨遵，咸有集录，今均不传。其传者自明顾氏《印薮》始。其书搜采颇富，而鉴别未精；且锓木以传，橅写失真，读者憾焉。"[1]该书可能是现存最早的印谱。

天一阁创建于明嘉靖年间，是我国现存最早的藏书楼。现有藏书30万卷，其收藏的明刻本多为孤本。

武英殿，地在北京故宫西华门内，清康熙十九年（1680）在此设置武英殿造办处，雍正七年（1729）改名为武英殿修书处，专职印刷、出版书籍。清乾隆三十八年（1773）五月，命儒臣校辑《永乐大典》中的零篇散简及各省进呈遗书，并令在这万余种书籍中，选择"人所罕见，有裨世道人心及足资考镜者"，发交武英殿"剞劂流传"，先行刊印，以"嘉惠来学"。至清乾隆六十年（1795），共刊印图书135种。这些书籍印刷精美，校勘精审，反映了康乾时期我国文化学术的最高水平，俗称"殿本"，向为书中佼佼者。1933年3月，故宫博物院编《故宫所藏殿板书目》一书，共著录殿本480余种。《三国志》校者孙尔准（1770—1832），字平叔，莱甫，号戒庵，谥文靖，江苏金匮（今属无锡）人，清嘉庆十年（1805）进士。清道光五年（1825）任闽浙总督，经略浙东海防。

（二）名人题跋、观款。如：

补修宋金六家术六卷四十六家日法朔馀疆弱考一卷。（清）李锐撰，清抄本，（清）孙诒让跋。温图。

广艺舟双楫六卷。（清）康有为撰，清光绪十九年南海康氏万木草堂刻本，（清）黄绍箕批，梅冷生题记并题签。温图。

唐樊绍述遗文一卷。（唐）樊宗师撰，（清）张庚辑注，清乾隆四年秀水张庚强恕斋刻本，（民国）孙峻、胡宗楙、顾柏年、陈训正、郑功懋、戴振声、许济荣、顾颉刚跋。浙图。

陶篁村稿不分卷。（清）陶元藻撰，清乾隆五十八年稿本，（清）徐镜清、樊增祥跋。浙图。

王风一卷。（清）丁立诚撰，清抄本，（清）俞樾跋。浙图。

醉庵词别集二卷。（清）王继香撰，清稿本，（清）应宝时批并跋，（清）陈

---

[1] 《潋秋馆印存序》，郁重今：《历代印谱序跋汇编》，西泠印社出版社，2008年。

璃题签，(清)李慈铭、谭献、马赓良跋，(清)沈景修题签并记，(清)孙德祖跋，(清)陶方琦、陆诒经、伊立勋题记，(清)文悌、桂坫跋，(清)马宝瑛观款。浙图。

金石识别十二卷。(美)代那撰，(美)玛高温口译，(清)华蘅芳笔述，清同治十一年刻江南制造局编译丛书本，(民国)周树人(鲁迅)批校。绍兴鲁迅纪念馆。

孙诒让(1848—1908)，字仲容，别号籀庼。浙江瑞安人。清同治六年(1867)举人，一代经师，"清三百年朴学之殿"，领导温、处十六个县成立学堂三百余所，为浙南近代教育奠定了良好的基础。孙诒让的父亲孙衣言(1814—1894)，字邵闻，号琴西。清道光三十年(1850)进士，玉海楼创建者，晚年致力于浙南文献整理。黄绍箕(1854—1908)，字仲弢，又字鲜庵，号习斋居士，浙江瑞安人。清光绪六年(1880)进士，历任武英殿纂修官、京师大学堂总办、京师编书局监督兼译学馆监督。父亲黄体芳(1832—1899)，字漱兰，号莼隐，别署瘦楠、东瓯憨山老人。清同治二年(1863)会元，"翰林四谏"之一。孙、黄二家是晚清浙南望族。梅冷生(1896—1976)，名雨清，以字行，浙江永嘉人，1941年任温州图书馆馆长至逝世。王继香(1860—1925)，字子献，号止轩、醉颠，浙江会稽(今绍兴)人，清光绪十五年(1889)进士。蔡元培曾求学于王继香，"偶于书院中为四书文，则辄以古书中通假之字易常字，以古书中奇特之句法易常调，常人几不能读，院长钱振常、王继香诸君转以是赏之"①。其他如康有为、樊增祥、俞樾、陈训正、许济荣、鲁迅、顾颉刚都是大师级人物，与浙江有密切关系。

(三)浙籍学者手稿。如：

题跋二卷。(明)毛晋撰，清道光二十一年鸣野山房抄本，(清)沈复燦校并跋，周大辅跋。浙图。

客杭日记不分卷附续记不分卷(同治十二年七月十二日至十月初四)。(清)朱衍绪撰，清同治稿本。余姚文保所。

信摭一卷。(清)章学诚撰，清道光八年山阴沈复燦抄本，(清)沈复燦题签并跋。绍图。

舜水先生年谱稿不分卷。(清)朱兰撰，清光绪稿本。余姚文保所。

---

① 《蔡元培口述传略》，蔡建国：《蔡元培先生纪念集》，中华书局，1984年。

明文偶抄不分卷。(清)徐锡麟辑,清稿本,(民国)徐仲荪跋。杭图。

越缦堂笔记一卷。(清)李慈铭撰,手稿本,(民国)陈锡钧观款,(民国)陈训慈、冯孟颛跋。天一阁。

毛晋(1599—1659),字子晋,号潜在,常熟(今属江苏)人。明末藏书家,喜抄罕见秘籍,称"毛抄"。沈复燦(1779—1850),字霞西,浙江山阴(今绍兴)人,清代藏书家。家有鸣野山房,聚书达数万卷之多,尤重残文只字。周大辅,字左季,号都庐,常熟(今属江苏)人,清末藏书家。特别注意收藏残明秘帙,遇善本无力罗致时,必设法借来缮抄。三人同书,殊为宝贵。朱衍绪,字镇夫,浙江余姚人,清同治六年(1867)举人,与会稽孙德祖及郡人孙垓、曹寿铭、蔡以瑞、王治寿、秦树钰、马赓良和陶方琦等,倡幕社于郡城东之小皋埠,互相唱和。《客杭日记》描述了清同治中兴后的旅杭见闻、琐事。章学诚(1738—1801),字实斋,号少岩,会稽(今浙江绍兴)人。他是"浙东学派殿军",我国方志学鼻祖。舜水先生即朱舜水,抗清失败后亡命日本。清光绪年间族人朱兰编辑《朱舜水先生年谱》,将这位乡贤事迹介绍回国内。徐锡麟(1873—1907),字伯荪,号光汉子,浙江山阴(今绍兴)人,中国民主革命烈士。他牺牲之后,其手稿大都被付之一炬,《明文偶钞》是徐锡麟早年抄录的明人科场范文。李慈铭(1830—1894),字爱伯,号莼客,会稽(今浙江绍兴)人,清同光年间学者,所撰《越缦堂笔记》是研究清末社会和政治的重要资料。

(四)浙江地情资料。如:

(同治)象山县志二十四卷末一卷。(清)黄丙、马嗣澄等纂修,清抄本,(民国)张美翊跋。甬图。

浙江省地图附说明不分卷。(清)佚名绘,清彩绘绢本。浙图。

东瓯郡县建置沿革考一卷附方国珍乱郡始末一卷。(清)叶嘉棆撰,(清)孙锵鸣抄本。温图。

张美翊(1857—1924),浙江宁波人。清光绪十五年(1889)随薛福成出使英、法、意、比四国,两度出任南洋公学总理(校长),民国后促成建立宁波图书馆。东瓯,古族名、地区名,古越族中的一支,亦称瓯越,秦汉时分布在今浙江南部瓯江、灵江流域。其首领摇助汉灭项羽,惠帝时受封,因都东瓯(今温州),称东瓯王,后世以东瓯为温州或浙南一带地区的别称。《东瓯郡县建置沿革考》一书首见孙诒让著《温州经籍志》,注末见。孙锵鸣抄本当在该书之后。

大家常说"一方水土养一方人",古籍除了简单的记录作用,更重要的是需要通过对它的保护、传承,显示出地方文化发展的连续性。

三、古籍普查登记

(一)登记范围

浙江省古籍普查范围为浙江省辖区内所藏汉文古籍。包括:1.传统古籍,即1912年以前形成的具有传统装帧形式的汉文古籍。2.民国线装书,即1912年至1949年间形成的有关传统学术,并具有传统装帧形式的汉文古籍。把登记下限划到1949年,较《全国古籍普查登记手册(2012)》中规定"1912年以后,以传统著述方式,研究中国传统文化,并具传统装订形式的少数汉文典籍,可适当收录,但仅限产生并版印、抄写于1919年(含1919年)以前的少数著作"的标准要广,体现了近代浙江私人藏书家和藏书楼迭出、文化事业繁荣发展的局面。

2011年,浙江省文化厅制定了《浙江省古籍普查项目管理办法》,决定以立项课题方式开展古籍普查工作,把普查作为一项厅级课题,由省财政保障经费。2012年9月,以浙江省古籍保护工作联席会议11个厅局名义,下发《浙江省中华古籍保护计划实施方案》和《浙江省古籍普查工作实施办法》,文件明确古籍保护和普查登记的主体为各藏书单位,全省古籍普查补助总额约1000万元。经费发放,以审校为责任环节和发放依据,省级审校完成,发放60%普查补助经费和省级审校费;国家级审校完成,发放全部费用。目前,省古籍保护中心共举办全省性古籍普查培训班11次,在全国古籍普查平台上著录数据115000余条,拍摄、上传书影57万余张。为增强普查数据的抗灾能力,在省内台州市图书馆安装虚拟带库,建立备份中心。此外,我省还编制《普查专用设备目录》,包括翻拍架、1200万像素数码相机、电脑和必备工具书。省财政对全省40个欠发达县市分别下发1万至2万元的保护和普查工具补助经费。

(二)著录登记

1.基本方针

著录登记主要包括两方面工作:一是查未编书,做好未经编目之书的整理、登记;二是查已编书,完善已有目录。著录内容按照《全国古籍普查登记手册(2012)》要求,必登项目有"索书号、题名卷数、著者(含著作方式)、版本、册数和存缺卷数",选登项目有"分类号、批校题跋、版式、装帧形式、丛书子目、书影和破损状况"。原则上每个索书号只能对应一个"古籍普查登记号"。从全国看,既有全部著录的,也有只著录必登项目的,还有采用数据导入的。2013年,浙江省第四期古籍普查培训班把必登内容概括为"索书号、题名卷数、著者(含朝代、著作方式)、版本、牌记、版式、装帧(册数)、装具"八项,全部著录项目分"索书号、分类、题名卷数、著者、版本(带补配)、版式、装帧(册数)、装具、序跋、刻工、批校题跋、钤印、修复、子目、定级、定损"十六项①。

2013年8月,省古籍保护中心对著录登记的内容进行调整,简化项目以加快普查进度。如规定对于丛书子目散入各处,可用圆括号注明"(存＊种)";版本依据分四种情况,即"牌记"或"序跋"、工具书、传统著录、拟定;写法规定为"工具书名称加页码""传统著录",或"比对某处某页书影"。一些主观因素较多的内容只存书影,以后再处理。省古籍保护中心对超出新规定范围的著录内容不进行审核,也不予咨询和解答②。新标准适时、实用,能够确保在2015年完成普查任务。

2. 新老著录的差异

古籍普查工作一直处于探索阶段,各地普遍需要一套可资参照的资料。关于古籍著录的具体标准一直没有统一,如分类上就有四部法、五部法和六部法三种,实际上无法统一。已著录与现著录有差异,老著录员的"传帮带"对于新手了解以往编目历史、著录要求的变化,以及古籍保存方式都有较大的帮助,但也存在着老著录员固执己见、知识老化或者"一个口子出去"等弊端,以至于出现诸多争议。新老著录常见差异如下:

第一,题名卷数认识不同。古籍的卷端、内封、书口、序跋、书根、题签和函套均有题名,原由各单位自行取舍,现标准规定题名依据正文首卷卷端。建议依标准修改,不同的著录人员对卷数存在不同理解的,言之成理即可。其他类似问题,如"南明",现规范为"清",直接修改即可。

第二,版本判定有误。现按照"时间+责任者+类型"详细著录。如绍兴图书馆原藏《通蓺堂诗录》八部,"清刻本"。这次普查后共有三种版本:通蓺堂诗录二卷(普查号330000-1716-0000426)、通蓺堂诗录四卷附绍兴东湖书院通蓺堂

---

① 《浙江省古籍普查书本信息著录要求简表》,浙江省古籍保护中心:《浙江省古籍普查手册》,国家图书馆出版社,2013年。

② 浙江省古籍保护中心:《临海会议讨论意见汇总答复》,2013年。

记一卷（普查号 330000-1716-0000299）、通蓺堂诗录七篇十卷附绍兴东湖书院通蓺堂记一卷（普查号 330000-1716-0000461）。现以普查号 330000-1716-0000299 书为例说明。是书首卷卷端无题，版框外镌"稷山文集"。据光绪二十六年（1900）序，全书共七篇十卷。实收卷一、三、四、六。版本著录：清光绪二十六年至二十七年福州刻本。附注：序跋1末题"光绪二十有六年岁在商横困敦闰八月写刻于福州"，又《东湖书院通蓺堂记》后题"光绪二十七年十月陶浚宣附记"，故著录为清光绪二十六年至二十七年福州刻本。是书与牌记署"光绪壬寅十月刻"及"光绪庚子夏五漳州环玉楼刊"，题名同为"通蓺堂诗录"者系不同版本。一是篇目上，前者收录《翼教》《训俗》《风世》《表忠》四篇，后者收《劝学》《劝俗》二篇。二是前者为写刻本，后者为匠体字本。造成这种情况的原因是之前未能详细勘验原书，没有或不能正确使用已有的工具书和计算机联网检索。其他问题，如"排印本"改"木活字印本""铜活字印本"或"铅印本"，直接修改即可。

第三，对丛书的零种处理方法不同。许多古籍，尤其是清中后期的古籍，是属于某丛书的，现行标准在著录上要求揭示，但很多馆丛书各子目都散入到各处，很多丛书因为不确定，只能临时保存。建议：只是标准制定上的问题，考虑先提交（圆括号注明"署*丛书"），待全部完成普查后再处理。

应该指出，这次普查成果没有按书名、作者、版本方式来排列，对原著录缺乏尊重，不撰写提要，丰富的地域性内容被忽略，不免令人遗憾。

四、结语

新中国成立后，浙江省大量古籍化私为公，服务社会。自"中华古籍保护计划"实施以来，全省逐步建立了统一的古籍保护和普查体系，取得了一系列重要成果，但任务仍然十分艰巨。自古以来，藏书者都把道德追求作为自己的终极目标，在新旧鼎革之际，需要我们常怀敬重、敬仰、敬畏之心，尊重前人，开创未来，为建设文化强省、实现中国梦做出贡献。

（作者：蔡彦，浙江省绍兴市图书馆副研究馆员）

辽宁省图书馆馆藏古籍源流与特色

刘 冰

辽宁省图书馆前身为东北图书馆,1947年在合江省(今属黑龙江省)省会佳木斯筹建,1948年8月15日在哈尔滨开馆,1949年迁至沈阳。1954年初东北大区行政机构撤销,1955年10月东北图书馆改称辽宁省图书馆。截止到2013年底,辽宁省图书馆已收藏三十多个文种的古今中外书刊240余万种,560余万册(件),成为东北地区藏书最丰富的图书馆,藏书量在全国省级公共图书馆中位居前列。

古籍是辽宁省图书馆的藏书重点之一。六十多年来,在几代辽宁省图书馆古籍工作人员潜心搜集下,古籍文献的收藏量已达到61万余册。其中善本古籍6200余部,12万余册;普通古籍32000余部,34万余册;尚待整理分编的还有15万余册。辽宁省图书馆建馆初期接收和接受捐赠的古籍文献成为今天馆藏古籍的主体。辽宁省图书馆还通过多年坚持不断开展古籍文献采访、征集活动,接受社会各界捐赠,进行复本交换等,使得馆藏古籍文献数量不断增加,品种日益丰富,形成了今天辽宁省图书馆在国内外享有较高声誉的馆藏古籍规模。

一、馆藏古籍来源

图书的大宗聚散,一般都是在社会不稳定时期,在特定的历史条件下完成的。辽宁省图书馆的古籍收藏正是在这样的背景下形成的。20世纪40年代解放战争期间,接收了东北地区公藏机构的大部分古籍藏书。如1948年11月,接收了原国立沈阳博物院筹备委员会图书馆的藏书(其中包括伪满洲国国立奉天图书馆、东北大学、冯庸大学、沈阳故宫及张学良藏书等公私藏书)、辽宁省立图书馆的藏书。辽宁省图书馆的古籍藏书规模在这个时期初步形成。"文化大革命"期间,辽宁省内一些单位和个人的藏书又相继汇集到辽宁省图书馆。如"红卫兵"抄家送来许多古籍,接收了中共中央东北局、辽宁作家协会等单位资料室古籍等。至此,辽宁省图书馆的古籍藏书规模大体形成。

(一)伪满洲国皇宫藏书

长春伪满洲国皇宫藏书总计2万多册,其中善本主要来源于清皇宫昭仁殿天禄琳琅藏书,其他为伪满洲国时期溥仪在长春购买或收赠的。1945年日本投降,溥仪出逃,所藏古籍图书遗留在皇宫内。1946年4月,东北民主联军进驻长春,发现100余箱伪满洲国皇宫藏书,撤离长春时将收缴的这批伪满洲国皇宫藏书运至佳木斯,1947年交给正在筹建的东北图书馆。这是东北图书馆第一批古籍藏书。这批收缴的藏书共2万册左右,为伪满洲国皇宫古籍藏书的绝大部分。其中有善本书35种:宋版23种(部分版本鉴定有误)、元版4种、影宋抄本2种、明版6种。其余为清版书。1952年,东北文化部又派人去长春等地搜访,征集了一批伪满洲国皇宫流散的图书,其中善本书23种,255册(卷),于1952年6月交拨东北图书馆。其中有《纂图互注荀子》《孔子家语》《春秋意林》《画继》《大易粹言》《纂图互注南华真经》《昌黎先生集》《新增说文韵有群玉》《童溪王先生易传》《真文忠公续文章正宗》《唐柳先生集》《学易记》《分门史志通典治原之书》等宋、元版书。伪满洲国皇宫藏书是辽宁省图书馆藏书中的精华,最重要,价值最高。

(二)沈阳故宫藏书

清代统治者出于统治的需要,极为重视书籍出版,康熙中于内府武英殿设专门刻书处,管理刻书事务,并刻印了大量书籍。清代内府刻印的书也因此称为殿版书。沈阳是清朝入关前的国都,清政权入主中原后,尊盛京为陪都。为了尊崇先祖创业之艰难,清代内府所刻书都要送几部到沈阳故宫恭藏。送书制度一直持续到清光绪年间。沈阳故宫殿版书在伪满洲国期间,由国立奉天图书馆庋藏,后被国立沈阳博物院筹备委员会图书馆接收。1948年11月,沈阳故宫殿版书全部入藏东北图书馆。其后,辽宁省图书馆又陆续从其他渠道搜集、丰富馆藏殿版书的品种。现馆藏清殿版书700余种,1000余部,品种、数量都大大超过了民国二十五年(1936)陶湘编的《清代殿版书目》,成为与北京故宫博物院齐名的殿版书收藏机构。

(三) 伪满洲国国立奉天图书馆藏书

九一八事变后，日本关东军加紧对东北的文化掠夺。在日本的支持下，伪满洲国建立了国立奉天图书馆，先后集中了沈阳故宫的全部藏书，沈阳萃升书院、东北大学、冯庸大学等机构的藏书，以及张学良的个人藏书总计约10万多册，成为当时伪满洲国藏书规模最大的图书馆。为了丰富馆藏，又通过采购、征集、接受捐助等手段不断增加馆藏古籍数量。如在北平采购了大量的满文图书，接受稻叶岩吉、阚铎等私人捐赠。国立奉天图书馆藏书后来全部入藏辽宁省图书馆。

(四) 罗振玉藏书

罗振玉是著名的学者、藏书家，在中国近代文化史上影响深远。其生前四十年搜藏聚书13万册，于旅顺建大云书库庋藏。1949年，罗振玉长孙罗继祖先生将其祖父藏书全部捐献给东北人民政府。东北人民政府将其中的古籍善本和家刊本大部分转交给东北图书馆收藏。辽宁省图书馆现藏罗振玉大云书库善本16010册及家刊本4万余册，其中宋元版30余部，明刻本100余部，明清抄本200余部，罗振玉稿本30部，题跋本60余部，朝、日版古籍400余部。这批藏书质量之高，价值之大，在馆藏古籍善本中仅次于来自伪满洲国皇宫和沈阳故宫的藏书。

(五) 陶湘"闵凌刻"藏书

从明万历至明末二十余年时间，浙江吴兴及周边地区套版印刷的古籍，因为代表人物为闵齐伋与凌濛初二人，世人习惯称之为"闵凌刻"。"闵凌刻"阅读方便，校勘不精，历来毁誉参半，褒贬不一。直到民国年间，"闵凌刻"才开始真正受到藏书家的重视。其中最为关注"闵凌刻"的是陶湘先生。陶氏自编《闵版书目》后，其所藏"闵凌刻"藏书开始陆续散出，他先是将70余部"闵凌刻"复本出售给伪满洲国中央银行总裁荣厚，后又将117种售与溥仪。荣厚藏"闵凌刻"在日本投降后，几经辗转，于1949年由东北文物管理委员会转交东北图书馆收藏。溥仪所藏"闵凌刻"，在1948年先于荣厚藏书为东北图书馆所接收。至此陶湘所藏的"闵凌刻"绝大部分入藏东北图书馆。

上述为辽宁省图书馆藏书几大宗来源。其他还有1948年2月，哈尔滨孙丹阶先生向东北图书馆捐赠古籍图书25000余册及大量碑帖、拓片，这批古籍文献也成为东北图书馆筹备阶段的重要古籍收藏；历史学家金毓黻先生藏书和以辽海书社名义刊行的古籍也全部捐赠东北图书馆；等等。

二、馆藏古籍特色

辽宁省图书馆馆藏古籍文献不但在总体数量上较为可观,文献质量也很高,藏书来源清晰,版本特色鲜明,有相当部分是存世孤本、稀见本,在国内外具有较高的知名度。

(一)宋元刻本数量可观

辽宁省图书馆藏有宋刻本32部,642册;元刻本55部,1348册。其中相当一部分是海内外孤本。如《抱朴子内篇》二十卷,晋葛洪撰,宋绍兴二十二年(1152)临安荣六郎家刻本。这是此书现存唯一的宋刻本,在文字上可以校改订正明清诸本的讹误和脱文。其特殊价值还在于卷末五行七十五字的刻书牌记:"旧日东京大相国寺东荣六郎家,见寄居临安府中瓦南街东,开印输经史书籍铺。今将京师旧本《抱朴子内篇》校正刊行,的无一字差讹,请四方收书好事君子幸赐藻鉴。绍兴壬申岁六月旦日。"此牌记不仅揭示了刻书的时间、地点、所用底本及刻书者,而且还反映了南北宋之交,由于金兵入侵,汴梁的书坊南迁临安等情况。钱谦益曾说它是一部版本上的《东京梦华录》。又如宋淳熙八年(1181)唐仲友台州刻本《扬子法言》十三卷,此书的刊刻在历史上引发了朱熹弹劾唐仲友动用公库刻书的一段公案,成为书林余话。其核心价值在于证明唐仲友在台州翻刻北宋国子监本"四子"是一件不争的历史事实。此书被评为古籍保护工作开展以来古籍普查的十大发现之一。又如宋刻本《韵补》五卷,是最早系统研究古代音韵的著作,为宋乾道时期的初刻本,书品完好。又如南宋临安陈起父子所刻书,世上现存已屈指可数,辽宁省图书馆却藏有两部,即宋代邓椿所撰《画继》和宋代刘道醇所撰《五代名画补遗》,为初刻初印之本。其他宋刻本如宋李焘所撰《续资治通鉴长编》一百零八卷,宋林钺所辑《汉隽》十卷,宋潘自牧所辑《记纂渊海》等。蒙古刻本如元李简撰《学易记》。元刻本如《宋季三朝政要》六卷,元齐履谦所撰《春秋诸国统纪》六卷等。这些宋元刻本,大部分来自长春伪满洲国皇宫,在海内外享有盛誉。

(二)"闵凌刻"品种最全

辽宁省图书馆为海内外收藏闵版书最全最多的机构。馆藏明版书1741部,而其中明代浙江吴兴闵齐伋、凌濛初两家族采用套版印刷技术刷印的"闵凌刻"书最具特色。馆藏闵版书119种,261部,大部分为藏书家陶湘旧藏。陶氏所藏

"闵凌刻"的一大特色是皆为书品上乘或初刻初印之本,并皆经重新装帧,将原有普通线装装为金镶玉形式,换装同色瓷青纸书衣,前后加衬白绵纸护页,再配以青色六合书套,函套上粘题签。经过重新装帧,这批"闵凌刻"整齐划一、典雅大方,为书林所羡艳。馆藏闵版书有二色、三色、四色,多者五色,色泽鲜艳,令人赏心悦目。如明闵绳初刻五色套印本《文心雕龙》四卷,白纸精印,行疏畅广,光彩灿烂,是闵氏套印本中最具代表性的作品。所藏经、史、子、集四部皆有,尤其以戏曲为精。如《琵琶记》《明珠记》《邯郸梦》三部书,刻工精良,版画绝美,为明代刻书之上品。如闵氏所刻《明珠记》,为初刻初印之本,刊刻精美,版式疏朗,墨色清润,令人叹为观止的是书中版画插图构图优美,线条绝精,绘图者为明代著名版画家王文衡。是书把明代版画和套印技艺高度结合在一起,达到了绘画、刊刻、印刷的完美结合。闵氏此本也因此成为《明珠记》的代表刊本。

(三)殿版书风格多样

辽宁省图书馆藏有殿版书700多种,1000多部,清代内府刻书的大部分品种都有收藏。如清康熙内府铜活字印本《律吕正义》,为有清一代内府以铜活字印行的几种书之一。此本与《古今图书集成》字体形制、版式风格完全相同,为陈梦雷于《古今图书集成》印制前的试印之书,采用同一套铜活字排印,传世绝少。还有张学良旧藏,清雍正四年(1726)内府铜活字印本《古今图书集成》,是现存规模最大、资料最丰富的类书,也是我国铜活字印刷卷帙最大的一部书。《钦定仪象图》,比利时南怀仁绘,清康熙十三年(1674)内府刻本。南怀仁是清初最有影响的来华传教士之一。此书绘制了赤道仪、黄道仪、地平经仪、纪限仪等117幅图。这些殿版书大部分来源于沈阳故宫。内容涉及经、史、子、集诸多部类,包括汉文、满文、蒙古文、藏文、满汉合璧等多种文字。由于辽宁省图书馆收藏的殿版书大部分是没有裁切的毛装书,保留了清代武英殿书籍装订过程中的信息,更形成了殿版书独特的装帧形式。

(四)稿抄校本量多质高

辽宁省图书馆藏稿抄校本1000余部,抄写成于明清两代及民国时期,具有较高文献价值,其中明抄本52部。明抄本《阳春白雪》残存六卷,元杨朝英辑,此书虽残,但比《全元散曲》还多出二十五套曲子,其中包括以前未知的元散曲作者作品。用此本子可以对《全元散曲》中的文字错误加以校正。明抄本《阳春白雪》曾被誉为20世纪元曲的第四次新发现。《聊斋志异》是清代著名文学家蒲松龄创作的文言短篇小说集,在国内外都有很大影响。辽宁省图书馆即藏有《聊斋志异》手稿半部,共二百三十四篇,序文三篇。此书有着特殊的文物价值和资料价值,可称稀世珍宝。王念孙《广雅疏证》于乾隆六十年(1795)写成,嘉庆元年(1796)家刻本行世。虽然《广雅疏证》博考典籍,取证宏富,在清代文字训诂学上成就卓著,然其仍存在体例、疏证等方面的疏漏。训诂学家王念孙、王引之父子皆感不足,便着手进行补正修订工作,每有新的见解便写在印本上,或写成字条贴在相应位置,补正修订四百余条。于是此刻本又有了稿本的价值。光绪二十六年(1900)辽阳黄海长将书中所粘各条汇集成一卷,取名《广雅疏证补正》,刊于淮阳,但只印行二十部,书版即遭兵毁。《管子集注》二十四卷,清王仁俊稿本。王仁俊是清末著名学者,精于经籍考据之学,他以清光绪五年(1879)杨忱影宋刻本《管子》为底本,汇集以前诸家校注,加上自己的见解,用蝇头小楷题于每页空白处,取名《管子集注》。馆藏还有王仁俊批校经部、子部古籍多部。《经学博采录》十二卷,清光绪间广雅书局抄校本。此书为清代学者桂文灿多年采集整理清代经学家轶行著述,以记录为主旨,佐以学术评论的著作。书中除记录著名的重要经学家之外,更记录了众多不为人熟知的经学家,为后世学者所称道。辽宁省图书馆所藏此书为广雅书局绿格稿纸抄写,版心下口印有"广雅书局校抄本"字样。书中有很多审校签条,经朱、墨笔两次批校。是时广雅书局多刊刻孤本手稿,此书当为书局预备刊刻之底本。

(五)域外古籍收藏丰富

由于历史文化相通、地域国土相邻的原因,辽宁省图书馆藏有较多日本、朝鲜刻印或传抄的古籍。现藏日本版古籍1500多部,朝鲜版古籍近300部,其中不乏稀世珍本,有的甚至是在中国已经失传的品种。在日本版古籍中,有明姚广孝撰《独庵外集续稿》五卷,相当于明永乐时刻本,国内不见有传本。又《夷匪犯境见闻录》,为佚名记录鸦片战争时所见所闻日记,是研究鸦片战争的珍贵资料,此书国内亦不见有传本。在朝鲜版古籍中,如明正统五年(1440)全罗道所刻《樊川文集夹注》五卷,是所知唐代杜牧诗集的最早注本,国内不见传本,引用书多达几百种,有的书今天已经亡佚。其中引用《翰府名谈》一条千余字的资料,详细记载了杨贵妃之死,为其他书籍所未载,具有较高的文献价值。著者为宋末元初人,而之前国内所知唐代杜牧诗集注本最早为清代注本。又如朝鲜铜活字印书享有盛名,但人们难以了解实际操作情况。辽宁省图书馆藏的朝鲜刻本《国语》卷末,就有关于铜活字印书较详细的记载。

(六)民族古籍特点突出

辽宁是满族的肇兴之地,满文古籍是辽宁省图书馆古籍特色藏书之一。现藏满文古籍535部,16400余册,近266种,数量相当可观。从文种上看有满文本、满汉合璧本、满蒙合璧本、满蒙汉合璧本、满蒙藏汉合璧本、满蒙藏回汉合璧本、满蒙藏汉托忒维吾尔等合璧本等。文献内容包括经、史、子、集四大部类,其中有相当一部分是海内外孤本或稀见本。如《百二老人语录》八卷,清满汉合璧抄本。是书搜集了一百二十则满洲旧语,分开国事、陵寝地方、上谕、圣道佛教论、敬礼事、慎刑事、旗员事、外官事、驻防事、外藩事、用兵事、自行奋勉论、师教事、训教妻子事、家计事、忠孝论、劝学论、古事等方面来记载,是非常珍贵的满族史料。又如《三国演义》二十四卷,清顺治七年(1650)内府刻满文本。该书是祁充格奉摄政王多尔衮之谕旨,组织一批文官进行满文翻译、校对,由内府刻印而成,文献价值与版本价值都非常高。

除上述藏书特色以外,辽宁省图书馆还藏有较多的东北地方文献,方志、家谱也是极有特色的馆藏。

(作者:刘冰,辽宁省图书馆研究馆员,历史文献部主任)

围绕胶东乡邦文化而开展的古籍普查保护工作
——以烟台图书馆为例

刘树伟

全国古籍普查工作启动后，烟台图书馆不拘泥、不满足于古籍编目、版本鉴定工作，以胶东乡邦文化整理与研究为中心，创新性地采取各种措施，开创了烟台市古籍普查保护工作的新局面。2014年6月，在中国图书馆学会所组织的"新型城镇化与图书馆服务体系建设研讨班"上，烟台图书馆做了典型发言，详细介绍了在古籍普查保护方面的工作经验。

一、在古籍普查工作中开展乡邦文化整理研究的必要性

（一）是提高古籍从业人员业务能力的重要途径

由于历史原因，当前公共图书馆的古籍从业人员，多存在专业知识匮乏的问题。当前的全国古籍普查工作，尚处在古籍数据编目著录阶段，对文献的整理多是登记诸如牌记、行款、版本等文献形式方面的信息，对文献内容的整理略显不足。对古籍中的乡邦文化资源进行整理，涉及人文、历史、社会、民俗等诸多领域，是对文献内容的深层次整理。无疑，开展古籍地方文化整理研究工作，与当前只注重形式方面整理的古籍普查工作相比，更能提高相关人员的古籍整理能力，从而在客观上促进全国古籍普查工作的开展。

（二）是丰富乡邦人文资源的重要途径

众所周知，乡邦文化是地方人文的灵魂。对古籍资源中有关乡邦人文资源的整理研究，是充实乡邦文化的重要途径。目前，各地乡邦人文资源的整理研究，具有专业机构冷淡、业余爱好者热情的特点。因乡邦人文资源纷杂无序，难

以形成系统的学术研究体系,各高校的相关人文专业学者多不愿从事乡邦文化的研究。其他专业机构如博物馆、史志办等,因研究重点、资源等因素的限制,也不能专注于此项工作。而社会上的业余爱好者,又因其专业、资源等自身条件的限制,难以持续有效地深入研究。

图书馆具有丰富的实体文献馆藏,还有诸如古籍数据库、民国老报刊等众多数字资源,图书馆在文献资源、专业人员上具有明显的优势。图书馆主动介入乡邦文化的整理研究,可弥补目前此研究领域无专业机构的缺陷,推动乡邦文化研究向专业化、机构化迈进。这对于丰富城市文化内涵,推动城市文化建设,无疑具有现实的意义。

(三)能有效宣传古籍普查保护工作

随着我国社会经济的发展,"文化先行"的理念已为世人所广泛接受。各地都普遍重视乡邦文化资源的整理。相对于其他机构或单位,地方报社、电视台、网站等文化媒体,对地方人文资源更是急需与渴求。图书馆加强对乡邦人文资源的整理研究,可以此为平台,与本地主流媒体进行合作,加强对图书馆事业、古籍普查保护事业的宣传,有效推进古籍普查保护的进程,从而实现互利共赢。

(四)可有效改变传统公共图书馆的形象

在现代信息技术及互联网技术的冲击下,公众获取文献信息的渠道越来越多,传统纸质文献的阅读呈下降趋势,图书馆的读者群亦呈萎缩趋势。图书馆传统的作为知识宝库、专业文献收藏机构的社会形象,正面临着前所未有的挑战。通过开展地方文化整理工作,图书馆工作者自觉加入地方文化研究者的行列中,主动承担起挖掘地方人文资源的责任,可逐步获得社会的关注与认可,承担起图书馆形象代言人的角色。

二、烟台图书馆为保护胶东乡邦文化而进行的工作

胶东,是指胶莱河以东的山东半岛地区。几千年来,胶东地区形成了一种文化特色鲜明的地域文化,即胶东乡邦文化。烟台作为胶东乡邦文化龙头城市,近年来一直致力于胶东文化的建设。烟台图书馆以此为契机,在古籍普查工作中加强胶东乡邦文化的整理与研究,获得了社会的认可与赞誉。

(一)抢救古典胶东乡邦文献

在古籍普查过程中,我们发现古籍书库残书中有很多地方先哲的著述。鉴

于这类文献对于地方人文资源的重要性，我们立即安排专人系统地整理了全部残书，从残书中整理出 40 多种胶东乡邦文献。这些文献都是稿本或抄本，多为旧方志《艺文志》所著录，且多未刊刻行世，弥足珍贵。

(二)把古典胶东乡邦文献作为古籍普查重点

胶东乡邦文献，多是胶东先贤思想、文化的传承载体。在古籍普查工作中，我们把古典胶东乡邦文献作为普查重点，取得了较好的社会效果。

1.科学鉴定，还原乡邦文献价值

古典胶东乡邦文献，历来是我们古籍普查保护的重点。在我们的努力下，散落于全市各家公藏机构的乡邦古文献得以展现其价值，如烟台图书馆所藏福山郭氏、牟平孔氏家族文献，莱阳市图书馆所藏清抄本《孝思录》《希范堂集》，莱州市图书馆所藏清康熙刻本《平叛记》、清抄本《识小录》，烟台职业学院所藏清抄本《来复堂毛诗读本》等，这些胶东先贤遗留至今的文献过去被当作普通古籍看待，经过我们科学鉴定后，都得到了应有的重视与保护。

2.入选珍贵古籍名录，凸显文献珍贵性

建设珍贵古籍名录体系，是实现古籍保护的有效途径。我们把古典胶东乡邦文献作为申报《烟台市珍贵古籍名录》《山东省珍贵古籍名录》的重点。在我们的努力下，2010 年在烟台市人民政府公布的《烟台市珍贵古籍名录》中，胶东乡邦文献多达 55 部，占全名录的近十分之一。著名版本学家、山东大学儒学高等研究院副院长杜泽逊教授前来烟台审核此名录时，对我们一次挖掘出如此众多的珍稀胶东乡邦文献很是震惊。

3.作为珍贵古籍巡回展览的重点

为展示我市珍藏的文化遗产，宣传古籍保护成果，我们精心策划了"烟台市珍贵古籍联展"。展览采用写真挂轴的形式，每幅挂轴展示一部珍贵古籍，共展示珍贵古籍 60 部，每部古籍都有书影展示及版本介绍。此展览分为五部分，"胶东文献"是其中之一。此展览在全市各图书馆巡回展览，为突出乡邦文献的重要性，我们尽可能为每家图书馆选择一部珍贵胶东文献予以展示，收到了很好的社会效果。

(三)加强对胶东乡邦文化的宣传

为宣传古籍普查工作，消除广大古籍收藏者的顾虑，我们另辟蹊径，先后开展了"民间古籍鉴宝""胶东文献拾遗征文""民间古籍藏书网络晒书""烟台市珍贵古籍联展"等活动。这些活动皆围绕胶东乡邦文化的整理而开展,多选择与本地主流媒体如《烟台晚报》《齐鲁晚报》,或与新兴媒体如胶东书院网站等合作。其中,"民间古籍藏书网络晒书""烟台市珍贵古籍联展"两大活动,我们都在《烟台晚报》刊发总结性专版。之所以注重媒体,是因为图书馆自身宣传影响力有限,而主流媒体也急需专业性的地方人文资源。这些合作对于双方来说,都是互利共赢的事情。

近年来,老照片的收藏与研究日益受到各界重视。烟台是山东最早开埠的通商口岸。烟台开埠,对烟台经济、社会的发展影响深远。2014年初,大型纪录片《烟台开埠》在中央电视台播出后,烟台开埠历史逐步成为市民关注的热点。针对这一热点,我们迅速举办了一次老照片征集活动,题目便是"老照片里的烟台开埠记忆"。短短两个月,共征集到烟台老照片200多张。由于该活动开展于央视播出纪录片这一段时间,引起了共鸣,充分调动了市民的参与热情,至今仍有市民们投稿。

(四)开展田野考察工作,加强对胶东乡邦文化的关注与整理

开展田野调查,是深入了解乡邦文化的重要途径。为了解胶东乡邦文化,我们深入田间地头,走访各文保单位、寺庙遗址、古民居等。经过调查,我们加深了对胶东乡邦文化的理解与认识,并确立了民间瓦当、汉砖拓片、古民居影像等几个胶东乡邦文化整理项目。

正是基于这种田野考察工作,我们掌握了福山县的大量古寺庙金石资料,为我们以后整理《福山金石志》奠定了基础。

(五)加强对胶东乡邦文化的整理研究

为充分挖掘古典乡邦文献的人文价值,我们把更多的精力投放到胶东乡邦文化资源的整理与研究上。针对不同的文化资源,我们采取了不同的整理方式。

1.客观整理

此种整理,多是对有出版价值的稿抄本胶东乡邦文献进行文字录入,并进行适当校勘。如清末著名学者王守训的《登州诗话》,评述登州府(即今日之烟台)历代文人诗文韵事,是研究胶东乡邦文化的重要文献。鉴于此书的文献价值,我们把其列为整理重点,目前,已完成15万字的录入工作。烟台图书馆所藏王守训稿本《晚出书目记略》,为王守训、田智枚合纂《国史·艺文志》时的素材来源,是我们下一步整理的重点。

2.深层次整理

此类整理,以与胶东有关的各类文献资源为素材,通过深入研究,编纂相关研究文章。如烟台图书馆与《烟台晚报》合办的《文献里的烟台》专栏,试图通过对新中国成立前有关烟台的文献典籍进行整理、挖掘,进而对烟台历史上的事件、事物、人物等,进行解读与介绍;与《烟台日报》合办的《古籍中的胶东》专栏,通过介绍有关胶东乡邦文化的珍贵古籍,以宣传古籍保护事业,弘扬胶东乡邦文化。在这两大专栏中,我们已刊发相关文章六十余篇,收到了良好的社会效益。

为建设胶东文化龙头城市,2008年烟台市启动了《胶东通史》编纂工作。在这项重点文化工程中,我们承担了其中《艺文志》的编纂工作。《艺文志》作为胶东先贤思想与文化的最直接体现,在《胶东通史》中占据重要地位。为做好此项工作,我们耗时三年,系统整理了各版本县志、《山东通志》有关胶东先贤著述的记载,并结合近年来古籍整理的最新发现,完成了23万字的文稿。目前,此书即将出版。

3.综合整理

此类整理是野外考察与文献整理的结合,其中的典型即《福山金石志》的整理。清光绪年间,著名金石学家、福山人王懿荣曾系统整理出《福山金石志残稿》,其殉国后此稿散落。我们对王懿荣遗稿亦十分关注,多年来我们寻访无果,原以为此书已不在世间。2012年,在古籍普查中我们终于访得此书。王懿荣遗稿的重见天日,为我们整理《福山金石志》奠定了基础。

除此之外,我们通过田野考察,遍访各古寺遗址,掌握了大量第一手资料;同时,我们还前往遗址现场,制作了严因寺、合卢寺碑石等拓片。这些工作,为我们整理《福山金石志》创造了条件。

(六)对古典胶东乡邦文献进行数字化

烟台图书馆所藏古代地方文献多为稿本或抄本,这些文献都已成为山东省珍贵古籍,如何在充分利用这些文献的同时又不对其造成损坏,是我们一直思考的问题。我们率先对此类文献进行了数字化处理,目前已扫描《晚出书目记略》《诗经古韵》等胶东乡邦文献十余种,扫描数据近30TB。以后查阅这些珍贵古籍时,阅读扫描图像即可,较好解决了此类文献的使用与保护问题。

考虑到县市级图书馆古籍保护相对不力的情况,我们把县级图书馆存藏的珍贵胶东乡邦文献率先列入数字化计划,目前已完成莱州市图书馆所藏清康熙刻本《平叛记》、清抄本《识小录》等文献的扫描。

（七）对古典胶东乡邦文献开展学术研究

为在地方文化的整理研究中发挥应有作用，我们先后参加了山东大学《山东文献集成》、烟台市《胶东通史》等重大文化工程，极大提高了我们的古籍文献整理能力。在我们的努力下，"王守训《晚出书目记略》研究""牟平孔氏著述考"等古籍整理研究项目相继被立项为山东省文化艺术重点课题。

（八）胶东红色文献的整理与研究

在革命战争年代，烟台是中共胶东区委所在地，烟台人民做出了巨大的牺牲与贡献。2013年，烟台市委、市政府全面启动胶东红色文化建设工作。该项工作被视为烟台市文化建设的一项重大举措，对于打造烟台市主体文化品牌、提升城市品位和综合实力，具有重要意义。烟台图书馆作为国内存藏胶东红色革命文献最多的单位，被列为胶东红色文化建设重点单位。目前，我们共整理1919年至1949年间印刷出版的红色图书、报纸、期刊共计231种532册，相关文献已完成编目，正组织编撰"胶东红色文化丛书"。大型巡回展"巍巍丰碑——胶东红色革命文献展览"正在制作中，此展览将在各县市区图书馆、博物馆巡回展出。

（九）积极与民间文化研究组织合作交流

为加强乡邦文化研究，我们与胶东书院、烟台奇山文化研究会、烟台毓璜顶文化研究会等组织合作，为会员提供文献定题服务，并积极参与相关课题的研究。烟台所城张氏，其先祖为明代奇山所千户，是烟台历史的重要见证者。经我们努力，从明刻本《四镇三关志》中系统整理出其先祖张元祯边关御敌的史实，这些史实在其家谱中都没记载，被认为是其家族历史中近年来的最大发现。2014年2月，烟台奇山文化研究会召开年会，烟台图书馆的代表受邀就张元祯的史料发现做典型发言。

以上是我们对公共图书馆参与乡邦文化抢救、挖掘、整理和开发利用的一点尝试。对于保护乡邦文化来说，这或许只是杯水车薪。但我们相信，只要我们努力去做，便足以对得起我们的职业。

（作者：刘树伟，烟台市古籍保护中心办公室主任，副研究馆员）

谈济宁市古籍文献保护整理工作

黄银萍

古籍文献是历史文化的结晶与积淀，是经过历史淘洗的文化精华和宝贵遗产。自 2008 年接到山东省文化厅关于申报首批《山东省珍贵古籍名录》和"山东省古籍重点保护单位"的文件通知后，我们对济宁地区的古籍进行了认真细致的调查整理，并在几年来的古籍保护工作中摸索了一些经验，总结了一些方法。分述如下：

一、济宁市古籍文献整理工作概况

我国古代文献典籍是中华民族创造的重要文明成果，是中华文明绵延千年、一脉相承的历史见证，也是人类文明的瑰宝。我们深刻意识到古籍作为民族文化的载体，既有广博的影响力，又有多元化链接的号召力，在中华文明的发展与传播过程中发挥了不可替代的社会功能。接到通知以后，古籍整理工作很快被列入了工作日程，我们成立了专门的领导小组，并制订了相关方案，规定了具体分工。

（一）积极走访收藏古籍文献的单位和个人，建立长期联系

千百年来，勤劳智慧的人民留下了大量珍贵的古籍文献，随着时间的推移、历史的荡涤，这些古籍文献散落各处。因此普查古籍文献是一项长期的工作，非一朝一夕就能完成。图书馆作为人类文化遗产的管理部门，其重要任务之一就是普查古籍文献。

济宁市图书馆领导带领工作人员，先从古籍收藏量大的单位开始走访。第

一站走访了曲阜市图书馆。曲阜是孔子故里,其古籍藏量在济宁市位居榜首。在曲阜市图书馆馆长的引导下,普查工作人员到曲阜市文物管理局孔府文物档案馆进行古籍情况调查和省文化厅文件精神的传达。双方领导和工作人员对古籍整理工作做了深入细致的交流与探讨,并对曲阜地区的古籍藏量和古籍保护工作情况进行了初步调查。随后我们陆续走访了济宁市博物馆、济宁市档案馆,以及济宁下属的十二县市区的图书馆等几十家单位。对藏有古籍的个人,我们采取上门走访和电话询访的方式,向他们传达古籍保护的重要性和必要性。针对珍贵古籍的保护问题,我们通过传单、宣传栏、网络等平台展开宣传,提高了全民保护古籍的意识。

普查工作的开展得到古籍文献收藏单位和私人藏书者的大力支持和热烈响应,许多单位和私人藏书者积极主动跟我们联系。这是济宁市图书馆申报首批《山东省珍贵古籍名录》和"山东省古籍重点保护单位"成功迈出的第一步。

(二)开展古籍整理工作

根据文件要求,要在两个月内将珍贵古籍名录申报表报至省古籍保护中心。时间紧,任务重,为了按时完成申报工作,我们边普查边整理。填写申报表不是件容易的事,其中包含大量的古籍专业知识,需要我们边工作边学习。古籍又往往被图书馆视为"镇馆之宝",不轻易拿出来示人,一些图书馆工作人员也是第一次接触古籍,感觉既新奇又头痛。在整理中经常会出现各种各样的问题,如古籍文献的真实出版年代,牌记的位置(一些古籍会出现多个牌记位置),版本类型,一些古籍因历史久远或遭受自然灾害破坏而无法辨别文字,这些都给我们的填报工作增加了难度。针对各地市图书馆在古籍整理中出现的类似问题,我们通过电话讲解和QQ群发的形式,进行详细分析和交流,对难以解决的问题,我们会到相关单位进行指导。

在工作和学习中,我们始终坚持"保护为主"的原则,做到古籍轻拿轻放,细心查阅,并认真填写每一份申报表。古籍的纸张非常脆弱,通过培训我们得知,每翻阅一次古籍,将减少古籍五十年的寿命。为此,我们尽可能在查阅古籍时一次性把所需信息找准、找全,不再进行重复查找。针对一些古籍藏量特别大的单位,如曲阜市文物管理局孔府文物档案馆、曲阜师范大学图书馆、兖州市图书馆,为了按时完成申报工作,我们都加大了人力和物力,工作人员加班加点,不辞劳苦。付出就有收获,在一次次的寻找、申报中,我们积累的古籍知识逐渐丰厚,经验材料也被汇总归纳成章程,填写申报表的速度逐渐加快,最后在规定期限内圆满地完成了首批申报工作。

二、济宁市古籍整理取得的成绩

经过多年的不懈努力,济宁市的古籍文献普查、整理工作做出了一定的成绩,在古籍普查、整理的数量与质量方面,都得到了山东省古籍保护中心领导的好评。据初步统计,我市古籍总量达到 17 万余册(件),其中济宁市图书馆 5421 册,301 种,含善本 462 册,27 种。入选国家级保护名录 1 种,即《通鉴纪事本末四十二卷》;入选省级保护名录 11 种,省一批有《通鉴纪事本末四十二卷》《广文选》《山东全河备考》《宁都三魏》,省二批有《十三经注疏》等。曲阜市文物管理局孔府文物档案馆 40000 余册(件),入选国家级重点保护名录 13 种,入选省级重点保护名录 21 种。曲阜师范大学图书馆 10 余万册(件),入选国家级重点保护名录 12 种,入选省级重点保护名录 253 种。兖州市图书馆 20800 册(件),入选省级重点保护名录 39 种。金乡图书馆 2262 册,入选省级重点保护名录 1 种。梁山图书馆 1115 册,入选省级重点保护名录 1 种。济宁学院图书馆 7861 册,入选省级保护名录 10 种。通过申报国家和省级珍贵古籍名录和全国、全省古籍重点保护单位工作,目前我市有国家级重点古籍保护单位 2 个(曲阜市文物管理局孔府文物档案馆、曲阜师范大学图书馆),省级重点保护单位 1 个(兖州市图书馆);全市共入选国家级珍贵古籍名录 26 部,入选省级珍贵古籍名录 336 部,全市的古籍名录信息数据库已经初具雏形,古籍普查与保护工作也得到了上级业务主管部门的充分肯定。

济宁市图书馆、曲阜市文物管理局孔府文物档案馆、曲阜师范大学图书馆、兖州市图书馆,连续四年同时被山东省古籍保护中心授予"古籍保护先进单位"荣誉称号,另有 9 名古籍保护工作人员被山东省古籍保护中心评为"古籍保护先进个人"。

三、古籍整理工作中反映出的几点问题及建议

(一)古籍修复人才缺乏

古籍修复是一项古老的手工技艺,目前古籍修复的专业队伍不容乐观,修复人才缺乏已成为制约保护工作进展的瓶颈。据统计,目前国内只有 100 余位专

业古籍修复人员,这些修复人员以中级、初级职称者居多,学历以高中、大专为主,年龄大都超过40岁。建议上级加大对各级图书馆、博物馆等古籍保护单位现有人才的培养,构建一支专业的、稳定的古籍修复人才队伍。加强古籍保护工作人员的在职培训,不断提升在职人员的古籍保护水平,更新古籍保护的知识。同时,建议在大学课程里设置古籍修复专业课,多方面、多渠道为古籍保护储备人才和力量。

(二)特藏书库基本设施不达标

古籍所需的温度、湿度、空气质量和光照条件,是影响文献保存寿命的重要因素;古籍文献书库的消防、安防设施,则是保障文献安全的重要措施。这些因素不达标,将直接影响古籍的寿命。而据了解,我们各地市级图书馆的古籍储藏环境基本不合格。建议上级有关部门高度重视古籍保护工作,给予足够的资金,不断完善古籍书库的基本设施。建议古籍保护专家定期对各图书馆古籍保存环境进行普查,针对古籍保护中出现的问题,通过对调查数据的综合分析与评价,找出起实质性作用的因素,最终得出科学的结论。

(三)古籍整理研究出版工作有待进一步加强

中国是世界上保存历史文化典籍最丰富的国家,仅就汉文典籍而论,流传至今者初步统计约8万种。据统计,新中国成立以来共整理出版古籍图书2万余种,其中近90%是改革开放30年来整理出版的。这既反映了我国古籍整理出版工作取得的巨大成绩,也告诉我们,还有近6万种古籍没有整理出版过。原新闻出版总署署长、全国古籍整理规划领导小组组长柳斌杰说过,中华民族五千年文明之所以一脉相承,从未中断,得益于我们祖先创造的出版业,为我们留下了千秋万代取之不尽的古籍典籍。几千年来,中华民族之所以历经磨难而绵延不绝,一个重要的原因就是有着深厚的文化传统和文化认同。因此,积极开展古籍整理研究出版工作,是历史交给我们的使命。

(四)全民古籍保护意识有待提升

中华古籍浩如烟海,除了各大图书馆和博物馆的收藏,还有很多散落在民间。且不说民间收藏条件如何,单就县级以下的图书馆而言,古籍保护基本处于"三无"状态,即无人专管、无库专放、无钱专用。"中华古籍保护计划"的实施是一个循序渐进的过程,而古籍保护是和时间赛跑的事业,基层图书馆不能"等"和"靠",应根据实际情况制定古籍保护办法,多渠道改善条件,以改变现状。然而,古籍保护不仅仅是图书馆的事情，也是全民族的一件大事。杜泽逊教授在授课中曾经说过："你买到自己手中的古籍，也只是仅仅买了它的保护权，你没有破坏它的权利，破坏它是会折寿的……"保护古籍文献是我们每一个公民应尽的义务和责任。如今，媒体的社会导向作用越来越大，希望媒体积极地、正确地宣传古籍保护的重要性。同时，还可以通过举办有关知识讲座、图片展览等形式，提高广大人民群众的思想道德素质和科学文化水平，在全社会营造以保护古籍为荣、以不保护古籍为耻的氛围。

四、结语

古籍保护工作任重而道远，从 2007 年山东省下发第一份文件，要求"从 2007 年开始，用 3 到 5 年时间，在全省范围内组织开展古籍普查登记工作，全面了解和掌握各级图书馆、博物馆等单位及民间所藏古籍情况"，至今已八个年头。在这段时间里，经过济宁各地市古籍保护工作者的辛勤耕耘，圆满完成了上级交给的各项任务。我相信济宁市古籍保护整理事业在上级领导的高度重视和社会各界的热心帮扶下，定会历久常新，逐步走向辉煌。

（作者：黄银萍，济宁市图书馆特藏部主任）

周叔弢研究文献目录

陈东辉　卢新晓

周叔弢（1891—1984），名暹，又名明暹，字叔弢，以字行，安徽建德（今安徽东至）人，系现代著名实业家和藏书家。周叔弢先生藏书室名"自庄严堪"，取佛经"佛庄严，我自庄严"之意。为了纪念周叔弢先生逝世三十周年，总结历年来关于周叔弢研究的成绩，并给相关研究者提供资料检索的便利，特编纂本目录。本目录收录中国大陆和台湾地区刊布的相关研究文献，时间下限为2015年8月。本目录包括著作、著作和学位论文中的相关部分、报刊和文集文章、网络文章四大部分。各部分分别按论著发表之时间先后为序排列。对于报刊和文集文章，除专门研究周叔弢先生及其著述之文章均予收录外，如该文章中有较多内容涉及周叔弢先生及其著述，也酌情予以收录。网络文章中也不乏富有价值之作，本目录酌情收录尚未正式发表且基本符合学术规范的文章，网络文章的检索日期为2015年10月25日。对于相关著作，如有不同版本，依时间顺序分别列出（如个别著作版本过多，则列出主要版本）。著作中的相关部分，给本目录的编纂增加了不少工作量和难度，但这也是本目录的重要特色，可以给读者提供尽可能多的信息。本目录对于研究文献的界定较为宽泛，一些学术性并不很强的著作和文章（含内部出版物）亦予收录，目的是给读者提供更多的信息和线索。

一、著作

周珏良等编：《周叔弢先生六十生日纪念论文集》，1950年编印，香港龙门书局1967年据1950年排印本影印。

天津市艺术博物馆编:《周叔弢先生捐献玺印选》,天津人民美术出版社 1984 年版。

冀淑英编:《自庄严堪善本书目》,天津古籍出版社 1985 年版。

周慰曾:《周叔弢传》,北京师范大学出版社 1994 年版。

李国庆编著,周景良校定:《弢翁藏书年谱》,黄山书社 2000 年版。

李国庆编著,周景良校定:《弢翁藏书题跋》(附《弢翁藏书年谱(增订本)》),紫禁城出版社 2007 年版。

(清)杨绍和编撰,周叔弢批注:《周叔弢批注楹书隅录》,国家图书馆出版社 2009 年版。

周叔弢:《周叔弢古书经眼录》,国家图书馆出版社 2009 年版。

周一良主编:《自庄严堪善本书影》,国家图书馆出版社 2010 年版。

周景良:《丁亥观书杂记——回忆我的父亲周叔弢》,国家图书馆出版社 2012 年版。

国家图书馆、国家古籍保护中心编:《书香人淡自庄严——周叔弢自庄严堪善本古籍展图录》,国家图书馆出版社 2012 年版。

高玉琮:《北周实业传人:周叔弢》(电子出版物),台湾大尧文创出版社 2012 年版。

二、著作和学位论文中的相关部分

黄裳:《珠还记幸》中的《自庄严堪》,生活·读书·新知三联书店 1985 年版。又见黄裳:《黄裳文集·珠还卷》,上海书店出版社 1998 年版。又见黄裳:《惊弦集》,河北教育出版社 2004 年版。

陈宜训选编:《安庆地区名人录》上编中的《周叔弢》,安徽省安庆地区地方志编纂委员会 1986 年编印。

裘之倬主编:《中共党史人名录》中的《周叔弢》,重庆出版社 1986 年版。

许涤新主编:《中国企业家列传》第 2 册中的《博学多才的周叔弢》(乔维熊撰),经济日报出版社 1988 年版。

陈奇文、张原玖、肖德才主编:《统一战线知识手册》中的《周叔弢》,湖北教育出版社 1989 年版。

朱宗玉、杨元华、真俊彦主编:《中华人民共和国主要事件人物》人物部分中的《周叔弢》，福建人民出版社1989年版，1994年第2版。

王士立、赵振国主编：《冀东名人传》中的《周叔弢》（谢荣祥撰），渤海湾出版公司1989年版。

胡原民、曹树斌主编：《古今廉政风范》中的《周叔弢四次捐书》，中国政法大学出版社1989年版。

谌强、姚小平编：《历史的瞬间——〈文摘报〉精粹之一》中的《周叔弢花一两黄金购〈左传〉》，大地出版社1989年版。

何彦才、高玉春主编：《新中国大事典》人物部分中的《周叔弢》，科学技术文献出版社1990年版。

王树和编：《座右铭选析》中的《周叔弢：活到老，学到老，改造到老》，天津大学出版社1993年版。

沈其新、陈珠培编：《商界百年人物沧桑录》中的《周叔弢》，湖南教育出版社1993年版。

魏屏易等著：《共和国要人录》要人小传中的《周叔弢》，吉林人民出版社1994年版。

张鹏、任学周主编：《抢救国宝》中的《理想的归宿——文物、图书收藏家周叔弢的故事》，知识出版社1994年版。

张治安：《东至周氏家族》关于周叔弢的部分，黄山书社1994年版。

尹桂茂主编：《津门食萃》中的《周叔弢的饮食与保健》，南开大学出版社1995年版。

尹中卿主编：《全国人大常务委员会名录》中的《周叔弢》，解放军出版社1995年版。

郑万通、卢之超主编：《政协全国委员会常委会名录》中的《周叔弢》，解放军出版社1995年版。

寿充一等编：《近代中国工商人物志》中的《周叔弢与启新洋灰公司》（周启乾撰），中国文史出版社1996年版。

徐佩印、施桂英编：《名人闲情雅趣》中的《周叔弢：收罗善本，其乐无穷》，江西人民出版社1997年版。

杜产明、朱亚夫编：《中华名人书斋大观》中的《半雨楼（周叔弢）》，汉语大词典出版社1997年版。

王文玉、安迅、刘金泉:《劝业史话》中的《周叔弢巨资购珍本》,百花文艺出版社 1997 年版。

中国人民政治协商会议唐山市委员会编:"唐山名粹丛书"第 1 集《唐山名人》中的《周叔弢》,红旗出版社 1997 年版。

郑振铎:《郑振铎全集》第 16 卷书信中的《致周叔弢》,花山文艺出版社 1998 年版。

蔡晓辉主编:《名人后代大纪实》下卷中的《爱国民族资本家——周馥之孙周叔弢》,青海人民出版社 1998 年版。

赵云声主编:《中国大资本家传奇》第 2 册《财经首领 商学兼备》中的《周叔弢传》,台湾旺文社 1998 年版。

南开大学图书馆编:《南开大学图书馆建馆八十周年纪念集》第二编第二章中的《周叔弢》(王宗志撰),南开大学出版社 1999 年版。

浙江图书馆编:《浙江图书馆馆藏名人手札选》中的《周叔弢》,浙江人民出版社 2000 年版。

蓝翔、李雪梅:《收藏史》中的《周叔弢》,广西民族出版社、上海文艺出版社 2000 年版。

周鸿、朱汉国主编:《中国二十世纪纪事本末》附卷中的《周叔弢》,山东人民出版社 2000 年版。

陈志凌主编:《中共党史人物传精选本》第十卷统战篇中的《周叔弢》,人民日报出版社、中央文献出版社 2001 年版。

李长华编:《近代以来中国有影响的安徽人》中的《周叔弢》,黄山书社 2001 年版。

李学明:《邓小平非公有制经济理论研究》第九章第三节中的《周叔弢创办天津建华经济咨询公司》,四川人民出版社 2001 年版。

牛旭光、于铭松主编:《统一战线工作与人物》人物篇中的《周叔弢》,华文出版社 2002 年版。

柳和诚、宋路霞、郑宁:《藏书世家》中的《周叔弢实业与藏书并举的"儒商"风范》,上海人民出版社 2002 年版。

种福元、刘爱平编:《中国古旧书报刊收藏交流指南》第四编中的《周叔弢抢救宋椠〈春秋繁露〉》,上海古籍出版社 2002 年版。

郑重：《海上收藏世家》中的《孙鼎与周叔弢》，上海书店出版社 2003 年版。

翁长松：《名人和书》第二辑中的《周叔弢藏书标准》，汉语大词典出版社 2004 年版。

陈久生主编：《天津历史风貌建筑》中的《周叔弢故居》，天津古籍出版社 2005 年版。

章用秀编：《名家收藏趣谈》中的《周叔弢》，江西美术出版社 2005 年版。

黄季耕主编：《安徽文化名人世家》中的《"实业救国"展奇才》（唐少君撰），安徽教育出版社 2005 年版。

王志坚、陈凤桐编著：《中国书斋的故事》中的《周叔弢·寒在堂》，山东画报出版社 2006 年版。

河北省政协文史资料委员会、河北省档案局编：《毛泽东与河北》下卷中的《毛泽东与周叔弢》，河北人民出版社 2006 年版。

王忠和：《东至周氏家传》中的《儒商从政藏书家——周叔弢》，百花文艺出版社 2007 年版。

郑重：《收藏大家》中的《自庄严堪：周叔弢》，上海书店出版社 2007 年版。

李学勤主编：《20 世纪中国学术大典·考古学、博物馆学》中的《周叔弢》，福建教育出版社 2007 年版。

李士衡编著：《大收藏家》中的《藏书大家——周叔弢》，万卷出版公司 2007 年版。

《统一战线人物志》编写组编著：《统一战线人物志》第 1 卷中的《周叔弢》，华文出版社 2007 年版。

天津市档案馆、天津市和平区档案馆编：《天津五大道名人轶事》中的《周叔弢捐献珍藏》，天津人民出版社 2008 年版。

郑重：《收藏十三家》中的《缥函朱椠 风过铿然——自庄严堪主人周叔弢的藏书境界》，百花文艺出版社 2008 年版。

冀淑英：《冀淑英古籍善本十五讲》中的《周叔弢先生与北京图书馆的深厚渊源》，国家图书馆出版社 2009 年版。

丰绍棠：《傻也风雅》上册中的《藏书家周叔弢"好管闲事"》，广西师范大学出版社 2009 年版。

孟宪钧、陈品高：《纸润墨香话古籍》附录二中的《周叔弢》，学苑出版社 2009

年版。

孙小金主编:《名人后代大追踪》第五卷第三篇中的《爱国民族资本家——周馥之孙周叔弢》,中国古籍出版社 2009 年版。

周叔弢:《周叔弢古书经眼录》中的《出版前言》,国家图书馆出版社 2009 年版。

刘伟:《冀淑英版本目录学研究》第三章第一节《〈自庄严堪善本书目〉》,黑龙江大学图书馆学专业硕士学位论文,2009 年。

何明主编:《共和国第一届全国人大常委》中的《周叔弢:著名的民族实业家　忠诚的爱国主义者》,中国大百科全书出版社 2010 年版。

李欣宇编著:《趣味藏书——中国古今藏书趣谈》第六章中的《为国捐书的周叔弢》,科学普及出版社 2010 年版。

中国中共党史人物研究会编:《中共党史人物传》精选本第 16 卷中的《周叔弢》,中共党史出版社 2010 年版。

吴熙祥:《洋灰世家:陈一甫、陈范有父子求索实业救国之路》第十三章中的《力挺周叔弢》,上海人民出版社 2010 年版。

肖同庆编著:《国家秘藏——100 年中国书》中的《周叔弢:裸捐藏书第一人》,南方日报出版社 2012 年版。

黄孟夏、全哲洙主编:《工商联历史人物传》中的《爱国爱党的楷模周叔弢》(李颖撰),中华工商联合出版社 2012 年版。

刘尚恒、郑玲:《安徽藏书家传略》第三章第十一节《书林巨擘,功在国家——记周叔弢先生的藏书事业》,黄山书社 2013 年版。

肖伊绯:《民国表情》中的《周叔弢:一个人的养生学》,广西师范大学出版社 2013 年版。

冬月编著:《五大道名门世家》中的《实业家、收藏家周叔弢》,天津人民出版社 2013 年版。

三、报刊和文集文章

谢国桢:《跋〈自庄严堪勘书图〉》,载《文献》总第 5 辑,书目文献出版社 1980 年版。

佚名:《买书·藏书·献书——访爱国藏书家周叔弢》,《天津文物简讯》第

14期,1981年。

吕十朋:《书林集珍——试述周叔弢先生捐献图书特点》,《天津文物简讯》第 14 期,1981 年。

君馥:《周叔弢的"遗嘱"》,《八小时以外》1981 年第 3 期。

佚名:《四十年前的心愿实现了——访爱国图书、文物收藏家周叔弢》,《图书馆工作与研究》1981 年第 4 期。

王芝兰、刘国展:《为珍品找到了理想的主人——访文物、图书收藏家周叔弢》,《文物天地》1981 年第 5 期。

佚名:《天津市"周叔弢、张叔诚同志捐献文物、图书"展览在京展出》,《图书馆学通讯》1981 年第 4 期。

吕十朋:《试论周叔弢先生藏书特点——捐赠给天津市人民图书馆部分》,《图书馆工作与研究》1982 年第 1 期。

肖朝宾、王德恒:《周叔弢先生传略》,《津图学刊》1984 年第 2 期。

斯闻:《全国政协副主席、中国佛协常务理事周叔弢先生逝世》,《法音》1984 年第 3 期。

陈伟达:《肝胆相照,荣辱与共——深切怀念周叔弢主席》,《人民政协报》1984 年第 13 期。

丛文滋:《周叔弢先生二三事》,《瞭望周刊》1984 年第 17 期。

陈邦怀:《〈周叔弢先生捐献玺印选〉序》,载天津市艺术博物馆编:《周叔弢先生捐献玺印选》卷首,天津人民美术出版社 1984 年版。

胡子昂:《悼念周叔弢同志》,《人民政协报》1984 年第 28 期。

佚名:《周叔弢同志在解放前夕》,《天津日报》1984 年 2 月 19 日。

佚名:《忠诚的爱国主义者、共产党的亲密朋友——周叔弢同志生平事迹》,《人民日报》1984 年 2 月 26 日。《天津日报》1984 年 2 月 26 日转载。

佚名:《深切怀念爱国老人周叔弢》,《天津日报》1984 年 4 月 23 日。

周绍良:《周叔弢传略》,《晋阳学刊》1985 年第 1 期。

周珏良:《我父亲和书》,载《文献》第 21 辑,书目文献出版社 1985 年版。

周绍良:《记宋刊本〈金刚经感应传〉——兼怀伯父叔弢先生》,载《文献》第 21 辑,书目文献出版社 1985 年版。

谢国桢:《〈自庄严堪善本书目〉序》,载《文献》第 21 辑,书目文献出版社

1985年版。又见《史学月刊》1985年第2期。又见谢国桢:《瓜蒂庵文集》,辽宁教育出版社1996年版。

冀淑英:《深切悼念周叔弢先生》,载《文献》第21辑,书目文献出版社1985年版。又见冀淑英:《冀淑英文集》,北京图书馆出版社2004年版。

程光:《周叔弢先生与宋板周昙〈咏史诗〉》,《文献》1985年第1期。

周叔弢述,徐家桢整理:《我是如何管理启新水泥厂的——周叔弢先生的一次谈话纪要》,载中国人民政治协商会议唐山市委员会文史资料委员会编:《唐山市文史资料选辑》第2辑,中国人民政治协商会议唐山市委员会文史资料委员会1985年编印。又见河北省政协文史资料委员会编:《河北文史集粹·工商卷》,河北人民出版社1992年版。

徐铸成:《可贵的自信——忆周叔弢先生》,载徐铸成:《风雨故人》,浙江人民出版社1985年版,生活·读书·新知三联书店2011年版。

金人美:《印谱见丹心——〈周叔弢先生捐献玺印选〉成书记》,载中国书展(1985·香港)筹备委员会编:《书人书事新话》,东方出版社1985年版。

黄裳:《爱书者》,《读书》1986年第10期。

苏精:《周叔弢自庄严龛》,台湾《传记文学》第48卷第5期,1986年。又见苏精:《近代藏书三十家》,台湾传记文学出版社1983年版,中华书局2009年增订版。

关国煊:《周叔弢(1891—1984)》,台湾《传记文学》第48卷第6期,1986年。

白莉蓉:《周先生与图书馆》,《图书馆工作与研究》1987年第4期。

乔维熊:《怀念周叔弢先生》,载中国人民政治协商会议天津市委员会文史资料研究委员会编:《天津文史资料选辑》第38辑,天津人民出版社1987年版。

翟璐:《周叔弢藏书点滴》,载中国人民政治协商会议天津市委员会文史资料研究委员会编:《天津文史资料选辑》第38辑,天津人民出版社1987年版。

周慰曾:《周叔弢购书逸闻》,载中国人民政治协商会议天津市委员会文史资料研究委员会编:《天津文史资料选辑》第41辑,天津人民出版社1987年版。又见《纵横》2002年第6期。

陈从周:《周叔弢与扬州小盘谷》,载陈从周:《帘青集》,同济大学出版社1987年版。又见陈从周著,陈子善编:《陈从周散文》,花城出版社1999年版。

张书启:《潜心为"国宝"——周叔弢藏书轶事》,《安庆史志》1988年第1、2

期合刊。

周珏良:《自庄严堪藏书综述——纪念先父叔弢先生逝世五周年》,《图书馆工作与研究》1989年第3期。又见李国庆编著,周景良校定:《弢翁藏书年谱》,黄山书社2000年版。又见李国庆编著,周景良校定:《弢翁藏书题跋》(附《弢翁藏书年谱(增订本)》,紫禁城出版社2007年版。

刘琦:《爱国实业家周叔弢》,《中国工商》1989年第6期。

李国庆:《周叔弢施财刊经》,载中国人民政治协商会议天津市委员会文史资料研究委员会编:《天津文史资料选辑》第51辑,天津人民出版社1990年版。

李国庆:《周叔弢藏书题识》,载中国人民政治协商会议天津市委员会文史资料研究委员会编:《天津文史资料选辑》第51辑,天津人民出版社1990年版。

刘尚恒:《书林巨擘　功在国家——纪念周叔弢先生诞辰一百周年》,《图书馆工作与研究》1991年第2期。

李国庆:《周叔弢先生与佛教经典》,《图书馆工作与研究》1991年第4期。

天津市工商联:《怀念忠诚的爱国主义者周叔弢》,《中国工商》1991年第7期。

唐少君:《周氏实业集团的三代巨子——周馥、周学熙、周叔弢和周志俊合传》,载安徽省政协"安徽著名历史人物丛书"编委会编:"安徽著名历史人物丛书"第5分册《科坛名流》,中国文史出版社1991年版。

宗贺文:《企业家兼藏书家周叔弢》,载洪心忠、钱进主编:《安徽近现代实业家》,改革出版社1992年版。

李国庆:《周叔弢先生藏书活动系年要录——为纪念弢翁逝世十周年而作》,《文献》1994年第4期。

高玉琮:《北周实业传人周叔弢》,载赵云声主编:《中国大资本家传·南张北周卷》,时代文艺出版社1994年版。

周珏良:《周叔弢先生的版本目录学》,载周珏良:《周珏良文集》,外语教学与研究出版社1994年版。

张书启:《周叔弢潜心护国宝》,载安徽省文史研究馆编:《江淮逸闻》,上海书店出版社1994年版。又见中央文史馆编:《江淮逸闻》,中华书局2005年版。

娄凝先:《悼周叔弢同志》,载娄凝先纪念文集编辑组主编:《娄凝先纪念文集》,天津社会科学院出版社1994年版。

宋荐戈：《周叔弢举赠国宝》，《教育史研究》1995 年第 4 期。

林夕：《自有庄严一亩宫》，《读书》1995 年第 5 期。

王斌：《高风亮节的大收藏家周叔弢》，《收藏》1996 年第 1 期。又见杨才玉主编：《名人与收藏》，西北大学出版社 1999 年版。

王绍曾：《周叔弢与海源阁遗书》，《文献》1996 年第 4 期。又见王绍曾、崔国光等整理订补：《订补海源阁书目五种》上册，齐鲁书社 2002 年版。又见王绍曾：《目录版本校勘学论集》，上海古籍出版社 2005 年版。

黄裳：《妆台杂记》中的《〈周叔弢传〉序》，中国社会科学出版社 1997 年版。又见黄裳：《黄裳文集·春夜卷》，上海书店出版社 1998 年版。

孟宪钧：《近代以来藏书家刻书举隅·周叔弢》，《收藏家》1998 年第 2 期。

周骥良：《周叔弢长寿三要》，《华夏长寿》1998 年第 2 期。

邱碧君：《现代大藏书家周叔弢》，《中国图书馆学报》1998 年第 5 期。

云希正：《周叔弢与他收藏的敦煌遗书》，《收藏家》1998 年第 6 期。又见李家璘主编：《天津文博论丛》第 2 集，天津人民出版社 2010 年版。

周一良：《周叔弢遗札后记》，载周一良：《周一良学术文化随笔》，中国青年出版社 1998 年版。

吴小如：《读〈周叔弢传〉》，载吴小如：《今昔文存》，湖南人民出版社 1998 年版。

吴小如：《周叔弢先生和他的子婿——〈文人旧话〉读后之八》，载吴小如：《心影萍踪》，上海教育出版社 1998 年版。又见吴小如：《红楼梦影——吴小如师友回忆录》，北京大学出版社 2012 年版。

钱文忠：《周叔弢与自庄严堪》，载钱文忠：《瓦釜集》，文汇出版社 1999 年版。又见钱文忠：《人文桃花源》，上海书店出版社 2007 年版、2009 年版。

崔世昌：《周叔弢先生和他在五大道的寓所》，载郭长久主编：《五大道的故事》，百花文艺出版社 1999 年版。

陈成桂：《满室书香今尤馨——记周叔弢先生和周仲铮女士》，载南开大学图书馆编：《南开大学图书馆建馆八十周年纪念集》第四编，南开大学出版社 1999 年版。

李晖：《周叔弢先生轶事》，《安徽统一战线》2001 年第 1 期。

薛红旗：《弢翁购藏文物记事》，《收藏家》2001 年第 7 期。

周一良:《〈自庄严堪善本书影〉后记》,载周一良:《郊叟曝言:周一良自选集》,新世界出版社2001年版。又见周一良:《书生本色:周一良随笔》,北京大学出版社2009年版。

周一良:《读〈弢翁藏书年谱〉》,载周一良:《郊叟曝言:周一良自选集》,新世界出版社2001年版。

黄裳:《关于"自庄严堪"》,载黄裳:《春回札记》,福建人民出版社2001年版。

王振良:《周叔弢与唐山华新纱厂》,载石家庄日报社编:《燕赵百年》,河北人民出版社2001年版。

顾廷龙:《自庄严堪勘书图跋》,载顾廷龙:《顾廷龙文集》,上海科学技术文献出版社2002年版。又见顾廷龙:《顾廷龙全集·文集卷》,上海辞书出版社2015年版。

金彭育:《民族实业家周叔弢及其故居》,载中国人民政治协商会议天津市和平区委员会文史资料委员会编:《近代中国天津名人故居》,天津人民出版社2002年版。后更名为《近代天津名人故居》,天津人民出版社2009年版。

白莉蓉:《古籍版本学界的长者——周叔弢与顾廷龙》,《图书馆杂志》2004年第10期。

白莉蓉:《周叔弢:藏书家的文化选择和情感方式》,载陈燮君、盛巽昌主编:《二十世纪图书馆与文化名人》,上海社会科学院出版社2004年版。

王思葳:《周叔弢捐书南开》,载南开大学校史研究室、南开大学党委宣传部编:《最忆是南开》,南开大学出版社2004年版。

张淑兰:《周叔弢与敦煌遗书》,《中国文化遗产》2005年第2期。

李国庆:《周叔弢先生与敦煌遗书》,载[日]石塚晴通编:《敦煌学·日本学:石塚晴通教授退职纪念论文集》,上海辞书出版社2005年版。

王庆云:《抗战期间的周叔弢、周志俊》,《江淮时报》2005年9月2日。

计亚男:《私藏为公 泽被后人——傅增湘、周叔弢与国图善本收藏》,《光明日报》2005年11月10日。

李坚:《周叔弢先生捐赠给国图的善本》,《文物天地》2006年第11期。

张树基:《津门藏书家周叔弢》,载中国人民政治协商会议天津市河东区委员会学习和文史资料委员会编:《河东区文史资料》第18辑《周馥家族与近代天津》，中国人民政治协商会议天津市河东区委员会学习和文史资料委员会 2006 年编印。

佚名：《周叔弢旧宅　别致大方》，《每日新报》2007 年 6 月 27 日。

叶介甫：《周叔弢：倾其所有为国献宝》，《四川统一战线》2007 年第 11 期。后更名为《周叔弢为国献宝》，《钟山风雨》2008 年第 1 期。后更名为《中国共产党的亲密朋友周叔弢先生为国献宝》，《人民政协报》2009 年 4 月 23 日。后更名为《周叔弢先生为国献宝》，载汪晓东编：《百年春秋：从晚清到新中国·家国轶事》，中国文史出版社 2012 年版。

佚名：《藏书家周叔弢》，《文汇报》2007 年 12 月 17 日。

李国庆：《爱国藏书家周叔弢》，载张怀安、成卫东主编：《大户人家·收藏家卷》，上海社会科学院出版社 2007 年版。

周慰曾：《周叔弢——收藏家的一面旗》，载天津市政治协商会议文史资料委员会编：《近代天津十大收藏家》，天津人民出版社 2007 年版。

杨慧：《弢翁一生只为求书访书——天津图书馆研究员李国庆谈周叔弢》，《深圳晚报》2008 年 3 月 3 日。

刘琨亚：《他是最后一位大藏书家——藏书家韦力谈周叔弢》，《深圳晚报》2008 年 3 月 3 日。

佚名：《周叔弢先生的三"胡同"——访周叔弢后人周景良先生》，《深圳晚报》2008 年 3 月 3 日。

周景良：《自庄严堪藏书综述》，《深圳晚报》2008 年 3 月 3 日。

姜寻：《〈弢翁藏书题跋〉出版小记》，《深圳晚报》2008 年 3 月 3 日。

佚名：《藏书家周叔弢素描》，《贵阳日报》2008 年 3 月 11 日。

郑重：《孙鼎与周叔弢》，《大美术》2008 年第 3 期。

李经国：《周叔弢跋西泠印社木活字本〈东海渔歌〉》，《收藏（拍卖）》2008 年第 4 期。

王庆云：《周叔弢和书》，《皖江晚报》2008 年 12 月 22 日。

林玫仪：《自庄严堪所藏〈维摩诘经〉卷背十三首曲子词校读》，载饶宗颐主编：《华学》第 9、10 辑合刊，上海古籍出版社 2008 年版。

佚名：《周叔弢藏书万卷》，《池州日报》2009 年 1 月 7 日。

天津市和平区档案局：《周叔弢捐献珍藏》，《天津档案》2009 年第 1 期。

佚名:《藏书大家周叔弢》,《四川政协报》2009年3月2日。

王菡:《周叔弢傅增湘藏书校书合璧举隅》,《文献》2009年第3期。又见王菡:《周叔弢傅增湘藏书校书合璧举例》,载牛继清主编:《安徽文献研究集刊》第3卷,黄山书社2009年版。

周绍良:《记名藏书家周叔弢》,载周绍良:《绍良书话》,中华书局2009年版。

白撞雨:《周叔弢藏〈周悫慎公文集〉》,载白撞雨:《翕居读书录》第1册,石油工业出版社2009年版。

白撞雨:《周叔弢出资影印的〈寒云手写所藏宋本提要二十九种〉》,载白撞雨:《翕居读书录》第1册,石油工业出版社2009年版。

佚名:《周叔弢旧宅》,《今晚报》2009年11月24日。

盛巽昌:《周叔弢:为国家捐书的收藏家》,《出版人(图书馆与阅读)》2010年第8期。

黄裳:《〈自庄严堪善本书影〉》,《东方早报》2011年1月16日。又见黄裳:《来燕榭文存二编》,生活·读书·新知三联书店2011年版。

黄裳:《〈自庄严堪善本书影〉》,《南方都市报》2011年1月16日。

滑红彬:《浅谈周叔弢先生的藏书思想》,《图书馆工作》2011年第2期。

佚名:《周叔弢:藏书实天下公物,不欲吾子孙私守之》,《新快报》2011年12月4日。

程有庆:《周叔弢和他的珍贵藏书》,《中华读书报》2011年12月28日。又见《图书馆报》2012年5月18日。

谢万幸:《周叔弢自庄严堪善本古籍展开展》,《人民日报》(海外版)2012年5月11日。

路艳霞:《周叔弢自庄严堪善本古籍展国图开展,包括〈永乐大典〉〈文苑英华〉百余珍贵古籍尽显庄严之美》,《北京日报》2012年5月14日。

朱玲:《周叔弢善本古籍展亮相国家图书馆》,《北京青年报》2012年5月16日。

佚名:《周叔弢捐藏书珍贵古籍国图展》,《侨报》2012年5月16日。

胡北:《周叔弢藏善本古籍在国图隆重展出》,《图书馆报》2012年5月18日。

佚名:《国家图书馆展出周叔弢善本古籍》,《深圳商报》2012年5月22日。

庄建:《书香人淡自庄严——记周叔弢自庄严堪善本古籍展》,《光明日报》2012年5月23日。

贡晓丽:《周叔弢:毕生访求善本古籍》,《中国科学报》2012年6月1日。

程佳羽:《周叔弢与"双南华馆"(善本掌故)》,《人民日报》(海外版)2012年6月8日。

程有庆:《书香人淡自庄严:周叔弢爱书行为为世人所景仰》,《人民日报》2012年6月12日。

贡晓丽:《〈丁亥观书杂记〉多角度解读周叔弢》,《扬州晚报》2012年6月30日。

李国庆:《藏书家周叔弢印象》,《中国社会科学报》2012年8月13日。

佚名:《周叔弢自庄严堪善本古籍展展示周叔弢风范》,《东方收藏》2012年第6期。

国家图书馆古籍馆金石组:《我自庄严——周叔弢其人其书》,《文津流觞》2012年第3期。

佚名:《书香人淡自庄严——"周叔弢自庄严堪善本古籍展"在国家图书馆展出》,《文津流觞》2012年第3期。

李致忠:《昔时陶陶室　今日在国图》,《新世纪图书馆》2012年第10期。

刘运峰:《周叔弢先生的成书之美》,载刘运峰:《藏书:因鲁迅而展开》,上海远东出版社2012年版。

尚克强:《一座朴素的住宅和实业家、藏书家周叔弢:周叔弢旧宅(睦南道129号)》,载周俊旗主编:《建筑　名人　城市》,天津社会科学院出版社2012年版。

白化文:《〈丁亥观书杂记——回忆我的父亲周叔弢〉前导》,载周景良:《丁亥观书杂记——回忆我的父亲周叔弢》卷首,国家图书馆出版社2012年版。

周叔弢口述,周启乾整理:《周叔弢:弢翁自述》,《传记文学》2013年第1期。

佚名:《周叔弢与霍明治献宝表示进步》,《邢台日报》2013年3月9日。

周启乾:《〈自庄严堪善本书影〉读后》,《文献》2013年第2期。

栾伟平:《李盛铎与周叔弢的藏书抵押关系小考——兼述北京大学图书馆之钤"周暹"印善本来源》,《图书馆工作与研究》2013年第4期。

周景良:《周叔弢对书法的爱好和家藏字帖》,《收藏家》2013年第7期。

周景良:《周叔弢:以书怡情藏大雅》,《中国书法》2013年第7期。

刘金慧:《周叔弢的图书馆情结》,《兰台世界》总第 405 期(2013 年 7 月上旬)。

付殿贵:《周叔弢留津稳住工商业》,《中老年时报》2014 年 1 月 18 日。

韦力:《周叔弢:藏书五好标准的制定者》,《中国文化》2014 年第 1 期。

刘尚恒、郑玲:《书林巨擘周叔弢的藏书经历》,《中外书摘》(经典版)2014 年第 4 期。

刘尚恒、郑玲:《周叔弢的藏书生涯》,《天津日报》2014 年 4 月 23 日。

李颖:《国家图书馆藏周叔弢所捐宋元明清古籍善本说略》,《新世纪图书馆》2014 年第 5 期。

宋庆森:《〈春秋经传集解〉周叔弢的寻与捐》,《新华每日电讯》2014 年 5 月 16 日。

周启乾:《〈周叔弢日记〉中的祖父及其友人》,《文汇报》2015 年 4 月 10 日。

韩帮文、曾树刚:《周叔弢:藏书不读书　何异声色犬马之好》,《新快报》2015 年 7 月 26 日。

周启乾:《记祖父周叔弢二三事》,《收藏》2015 年第 15 期。

四、网络文章

华夏收藏网:关于周叔弢的系列文章(http://news.mycollect.net/Tag/zhoushutao-22371.html)

国图空间:《周叔弢》(http://www.nlc.gov.cn/newgtkj/tssc/csmj/201106/t20110622_44710.htm)

天津文化信息网:《人物·周叔弢》(http://www.tjwh.gov.cn/shwh/lywh/mrgj/zhou-shu-tao/rwjs-zst.htm)

"周馥家族":《怀念周叔弢先生(三篇)》(http://f8s8q8zf.blog.hexun.com/2457474_d.html)

朱绍良:《周叔弢——红色资本家式藏书家》(http://collection.sina.com.cn/cqyw/20130109/132399177.shtml)

town 中堂:《大户人家·收藏家卷》连载二《藏书家周叔弢》(上)(http://blog.sina.com.cn/s/blog_4e1b6b9b01000bcb.html)

town 中堂:《大户人家·收藏家卷》连载三《藏书家周叔弢》(下)(http://

blog.sina.com.cn/s/blog_4e1b6b9b01000bcc.html)

苏小和:《周叔弢与中国人的"富不过三代"》(http://dajia.qq.com/blog/365957106137797)

王庆云:《周馥家族的几位收藏大家》(http://blog.sina.com.cn/s/blog_537f4410010125sf.html)

周珏良:《周叔弢先生传》(http://blog.sina.com.cn/s/blog_eb3f21b30101w0fl.html)

马樱健:《天津小洋楼之周叔弢旧居:唯留书香沁后人》(http://blog.sina.com.cn/s/blog_eb3f21b30102uybj.html)

宋庆森:《周叔弢与〈春秋经传集解〉》(http://www.china.com.cn/chinese/zhuanti/254922.htm)

yiming:《周叔弢与〈春秋经传集解〉》(http://blog.sina.com.cn/s/blog_711ff2800100npuw.html)

佚名:《周叔弢·老天津的犄角旮旯(八百九十)》(http://blog.sina.com.cn/s/blog_7f742c4e0102vcn0.html)

(作者:陈东辉,浙江大学汉语史研究中心副教授,博士;卢新晓,浙江大学中文系编辑出版学专业学生)

钱氏述古堂影宋抄本《歌诗编》浅说

赵 前

《歌诗编》是唐代诗人李贺的诗集。李贺(790—816),字长吉,福昌(今河南省洛阳市宜阳县)人。唐代著名诗人,有"诗鬼"之称。与李白、李商隐并称唐代"三李"。《新唐书》有《李贺传》:

  李贺字长吉,系出郑王后。七岁能辞章,韩愈、皇甫湜始闻未信,过其家,使贺赋诗,援笔辄就如宿构,自目曰《高轩过》,二人大惊,自是有名。为人纤瘦,通眉,长指爪,能疾书。每旦日出,骑弱马,从小奚奴,背古锦囊,遇所得,书投囊中。未始先立题然后为诗,如它人牵合程课者。及暮归,足成之。非大醉、吊丧日率如此,过亦不甚省。母使婢探囊中,见所书多,即怒曰:"是儿要呕出心乃已耳!"以父名晋肃,不肯举进士,愈为作《讳辨》,然卒亦不就举。

  辞尚奇诡,所得皆惊迈,绝去翰墨畦径,当时无能效者。乐府数十篇,云韶诸工皆合之弦管。为协律郎,卒年二十七。与游者权璩、杨敬之、王恭元,每撰著,时为所取去。贺亦早世,故其诗歌世传者鲜焉。

李贺是中唐的浪漫主义诗人,又是中唐到晚唐诗风转变期的一个代表者。他精于乐府,且善于熔铸诗采,运用神话传说,创造出新奇瑰丽的诗境,在诗史上独树一帜。其诗大多是慨叹生不逢时和内心苦闷,抒发对理想、抱负的追求,不少诗的内容反映了当时藩镇割据、宦官专权的局势和劳动人民的疾苦。留下了《雁门太守行》《致酒行》《金铜仙人辞汉歌》等千古名篇。

李贺集多以《昌谷集》《李长吉集》布流,而《歌诗编》传世稀见。这部《歌诗编》为清初钱氏述古堂影宋抄本,共四卷,又有集外诗一卷。半页十行,行十八字,无直格,白口,左右双边。

述古堂为清人钱曾斋号。钱曾(1629—1701),字遵王,号也是翁,又号贯花道人、述古主人。虞山(今江苏常熟)人。清代藏书家、版本学家。钱曾继承了其父钱裔肃的藏书,后来又得到了族曾祖钱谦益的绛云楼焚余之书,使藏书聚至4100余种,其中有很多宋元刻本和精抄本,成为继钱谦益和毛晋之后的江南著名藏书家。钱曾的藏书室先后命名为述古堂和也是园。他重视宋元刻本及旧抄本,并认真校书,为古籍存真起了一定的作用。他还和当时的毛晋与毛扆父子、陆贻典、季振宜、冯舒与冯班兄弟、叶奕、顾湄等藏书家互通有无,易书抄校,从而使一些珍本秘籍得以流传。钱曾编有三部藏书目录:《述古堂书目》《也是园书目》和《读书敏求记》。钱曾还著有《怀园集》《判春集》《奚囊集》《今吾集》等七部诗集,但只有《今吾集》在康熙年间有刻本传世,其余民国前均未刊行。

清初钱氏述古堂影宋抄本《歌诗编》书前有杜牧序一篇,因与通行本有异,故抄录如下:

大和五年十月中,半夜时,舍外有疾呼传缄书者。牧曰:"必有异,亟取火来!"及发之,果集贤学士沈公子明书一通,曰:"我亡友李贺,元和中,义爱甚厚,日夕相与起居饮食。贺且死,尝授我平生所著歌诗,离为四编,凡二百二十三首。数年来东西南北,良为已失去。今夕醉解,不复得寐,即阅理箧帙,忽得贺诗前所授我者。思理往事,凡与贺话言、嬉游,一处所,一物候,一日一夕,一觞一饭,显显然无有忘弃者,不觉出涕。贺复无家室子弟得以给养恤问,常恨想其人、味其言止矣。子厚于我,与我为贺集序,尽道其所来由,亦少解我意。"牧其夕不果以书道不可,明日,就公谢,且曰:"世为贺才绝出前。"让。居数日,牧深惟公曰:"公于诗为深妙奇博,且复尽知贺之得失短长。今实叙贺不让,必不能当公意,如何?"复就谢,极道所不敢叙贺,公曰:"子固若是,是当慢我。"牧因不敢复辞,勉为贺叙,然其甚惭。唐皇诸孙贺,字长吉。元和中,韩吏部亦颇道其歌诗。云烟绵联,不足为其态也;水之迢迢,不足为其情也;春之盎盎,不足为其和也;秋之明洁,不足为其格也;风樯阵马,不足为其勇也;瓦棺篆鼎,不足为其古也;时花美女,不足为其色也;荒国陊殿,梗莽丘陇,不足为其恨怨悲愁也;鲸呿鳌掷,牛鬼蛇神,不足为其虚荒诞幻也。盖《骚》之苗裔,理虽不及,辞或过之。《骚》有感怨刺怼,言及君臣理乱，时有以激发人意。乃贺所为，无得有是？贺能一复探寻前事，所以深叹恨古今未尝经道者，如《金铜仙人辞汉歌》《补梁庚肩吾宫体谣》，求取情状，离绝远去笔墨畦径，间亦殊不能知之。贺生二十七年死矣，世皆曰："使贺且未死，少加以理，仆奴命《骚》可也。"贺死后凡十有五年，京兆杜牧为其序。

杜序后为《歌诗编》目录；次，《歌诗编》正文；次，《集外诗》目录；次，《集外诗》正文。

《歌诗编》卷四后有"临安府棚前北睦亲坊南陈宅经籍铺印"一行，可知钱氏述古堂影抄底本为南宋时期临安府陈起父子书肆刻本。因南宋陈宅经籍铺刻本已佚，故钱氏述古堂影宋抄本《歌诗编》堪称下宋刻一等，具有极其重要的文献资料价值。特别值得一提的是，钱氏述古堂影抄本《歌诗编》，比现存最早的传本——元宪宗六年(1256)赵衍刊刻的《歌诗编》多《集外诗》一卷。《外集》存诗22首：《南园》《假龙吟歌》《感讽六首》《莫愁曲》《夜来乐》《嘲雪》《春怀引》《白虎行》《有所思》《啁少年》《高平县东私路》《神仙曲》《龙夜吟》《昆仑使者》《汉唐姬饮酒歌》《听颖师琴歌》《谣歌》(此诗题名为《谣俗》)。与明末汲古阁刻唐四名家集本《歌诗编》的《集外诗》相较，知钱氏述古堂本缺《白门行》一首，故可以确定，钱氏述古堂本与汲古阁本非同一底本。目前所知，附《集外诗》一卷的《歌诗编》刻本，尚有明末汲古阁刻唐四名家集本、清吴门寒松堂刻唐四名家集本、民国七年(1918)董氏诵芬室影宋刻本、民国十五年(1926)上海商务印书馆据清吴门寒松堂刻本影印本以及民国年间乌程蒋氏密韵楼刻本、长沙叶德辉影印毛氏汲古阁刻唐四名家集本流传。

此书中钤有"钱曾之印""遵王""述古堂图书记""稽瑞楼""铁琴铜剑楼"等收藏印鉴，由此可知，当年钱曾抄副后为其珍藏，后迭经陈揆稽瑞楼、瞿氏铁琴铜剑楼等名家收藏，今藏国家图书馆。

(作者：赵前，国家图书馆古籍馆研究馆员)

从《龙藏经》经版整理中新发现的问题
看乾隆皇帝对文章的删改与撤毁

翁连溪

近年笔者参与对故宫藏经版及首都博物馆藏清乾隆三年（1738）刊刻的《龙藏经》原刻经版进行重新整理研究、刷印，在整理过程中发现了很多新的问题，特提出二则，略疏己见。

一、《龙藏经》的刻印及保存

《龙藏经》是中国最后一部汉文官刻大藏经，在佛教史上是非常重要的一部佛典。《龙藏经》又称《清敕修大藏经》《乾隆大藏经》，以明永乐《北藏》为底本刊雕，始刻于雍正十一年（1733），至乾隆三年（1738）十二月十五日印竣。全藏共收经一千六百六十九种，七千一百六十八卷，分装七百二十四函，七千二百四十册，又目录五册，千字文函号自"天"至"机"，有折装本、卷轴装本两种。每版二十五行，折为五个半页，半页五行，行十七字。以雍正《御制序》始，以《御录经海一滴》止，文字校勘精准，极少讹误，数百人操刀剞劂，字体工整，如出一手，刀法谨严，书法刚健，装潢讲究，物料上乘，迄今历近三百年，依然纸质洁白，墨色黑亮，实为清内府刻书的上乘佳刊。清朝廷动用大量人力、物力编刻的这部大藏经，成书后印量并不大。乾隆四年（1739）首次印了104部，是为初刻原刊本，二十七年（1762）又增补刷印3部。由于乾隆三十年（1765）之后三次禁书毁版，只有这107部才是乾隆三年编竣后印制的原始的完整本子。这批本子，除少量用于赏赐亲王、内府收藏外，绝大多数都发给直隶各省寺庙供奉。其后，嘉庆二十四年（1819）刷印3部，道光六年（1826）、十四年（1834）又以聚珍馆存银各刷印4部。

寺庙禅院自备资金请印大致在20部上下。入民国后,1933年林森等人发起在南京中山陵建藏经楼,安奉历朝大藏经。当时佛教界著名人士及南北各大丛林群起响应,筹资刷印达22部。1936年,宋哲元等8人组织筹资刷印8部。以上也许并不是一个完整数字,尚有零星刷印未统计在内,但合并计算,自乾隆四年(1739)至1949年二百余年间,总数也就在150至200部之间。传至今日,仅沈阳慈恩寺、湖南省图书馆、首都图书馆(残缺)等有数的几个大型收藏单位尚存有初刻原刊本。特别值得一提的是,乾隆十八年(1753)重修北京妙应寺白塔,《御制重修白塔碑铭》中载:"大清乾隆十有八年岁次癸酉秋七月重修妙应寺石塔,朕手书《般若波罗蜜多心经》一卷及《梵文尊胜咒》,并《大藏真经》全部七百二十四函,用以为镇。"①但塔中是否确实奉置了这些佛教物品,置于塔内何处,皆语焉不详,故人们一直抱着怀疑的态度。1976年唐山地震,波及北京,白塔严重受损,1978年对白塔进行修缮时,在塔上的铜质宝瓶内发现了碑铭所记的《大藏真经》(即《龙藏经》)七百二十四函(无函套,用纸包装),从卷数和奉置时间看,正是初刻原刊而且未经抽毁的本子,十分珍贵,可惜的是宝瓶有部分焊接处有渗漏现象,使部分经卷浸湿霉烂,已难复旧观了。《龙藏经》经版刻竣,就存储在贤良寺,后移至紫禁城内,后为寺庙请印方便,谕旨移存北京柏林寺,清末社会纷乱,经版刷印高潮已过,管理渐疏。民国九年(1920),叶恭绰等人以"皮版房屋岁久失修,部款支绌,既属无可挹注;而常住清苦,又复难于张罗。若不及时修葺,妥为保护,实觉朽坏堪虞"为由,呈文北洋政府内政部,要求加强整理保护,仍归柏林寺负责。1933年,内政部命令将《龙藏经》经版拨交北平古物陈列所管理,1936年对之进行了一次较全面的清理,释范成写的《修整清藏经库版架记》对这次清理记之甚详。1951年,故宫博物院将经版移交北京图书馆(今中国国家图书馆),时尚存经版78289块。"文革"期间,经版从北京图书馆柏林寺版库中搬出,搁置在院内简易房内,无人问津,致使部分版片潮湿发霉。"文革"结束后,经版移交北京市文物局保护,存放于东城禄米仓智化寺内,1988年文物出版社重印这部大藏经时,存经版73024块;2012年,北京市文物局委托邦普公司补刻缺失版片,待补齐后刷印,经详细清点,则只余版片69410块了。也就是说,1949年后,版片又已佚失近万块,何时失去,已经难以考证了。此次补刻完成后,《龙藏经》版片可

---

① 妙舟:《北平妙应寺记》,《微妙声》第4期,1937年。

复全璧,盛世修典,法宝重光,这部历经近三百年风风雨雨的大藏经,自此当可长存无虞。

《维摩诘所说经序》经版

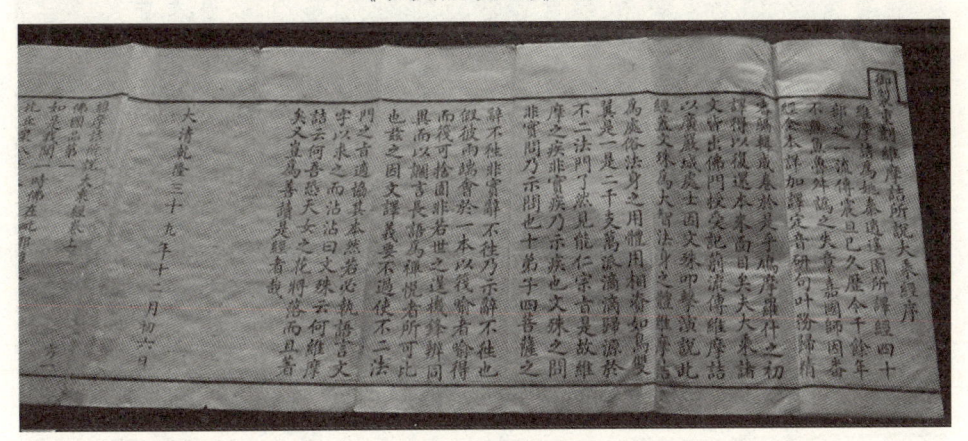

《维摩诘所说经序》

二、《龙藏经》经版整理过程中发现的问题二则

其一,历史上对《龙藏经》的研究者为数众多,研究的深度、广度及出版传播的数量可称已达极致,其他佛教大藏经中无可比拟者。在整理中发现千字文"方"字号经版《维摩诘所说经》经文前有"大清乾隆三十九年(1774)十二月初六日"款识,《龙藏经》为乾隆三年刊刻完成,经文中为何出现"三十九年"款识?这是非常值得研究的问题。乾隆三年刊刻完成的《龙藏经》雕版出现乾隆"三十九年十二月初六日"的款题,经查有关清内府修造《龙藏经》及有关档案中无载,研究者也未提及。此经版千字文为"方"字号,"方一"为《御制重刻维摩诘所说大

乘经序》，从序文中可知，乾隆帝认为《维摩诘经》乃姚秦鸠摩罗什所译，是经流传中华久历千余年，不无鱼鲁舛伪之失，命章嘉国师详加译定，音研句叶，务归精审，编辑成卷。更为难得的是此块御制序原刻经版存世，但存世印本的《龙藏经》中又多无此序（文物出版社重刷本无此序），经多方查找调查，只湖北归元寺、故宫等处藏《龙藏经》中有此序。据乾隆帝御制序，《维摩诘所说经》已于乾隆三十九年由章嘉国师重新删改厘定过，并命内府重新刻版补入。用北京白塔寺藏初印《龙藏经》本与现存其他处藏本相较（白塔寺本为初印原本，未做删改，原因为此本乾隆八年装藏入此塔），全国其他多处藏本已删改过，但有部分《龙藏经》中无此御制序，何因还待研究。用白塔寺本与现存经版新印本相较，发现多处不同，如初印本名为《维摩诘所说经》，而后印本则名为《维摩诘所说大乘经》，后印

《维摩诘所说经》白塔寺初印本

《维摩诘所说经》后印本

本删去译者姓名,经文中也有多处增删(参见上页下图中所做标示),为后人研究是经的内容校勘提供了新的资料。

其二,《龙藏经》的撤毁与删改问题。乾隆帝对《龙藏经》进行了三次撤毁、删改,档案中有载。《龙藏经》编刻时就从明《北藏》本中删除了《出三藏记集》《佛祖统记》《禅门口诀》等四十种有关宋、元、明禅学的重要作品,又根据帝王好恶增入一些明清僧人的语录和雍正御制的《御选语录》《御录宗镜大纲》《御录经海一滴》等书50种,亦即对入藏典籍已经做过一次筛选和审查,且又是敕修、钦定,本不该有什么敏感文字触及皇帝的神经。但至乾隆中叶,文字狱大炽,乾隆突然秋后算账,发起了一而再再而三的焚书毁版事件。乾隆三十八年(1773)二月谕:"昔我皇考,曾命朕于刊刻《续藏》时,将《续藏》中所载丛杂者,量为删订。嗣朕即位后,又令大臣等复加校核,撤去《开元释教录略》,出《辨伪录》《永乐序赞文》等部。其钱谦益所著《楞严蒙钞》一种,亦据奏称毁撤。所有经版书篇,均经一体芟汰,期于澄闸宗门。"①按照乾隆的说法,是雍正已经有对入藏典籍进行"量为删订"的考虑,不过尚未着手进行就驾崩了,而乾隆在上谕中提到的"一体芟汰"的典籍,指的是乾隆三十年、三十四年的两次抽毁事件:乾隆三十年(1765),"奉旨撤出钱谦益撰《大佛顶首楞严经蒙钞》一种。……计六十卷,板六百六十块"②。钱谦益(1582—1664),常熟人,字受之,号牧斋、晚号蒙叟、东涧老人,明末清初著名诗人、藏书家。仕明官至礼部尚书,明亡降清,仍官礼部尚书。乾隆对降清的明朝臣子极为蔑视,他说:"我朝开创之初,明末诸臣望风归附。……盖开创大一统之规模,自不得不加之录用,以靖人心而明顺逆。今事后平情而论,若而人者,皆以胜国臣僚,乃遭际时艰,不能为其主临危授命,辄复畏死幸生,腆颜降附,岂得复谓之完人?"故谕令"于国史内另立《贰臣传》一门,将诸臣仕明及仕本朝各事迹,据实直书,使不能纤微隐饰。"③在降清的明臣中,钱谦益是名声最著的贰臣,乾隆尤为厌恶,曰:"钱谦益本一有才无行之人,在前明时身跻膴仕。及本朝定鼎之初,率先投顺,洊陟列卿,大节有亏,实不足齿于人类。"④甚

---

① 《大清高宗纯皇帝实录》卷九百二十六。
② 范成:《修整清藏经库版架记》,《微妙声》第5期,1937年。
③ 中国第一历史档案馆编:《纂修四库全书档案》上册,第558、559页,上海:上海古籍出版社,1997年。
④ 《大清高宗纯皇帝实录》卷八百三十六。

至作诗讥讽他:"平生谈节义,两姓事君王,进退都无据,文章那有光。真堪覆酒瓮,屡见咏香囊,末路逃禅去,原是孟八郎。"既不齿其人,其书自不可留存,这是乾隆的一贯做法,撤出钱谦益的著作,是顺理成章的事。乾隆三十四年(1769),又奉旨撤出《永乐御制序赞文》《大明仁孝皇后梦感佛说第一稀有大功德经》《开元释教录略》和《辨伪录》四种十三卷,毁版一百二十八块。永乐发动"靖难之变",逐走其侄子建文帝,得登大宝,《大明仁孝皇后梦感佛说第一稀有大功德经》说永乐是在佛的庇佑下得天下,无非想为自己正名。但在乾隆眼中就是"篡逆",他说:"永乐一藩臣耳,乃犯顺称兵,阴谋篡夺。"①《大功德经》为"以逆伐顺"的永乐张目,自然要裁撤。乾隆三十八年(1773)上谕,是对这两次裁撤的一个回顾,也可以算作对《龙藏经》清查的一个总结,但事情并没有完。乾隆四十一年(1776),内务府查出《华严经》《大乘显识经》《入定不定经》《方广大庄严经》《佛说正契大藏经》《大乘入楞伽经》等六种卷首有武则天《序》。武则天授意僧法明等撰《大云经》四卷,说她是弥勒佛化身下凡,应做天下共主,声称她的龙兴乃是佛的预言,废其子唐中宗李显为庐陵王,改唐为周。武则天以一宫人之位投机钻营,借助佛的语言为女主受命于天的符谶,最终谋得大宝,对满脑子正统思想的乾隆来说,牝鸡司晨已属荒谬,所行猖狂悖逆更无可恕,岂能使其文字谬种流传,当然要删之而后快。在禁毁上述文字的同时,乾隆帝又把本朝编辑的一些佛教图籍增入大藏,计有《御制翻译名义集》十卷、《御制大藏全咒》七十卷(即《御制满汉蒙古西番合璧大藏全咒》)、《御制大藏全咒目录》十卷、《钦定同文韵统》五卷、《维摩诘所说大乘经》三卷及满、蒙古、西番文对照的《日食经》。乾隆三年刻成《龙藏经》,雕版79056块,经过这样一番折腾,则只有78230块了。

在此次对《龙藏经》的经版整理过程中,有同仁发现千字文"庶"字号经版中,《天童密云禅师悟公塔铭》末行"天童密云禅师年谱终",此文后雕版有字体被铲的痕迹,被铲掉的是什么内容,前人无人论及,从存世的或全或残的多部印本《龙藏经》中查阅终于发现,沈阳慈恩寺藏本与其他各处藏本不同,多出内容为"天童密云禅师悟公塔铭"。天童密云禅师塔铭作者为"海印弟子虞山蒙叟钱谦益盥谭谨造",为何此处"塔铭"的文字在经版中被铲去,刷印成册的经文也被撤毁,在档案中还没有找到相关记载?笔者认为这与乾隆三十年撤出钱谦益撰《大

---

① 《大清高宗纯皇帝实录》卷一千。

佛顶首楞严经蒙钞》的原因相同。这则内容在前人学者的研究中为何无人提及，笔者猜测或是被忽略或是因研究者只是对一部经的个案研究，没能在多部经之间互相查阅校勘。因此我在其他文章中也提到，要重视原刻书版经版的调查研究，对于印刷史研究、版本著录、文献整理研究，这是非常重要的原始资料和依据。这二则问题的发现对今后的研究有借鉴意义。

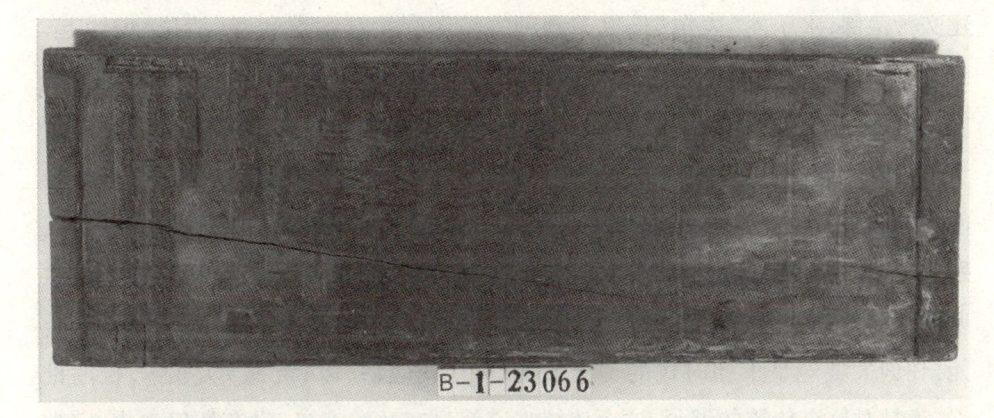

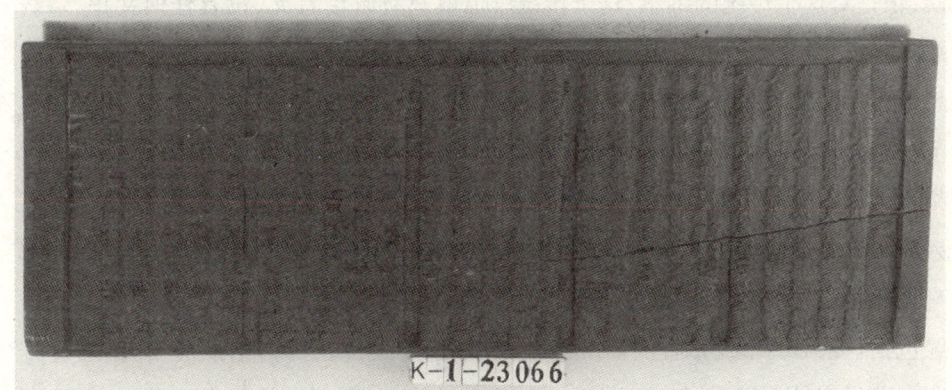

《天童密云禅师悟公塔铭》经版

有学者讲："《清藏》与历代官刻大藏一样，敕雕者都怀有政治企图"，"并不是施主要'广种福田'，也不是僧众要祝皇上万寿，祈求国泰民安，而是隐藏着深刻的政治意图"。"都怀有政治企图"是不错的，对帝王来说，祈佛保佑风调雨顺、国泰民安、国祚绵长就是一个带有普遍性的政治企图，但由此就否定了大藏经刊刻的殊胜，否定了帝王"广种福田"的宗教要求，就很难让人认同了。这关系到对中国古代佛教大藏经评价的基本问题，不得不多说几句。如有专家学者在谈到中国第一部官刻大藏经《开宝藏》时称："这完全不是赵匡胤的本意，而是为了笼络人心,巩固国基……"颇有点不得已而为之的意思,但翻遍史籍,也找不出"不是赵匡胤的本意"的任何记载。谈到明成祖朱棣时又说:"永乐皇帝登极,是从侄子建文帝手里夺的皇位,不太正当,其侄失皇位后,有一种说法是落发为僧了。于是他也表示崇佛,亦雕印《南藏》与《北藏》,还重用僧人。"众所周知,"靖难之役"前,永乐就是一个虔诚的佛教徒,并任用僧人姚广孝为谋主,怎么可以说因为建文帝信佛,永乐才"表示"信佛并刊刻大藏经呢?对雍正刊刻《清藏》的缘起,有学者分析说:"表面上说,是因为明永乐年间在北京刻的《北藏》'尚未经精密之校订,不足为据',故要重刻。这种理由连三尺顽童都不信,因为永乐《北藏》传至雍正时已逾三百年,影响几无,还有什么校订精不精之说呢!"《北藏》是入清之前刊刻的最后一部官刻大藏经。入清之后,历经兵燹丧乱,宋、元官刻大藏典文残落,刻版凋零,寺庙禅院供奉诵读的主要就应该是《北藏》,并且把它视为佛教典籍的官刻定本,在没有新的官刻大藏取代之前,怎么会"影响几无"?自宋至元,刊刻大藏经是王朝时代的一个传统,清代明之后,以《北藏》为底本,校勘讹误,正是对这个传统的继承,这个传统难道就只有政治意义,没有任何文化、宗教意义吗?至于所说的因明末清初私刻《嘉兴藏》中有些著作宣传怀念前明的思想,雍正帝"既不能下令禁毁佛藏,消弭反清宣传,又不能坐视不管,任其摇动大清根基,于是便想出了重刻大藏,剔除这些书的办法",更让人莫名所以。其实,皇帝无须禁毁整个大藏,只需一纸禁令,以"反清复明"为口实,把这些作品从《嘉兴藏》中撤出销毁就是,乾隆对先皇老子和自己"钦定"的《龙藏经》删削增补都毫无顾忌,对一部私刻大藏,又有什么能与不能?因此,笔者认为,历朝历代大藏经包括《龙藏经》的刊刻,皇帝对佛教的崇信,广大佛教僧俗信众的支持,通过刻印大藏经广种福田,弘扬佛法,是一个重要目的,在刊刻中贯彻皇帝的意志,达到某种政治目的,也是必然的,就如赵朴初先生所言,"自宋初创刻大藏经,而后历朝无不以刊刻大藏经为胜国大事",这才是历朝历代刊刻大藏经的真谛。

感谢首都博物馆大藏经保护主任何唯良先生对本文给予指导。

(作者:翁连溪,故宫博物院图书馆研究馆员)

契嵩《镡津文集》版本简述

王红蕾

契嵩(1007—1072)字仲灵,自号潜子,俗姓李,藤州镡津(今广西藤县)人。契嵩"生值宋代文运之隆,与欧阳、曾、苏同时,才思之赡蔚,笔力之横放,视一时文儒不少逊也。……倘论词章,当为佛徒中第一"[1]。著有《镡津文集》,金代李之仝云:"此书在世,不惟儒者信佛者之语,佛者亦信儒者之语,撤藩篱于大方之家,卷波澜于圣学之海,又岂止有力于佛者,抑儒者实受其赐矣。"[2]钱穆云:"即举《镡津》一集,亦可征人心世道之变,学术思想之转向。读者可以由之觇世运。"[3]《镡津文集》问世后,几经校修,屡为锓板,兹梳理如下。

关于契嵩生平行谊,陈舜俞[4]《镡津明教大师行业记》载:

庆历间,(契嵩)入吴中,至钱塘,乐其湖山,始税驾焉。当是时,天下之士学为古文,慕韩退之排佛而尊孔子。东南有章表民、黄聱隅、李泰伯,尤为雄杰,学者宗之。仲灵独居,作《原教》《孝论》十余篇,明儒释之道一贯,以抗其说。……皇祐间,去居越之南衡山,未几罢归,复著《禅宗定祖图》《传法正宗记》。仲灵之作是书也,慨然悯禅门之陵迟。因大考经典,以佛后摩诃

---

[1] 吴澄:《镡津文集后题》,见李修生主编:《全元文》卷四七四,第 14 册,第 602 页,南京:江苏古籍出版社,1999 年。
[2] (金)李之仝:《明教大师〈辅教编〉序》,见释契嵩著、邱小毛校译:《夹注辅教编校译》,第 1 页,成都:西南交通大学出版社,2011 年。以下引用《夹注辅教编校译》版本同。
[3] 钱穆:《中国学术思想史论丛》第 5 册《读契嵩〈镡津集〉》,第 52 页,台北:东大图书股份有限公司,1993 年。
[4] 陈舜俞(1026—1074),字令举,自号白牛居士,乌程(今浙江湖州)人。

迦叶独得大法眼藏为初祖,推而下之,至于达磨,为二十八祖,皆密相付嘱,不立文字,谓之教外别传者。……已而浮图之讲解者,恶其有别传之语,而耻其所宗不在所谓二十八人者,乃相与造说以非之。仲灵闻之,攘袂切齿,又益著书,博引圣贤经论、古人集录为证,几至数万言。……所著书,自《定祖图》而下,谓之《嘉祐集》,又有《治平集》,凡百余卷。总六十有余万言。①

契嵩博通载籍,笔力雄健,"善用六经之笔著书,发挥其法,以正乎二教之学者"②。其《辅教编》《传法正宗记》于宋嘉祐七年(1062)获仁宗赐入大藏,当时"天下名山节镇,各付一本"③。"治平中,以所著书曰《辅教编》,携诣阙下。大学者若今首揆王相、欧阳诸巨公,皆低簪以礼焉。王仲仪公素为京尹,特上殿以其编进呈。许附教藏,赐号'明教大师'"④。契嵩"孝为戒先"论,援儒入佛,实为对中国佛教思想史一大贡献。

宋熙宁五年(1072)契嵩圆寂后,友人杨蟠⑤为其"收全集"⑥。契嵩与杨蟠法乳相契,"公济与潜子辈儒佛其人异也,仕进与退藏又益异也,今相与于此,盖其内有所合而然也"⑦。宋嘉祐四年(1059)正月,契嵩与杨蟠、惟晤同游灵隐寺、天竺山,盘桓数日,相与唱和,得诗六十四首,结为《山游唱和诗集》一卷。杨蟠所搜契嵩遗集未见成编。

宋大观间,释怀悟⑧"走四方丛林,寻访师友务道专学","闻所谓东山明教禅师之高文卓行道迈识远,凡获见其所著文画莫不录叙而秘藏之"⑨:

> 及于钱唐灵隐山,得嘉禾陈令举所撰师之行业记石刻。末云:师自《定祖图》而下谓之《治平集》,又有《嘉祐集》,总六十万余言。而其甥沙门法澄克奉藏之,以信后世,继闻其广本。除已入藏正宗记辅教编外,余皆在姑苏

---

① 《镡津文集》卷首,《四部丛刊》三编集部,上海:上海书店,1986年。以下引用《镡津文集》版本同。
② 《镡津文集》卷一一《送浔阳姚驾部叙》。
③ 《夹注辅教编校译》,第157页。
④ (宋)释文莹:《湘山野录》("唐宋史料笔记丛刊"),第50页,北京:中华书局,1997年。以下引用《湘山野录》版本同。
⑤ 杨蟠(约1017—1106),字公济,别号浩然居士,章安(今浙江临海)人。
⑥ 《湘山野录》,第50页。
⑦ 《镡津文集》卷一一《山游唱和诗集叙》。
⑧ 释怀悟(生卒年不详),字瑞竹,俗姓崔,御溪人。长于诗文,诗风清健刚劲,著有《庐山白莲社》。宋大观年间,详补《东林十八高贤传》,今考《庐山集》《高僧传》及晋史、宋史,皆依悟本再为补治。
⑨ 《镡津文集》卷一九《附录诸师著述》。

吴山诸僧室藏之。余固累遣人至彼山诸僧居历访之，而寂然无知其所在者。往往所委不得其人，失于护藏，而为好事者窃移他所也。大观初，余居仪真长芦之慈杭室，于广众中得湖南僧景纯上人者，入予室一日投一大集于席间曰："此老嵩之全集也，秘之久矣。闻师切慕其遗文，愿以献师。"余获之且惊且喜，念兹或天所相而授我耶！若获至珍重宝。自《皇极》《中庸》而下总五十余论，及书启、叙记辩述铭赞、《武林山志》与诸杂著等，约一十六万余言，皆旧所闻名而未及见者。虽文理少有差误，皆比较选练诠次，几始成集，庶可观焉。①

其后，怀悟遇周格非②出守虔州之机，得契嵩《非韩》文三十篇三万余言。又缘兵火失之，遂未能就其集。不久，于御溪东蓝彦上人处得《非韩》，"乃与余昔于匡山所得别本较之，文字亦甚疏谬，乃以韩文条理而正之"③。"其《辅教篇》旧本以累经镂板，故虽盛传于世，而文义脱谬约六十有余处，今皆以经书考正之"④。同时，又搜得《天竺慈云法师行业曲记》《长水暹勤二师碑志》《行道舍利述》《匡山暹道者碑》等石刻文书。宋绍兴四年（1134），怀悟在契嵩生前编就的《嘉祐集》基础上，增补《非韩》、古律诗和碑铭石刻，成《镡津文集》二十卷。怀悟云：

> 今自《论原》而下至于赞辞，约为十二卷，次前成一十五卷，昔题名《嘉祐集》者是也。其《非韩》文昔自分三十章，今约为三卷，次前成一十八卷。又得古律及山游唱酬诗共一百二十四首，分之为二，总成二十卷。命题《镡津文集》，示不忘其本也。⑤

怀悟《镡津文集》二十卷成编后，是否付梓不详。翻检海内外书目书志发现，现存最古者为台北"故宫博物院"藏北宋末年刻本。

一、宋刻本

1. 北宋末年刻本

台北"故宫博物院"著录：镡津文集，（宋）释契嵩撰，存首二卷，北宋末年刻

---

① 《镡津文集》卷一九《附录诸师著述》。
② 周格非（生卒年不详），《全宋词》收其《绿头鸭》一词，立传云：宣和问严州守，直龙图阁。
③ 《镡津文集》卷一九《附录诸师著述》。
④ 《镡津文集》卷一九《附录诸师著述》。
⑤ 《镡津文集》卷一九《附录诸师著述》。

本。1函1册。每半页十行,行十七字,白口,单鱼尾,左右双边,无界栏,中缝记卷次,下记页次。

卷端题"镡津文集卷第一",另行题"藤州镡津东山沙门□□"。

钤印有"潘祖荫藏书记"朱文长印、"山阴沈仲涛珍藏秘籍"朱文方印。

宋讳敬、玄、煦等字缺笔,慎字不避。

是本为沈仲涛捐赠台北"故宫博物院"。沈仲涛(1892—1980),号研易楼主人,山阴(今浙江绍兴)人。沈复粲①族曾孙。秉承家学,酷嗜藏书,民国间杨绍和"海源阁"、傅增湘"双鉴楼"、李盛铎"木犀轩"、潘祖荫"滂喜斋"等藏书大家的书相继流散后,他先后购得百余种,数千册,后捐入台北"故宫博物院"。藏书处名"研易楼",藏书印有"沈氏研易楼所得善本书""山阴沈仲涛珍藏秘籍"等数枚。

"潘祖荫藏书记"为潘祖荫藏印。潘祖荫《滂喜斋宋元本书目》载:"宋板《镡津文集》,一本。"②《滂喜斋藏书记》载:"旧刻残本《镡津集》二卷,宋藤州镡津东山沙门契嵩撰,原本二十二卷,存首二卷,板宽一尺四五寸,疏行大字,即非宋刻,亦明椠之出于宋刻者也。"③

2.求古楼藏宋刻本

《经籍访古志》载:"《镡津文集》二十卷,宋椠本,求古楼藏。每半板十行,行十八字,界长六寸,幅四寸二分,四周单边,有'普门院'印记。""迷庵跋云:《镡津文集》二十卷,宋沙门契嵩所著,其文俊健,好与辟佛者辩,如《非韩》诸篇可以见焉耳。足利氏末,僧徒多好诗文,《代檀集》《北涧集》等二书刻行,此以时世好尚盖如此。此抄盖庆长、元和之间。狩谷卿云语余曰:此集南宋本轮池屋代先生藏,元本安部侯藏,未见有言板本也。"④

求古楼是狩谷望之⑤藏书楼,狩谷是日本江户后期著名汉学家,喜藏书,"以近世狩谷望之求古楼为最富,虽枫山官库、昌平官学所储,亦不及也"⑥。

---

① 沈复粲(1779—1850),字霞西,山阴(今浙江绍兴)人。藏书家,藏书鸣野山房。
② (清)潘祖荫:《滂喜斋宋元本书目》,见《丛书集成续编》第5册,第523页,台北:新文丰出版公司,1985年。
③ (清)潘祖荫:《滂喜斋藏书记》卷三,见顾廷龙主编:《续修四库全书》史部第926册,第454页,上海:上海古籍出版社,2002年。
④ [日]涉江全善、森立之编:《经籍访古志》,见贾贵荣辑:《日本藏汉籍善本书志书目集成》第1册,第391、862页,北京:北京图书馆出版社,2003年。
⑤ 狩谷望之(1775—1835),日本江户(今东京)人。
⑥ (清)徐珂编撰:《清稗类钞》,第4287页,北京:中华书局,1986年。

"普门院"是日本东福寺藏书印。《普门院经论章疏语录儒书等目录》"余"字下著录"《镡津文集》十册，又一部五册"。1353 年，东福寺第二十八代住持大道一以清点师祖圆尔辨圆①从中国带回的汉文典籍，整理成《普门院经论章疏语录儒书等目录》。圆尔辨圆于 1235 年至明州（今浙江宁波）登径山，谒于无准师范求法，1241 年返日。归国之际，圆尔从中国带回经论章疏二千一百余部，这些典籍全部存放在东福寺普门院。

是本现存书目未见著录。

二、元刻本

1. 元至元十九年（1282）刻本

日本米泽市立图书馆著录：镡津文集二十卷，（宋）释契嵩撰，元至元十九年（1282）刊本。5 册。每半页十行，行十八字，白口，四周单边，有界栏。佚名朱笔点阅，栏外见校语多处。宋讳敬、玄、煦等字皆不缺笔。

卷首题"镡津文集二十卷总目录"。

卷端题"镡津文集卷第一"，另行题"藤州镡津东山沙门契嵩撰"。

卷尾东禅大藏等觉禅寺住持比丘子成题：

> 仲灵大师得法于筠州洞山聪禅师，熙宁间，示化杭之灵隐。道鸣八方，声蜚万世，言高行卓。所著《镡津文》，非韩排佛，扶卫圣教，时龙图王公仲仪，奏闻绛阙。仁宗宸锡褒荣，雅号"明教"。书集数万遗言，刊板流通，入于福州东禅等觉大藏。年代深远，狼藉蠹坏，编目有亏。今幸际遇宣授江淮诸路释教都总摄永福大师捐宝钞，雕补完备，可谓明教凤会灵山，再生瑞世。历浙由闽，法扶像季。惟明教师，在则人，亡则书。□斯集者，探玄钩赜，深味其所要，而明教未尝亡也。敬序其新刊本末，以纪岁月云耳。时至元十九年壬午中夏，住东禅大藏等觉禅寺住持比丘子成题。

由此可知，是刻板木原收于福州东禅等觉大藏，复历岁久，蠹坏狼藉，宣授江淮诸路释教都总摄永福大师，捐资助刊，补修完备。宣授江淮诸路释教都总摄永福大师即杨琏真迦，号永福，时称"永福大师""永福杨大师""永福杨总统"或"总统永福大师"，西夏藏传佛教僧人。至元十四年（1277），出任江淮诸路释教都总

---

① 圆尔辨圆（1202—1280），日本静冈人。

摄，掌管江南佛教事务。《普宁藏》之《大方广佛华严经入不可思议境界普贤菩萨行愿品》，卷尾有南山白云宗普宁寺数任住持的刊经题记，其中作于至元十六年（1279）的道安题云："江淮诸路释教都总摄永福大师，大阐宗乘，同增福算。"经卷至元二十七年（1290）题记卷尾列刊造《普宁藏》的募缘名录，其云："……宣授江淮诸路释教都总统永福大师琏真加都劝缘。宣授白云宗僧录、南山大普宁寺住持传三乘教十一世孙沙门如志谨识。"①

钤印有"庆福院""天龙金刚藏海印文常住""米泽藏书"。

2. 元至大二年（1309）刻本

日本内阁文库著录：镡津文集二十卷，（宋）释契嵩撰，元至大二年刊本。5册。每半页十二行，行二十四字，细黑口，左右双边，有界栏。卷十五至十七为室町时期（1373—1573）补写。

卷前有李之纯②序，次有高安沙门释德洪③序。每卷尾列捐资人姓名。卷尾有元至大己酉（1309）比丘永中《重刊疏语》，其云：

> 《镡津集》诸方板行已久，惟传之未广，因细其字画，重新锓梓。工食之费，荷好事者助以成之。其名衔具题各卷之末。惟冀义天开朗，性海宏深，庶有补于见闻，抑普资于教化者矣。元至大己酉比丘永中谨志。

《重刊疏语》后有法珊跋，次有林子奇跋，又次至大仰山比丘希陵跋。

傅增湘《藏园群书经眼录》著录此本，其云：

> 此书写刻工丽方整，极似宋刊。然考《经籍访古志》求古楼藏宋刊本为十行十八字，与此版固不同也。④

3. 元释正传、释弥满等刻本

国家图书馆著录：镡津文集二十卷，（宋）释契嵩撰，元释正传、释弥满等刻本。4册。每半页十二行，行二十四字，细黑口，左右双边，有界栏。

现存卷首、总目及卷一至十七。

卷前有《重刊镡津集疏并序》，下题"幻住沙门释明□撰"。

---

① 《大正藏》卷十，第851页，台北：新文丰出版公司，1983年。
② 李之仝（1177—1223），名纯甫，又字之纯，号屏山居士，宏州（今河北阳原）人。
③ 释德洪（1071—1128），一名惠洪，号觉范，筠州新昌（今江西宜丰）人。
④ 傅增湘：《藏园群书经眼录》卷一三《镡津文集二十卷》，第1134页，北京：中华书局，1983年。以下引用《藏园群书经眼录》版本同。

幻住沙门即中峰明本①，明本喜以"幻住"自称。元仁宗时，尊明本为"佛慈圆照广慧禅师"，赐金襕袈裟；元英宗时，赐金襕僧伽黎衣；明本圆寂后，元文宗追谥为"智觉禅师"，塔号"法云"；元顺帝初年，册封明本禅师为"普应国师"，并敕令将其三十卷的语录与文集收入佛教大藏经。

明本《疏并序》后有李之仝序，次有高安沙门释德洪序。每卷尾列捐资人姓名。

卷首题"镡津文集二十卷总目录"。

卷端题"镡津文集卷第一"，另行题"藤州镡津东山沙门契嵩撰"。

三、日本南北朝时期刻本

日本国立国会图书馆著录：镡津文集二十卷，(宋)释契嵩撰，日本南北朝时期(1331—1392)刻本。6册。每半页十行，行十八字，白口，四周单边，有界栏。正文中朱笔点阅多处。

卷前有幻住沙门释明本《重刊镡津集疏并序》，其云：

《镡津文集》乃明教大禅师之所作也，旨趣幽微，义理该博。自有祖以来，其扶宗弘教之文，虽汗牛充栋，而未有如是之深切著明者也。年代寝远，书板磨灭，今欲重绣诸梓，费用浩繁，当有未言先领者，助其美焉。

联编《辅教》，夺百家异道之书。一语《非韩》，破千古文章之印。既是典刑有在，其如印板不存。树教扶宗，数十万言之该博；雕金镂玉，三百余板之宏多。遍扣大檀，重绣诸梓。揭仲灵胸中日月，落星斗于义天；开镡津域内渊源，涨波澜于教海。指其实则宗乘不昧，语其道则文彩全彰。提金刚剑铩外学之词锋，跨天马驹张吾军之玄路。见闻莫大功果，同启施心，共资至化。

明本《疏并序》后有李之仝序，次有高安沙门释德洪序。

卷首题"镡津文集二十卷总目录"。

卷端题"镡津文集卷第一"，另行题"藤州镡津东山沙门契嵩撰"。

卷尾有《镡津文集拾遗》，下题"豫章西山奉圣院感应观音事实记"。其后有

---

① 中峰明本(1263—1323)，俗姓孙，号中峰，法号智觉，钱塘(今浙江杭州)人。

比丘昙噩①跋，其云：

> 宋庆历间，国家无事，年谷娄登，道德文章之士，聚于朝廷之上，以致泰平。时欧阳公永叔在谏垣，慕唐韩愈氏辟佛之说，每有意于著述而未之发也，与之游者习知之。于是，镡津嵩禅师奋曰：彼方近幸于上，才学称之，诚有所唱，则和者众矣，吾辈其无危乎？乃作《原教》诸书于灵隐之永安院，以自见而献诸天子，公一读而喜曰：僧中乃有此郎耶！由是而平日诋讦非谤之心消靡殆尽。呜呼！道之在，天下必蔽而后明，必沮而后行，虽其蔽者沮者何如耳？苟得其人如公者，使蔽之而益以明，使沮之而益以行，微镡津何以及此？灵隐之板既毁于兵，至正甲辰，台之明因寺住持比丘尼祖奎，念以为护法之书，其可不流通于世以惠后学，因重刊之，而留其板于明之天童焉。此其志有非烈丈夫所能为者。噫，是岁佛成道日，梦翁比丘昙噩拜书。

钤印有"读杜草堂""持芳"。

"读杜草堂"是日本明治时期藏书家寺田望南的藏书印。

川濑一马《五山版之研究》谓：《镡津文集》五山版现存两种：一是日本南北朝时期刊本，卷首附有释明本所撰《重刊镡津文集疏并序》，在卷二末有小字刻印的"陈孟才刊"字眼。在由中国来日本的刻工所刻刊本之中，该书版式较为工整，属于精刻本类。二是元至大刊小字本的覆刻本，是日本南北朝初期的开版。

日本国立国会图书馆《书目摘要》谓：本馆所藏版本为川濑一马《五山版之研究》所言的第一种。

四、明刻本

1.明永乐八年（1410）刻本

湖南图书馆著录：镡津文集二十二卷，（宋）释契嵩撰，明永乐八年（1410）刻本。8册。每半页十行，行十八字，白口，四周单边、四周双边兼有，有界栏。

卷首叶德辉②题：

> 北宋释契嵩《镡津集》二十二卷，凡文十九卷、诗二卷、附录沙门唱和诗一卷。明天台沙原旭募刊，起洪武甲子春，迄永乐三年冬刊成，每卷后有僧

---

① 昙噩（1285—1373），字梦堂，号酉庵，俗姓王，浙江慈溪人。
② 叶德辉（1864—1927），字奂彬，号直山，别号郋园，湖南湘潭人。

俗人等助刊姓氏。上下黑口，板半叶十行，行十八字。《四库全书总目》集部别集类著录，《提要》云：是编为明弘治己未嘉兴僧如卺所刊，凡文十九卷、诗二卷、附录一卷，盖即据此本重刻者。《提要》又称其博通内典而不自参悟其义谛，乃恃气求胜，哓哓然与儒者争。尝作《原教》《孝论》十余篇，明儒释之一贯，以与当时辟佛者抗；又作《非韩》三十篇，以力诋韩愈；又作《论原》四十篇，反复强辨，援儒以入墨。以儒理论之，固为褊驳；即以彼法论之，亦嗔痴之念太重，非所谓解脱缠缚、空种种人我相者。第就文论文，则笔力雄伟，论端蜂起，实能自畅其说，亦缁徒之雄于文者也。按《提要》评论契嵩之文，抑扬可云至当，北宋自柳仲涂变唐人偶俪为古文，风气为之一变。契嵩生当仁宗庆历、皇祐间，人文极盛之世。耳濡目染，得师甚多，而又长于辨，才学足以济其笔舌，宜其沙门奉为护法，儒者爱其文章，一集流传，为人珍秘。自此刻以后，弘治、万历一再重刻，以视释惠洪《石门文字禅》所存仅《释藏》支那本者，其风行一时可知矣。日本森立之《经籍访古志》载有求古楼藏宋椠本，半板十行，行十八字，界长六寸，幅宽四寸三分，与此板式行字一一相合，然则是本殆翻雕宋本欤？丙寅夏五，郋园老人叶德辉跋。

其后叶启勋①题：

此北宋释契嵩《镡津文集》二十二卷，明永乐八年刊本。每叶廿行，每行十八字，上下大黑口，首《总目录》，次以陈舜俞《明教大师行业记》为前序，后有洪武甲子沙门原旭《募刻镡津集疏》，永乐三年弘宗书后、永乐八年沙门文琇后序。盖原旭于洪武十七年募赀刊板，至永乐八年，文琇刻成始印行之。每卷后有僧俗人等助刊姓氏。考历来藏书家志目，惟日本森立之《经籍考古志》著录，宋椠本，行款板式一一与此本同，知此本为重雕宋本，无改易也。契嵩生当仁宗庆历、皇祐间，其时人文极盛，而契嵩乃能以文笔雄伟见称，与儒者抗，宜其全集后人一再重刊，久为藏书家所宝贵也……

卷首题"镡津文集二十二卷总目录"，其后为《镡津明教大师行业记》。

卷端题"镡津文集卷第一"，另行题"藤州镡津东山沙门契嵩撰"。

卷尾有洪武十七年（1384）释原旭《宋明教大师镡津集重刊疏》，次有永乐三年（1405）释弘宗《重刊疏》，再后有永乐八年（1410）释文琇《重刊镡津文集后

---

① 叶启勋（1900—？），字定侯，湖南长沙人。叶德辉三弟之次子。

序》。

释原旭云:"自昔兵变已来,书板磨灭,后之学者无所见闻,为可忧也。兹欲重刻吴中,所费繁夥,于是缀疏仰谒群贤,同道学者睹兹胜事,得无慨然赞助者乎!"释弘宗云:"松雨老和尚(释原旭)为琦首座制疏《重刊宋明教大师文集》于云间,既以化行,开至二十余版矣。适琦公疾作,不克成其事。兹以天全叡首座愍邪法增盛,发坚固志,继其芳猷。"释文琇云:"嘉禾天宁首座天全叡公,乃东海慧眼弘辩禅师之弟子,施衣资重梓流行,其亦明教之心也欤。板既成,请叙其后。"由此可知,是刻发起于洪武间,至永乐八年始成,前后二十余年。是刻将《镡津明教大师行业记》提至《目录》后,将二十卷本中原卷十"书启状"析为二卷,即第十卷"书启"和第十一卷"书启",其后卷次顺延。原卷二十"唱和诗"析为二卷,一卷为"唱和诗,共六十九首内六首在后卷",即第二十一卷;一卷为"又《唱和诗》六首、后序及诸师诗赞",即第二十二卷。

钤印有"徐氏已道""东海徐氏家藏图书""子孙保之""德辉""叶启发东明审定善本""东明审定""定侯所藏""叶启勋""湖南省图书馆珍藏"。

"徐氏已道""东海徐氏家藏图书"为徐乾学[①]藏书印。"德辉""子孙保之"为叶德辉藏书印。"叶启发东明审定善本""东明审定"为叶启发[②]藏书印。"定侯所藏""叶启勋"为叶启勋藏书印。

傅增湘《藏园群书经眼录》云:

> 镡津文集二十二卷　宋释契嵩撰
>
> 明永乐刻本,十行行十八字,黑口,四周双栏。目后有"永乐戊子季冬并周子名"小字双行。各卷后有助刻人名。(叶定侯藏。甲戌)[③]

2.明弘治十二年(1499)释如卺刻本

国家图书馆著录:镡津文集二十二卷,(宋)释契嵩撰,明弘治十二年(1499)释如卺刻本。4册。每半页十行,行十九字,黑口,四周双边,有界栏。

卷前有释如卺《镡津文集引》,其云:

> ……然弘治丁巳,吾寺为统禅讲名僧开士坐夏间,而老弊言于众曰:"正法既没,像教陵夷,有若一丝悬九鼎乎!慨夫《镡津文集》,时所尚之,诚辅教

---

① 徐乾学(1631—1694),字原一、幼慧,号健庵、玉峰先生,江苏昆山人。
② 叶启发(生卒年不详),字东明,湖南长沙人。叶德辉从子。
③ 《藏园群书经眼录》卷一三《镡津文集二十二卷》,第1134页。

之书也。板将漫灭矣。可欲复前人之大业,用是重梓而广传,其殆庶几乎?"余概而言之也,卒未知其孰贤。

余实肤浅,尝读《檀赞》,得见大鉴遗意,而知明教之心,扶树正宗,功何懋焉。于是如鼋缪承莹然之志,音释句读,苟又差互不少者,当坐愚之无识。旧版微有误处,则校也。时有兴圣德海,为书而剞劂尽工,犹夫佛印所谓印施有尽,若书而刻之则无尽。鼋也固愿是书溥海流布,日望君子题之,试一披览,何惑结而不自解如转丸耳。盖使人人咸崇佛化,同底于道也。如是,则阴翊皇度无穷焉。大明弘治十二年四月八日,蘼庵沙门嘉禾如鼋引。

释如鼋,生卒年不详,嘉禾真如讲寺僧人,师空谷景隆[1],曾广为搜集整理刊印佛教典籍。

《镡津文集引》后为《镡津明教大师行业记》,再后为"镡津文集总目录"。

卷端题"镡津文集卷第一",另行题"藤州镡津东山沙门契嵩撰"。

卷尾有广源《重刊镡津文集后叙》,其云:

……嘉禾蘼庵鼋禅师、莹然璠讲师,愍其板失,募同志缘,兼倾己橐,重梓流行,俾大师弘道之心千古不死也。二师之勤,可嘉可尚。功既,命源识岁月于左。呜呼!道固寓于文,因其文而于心传之绝者续,道之晦者明,其谁乎?兴言至此,自益颜汗。弘治十二年岁次己未阳月初吉,云山广源识。

钤印有"前分巡广东高廉道归安陆心源捐送国子监书籍""国子监印""光绪戊子湖州陆心源捐送国子监之书匦藏南学"。

陆心源[2],清季藏书家,藏书"皕宋楼""十万卷楼""守先阁",达15万多卷。关于陆心源捐送国子监书籍一事,《清实录》光绪十四年五月载:"前广东高廉道陆心源,因国子监广求书籍,选择家藏旧书一百五十种,计二千四百余卷,附以所刊丛书等三百余卷,愿行捐送到监。据称陆心源自解官后,刊校古书,潜心著述,兹复慨捐群籍,洵属稽古尚义,伊子廪生陆树藩,附生陆树屏,均著赏给国子监学正衔,以示嘉奖。"[3]

是刻将明永乐八年本的第二十二卷《唱和诗》六首归入第二十一卷,第二十

---

[1] 空谷景隆(1393—1466),字祖庭,号空谷。
[2] 陆心源(1834—1894),字刚甫、刚父,号存斋,晚号潜园老人,浙江吴兴(今湖州)人。
[3] 《清实录》第55册《德宗景皇帝实录》卷二五五"光绪十四年五月",第437页,北京:中华书局,1987年。

二卷为"附:诸师序赞诗题疏并后序"。

《四库全书》收录此本,《总目提要》云:

> 镡津集二十二卷(浙江鲍士恭家藏本)

> 宋释契嵩撰。契嵩姓李氏,字仲灵,藤州镡津人。庆历闲居杭州灵隐寺。皇祐间入京师,两作《万言书》上之。仁宗赐号"明教大师"。寻还山而卒。契嵩博通内典,而不自参悟其义谛。乃恃气求胜,哓哓然与儒者争。尝作《原教》《孝论》十余篇,明儒释之一贯,以与当时辟佛者抗。又作《非韩》三十篇,以力诋韩愈。又作《论原》四十篇,反复强辨,务欲援儒以入墨。以儒理论之,固为偏驳;即以彼法论之,亦嗔痴之念太重,非所谓解脱缠缚,空种种人我相者。第就文论文,则笔力雄伟,论端锋起,实能自畅其说,亦缁徒之健于文者也。是编为明弘治己未嘉兴僧如卺所刊。凡文十九卷、诗二卷。附他人所作序赞诗题疏一卷。卷首有陈舜俞所撰《行业记》,称契嵩所著,自《定祖图》而下为《嘉祐集》《治平集》凡百余卷。盖兼宗门语录言之。此集仅载诗文,故止有此数。王士禛《居易录》称其诗多秀句,而云集止十三卷。是所见篇帙更少,不及此本之完备矣。①

鲍士恭②乃鲍廷博③之子。鲍廷博藏书"知不足斋"。乾隆三十七年(1772)诏修《四库全书》,征集各省古籍遗书,鲍廷博遣其子献书626种,其中不乏宋元以来孤本、善本。乾隆三十九年(1774),"奉旨嘉奖"。

1935年,张元济据常熟瞿氏铁琴铜剑楼藏本收入《四部丛刊》三编,卷尾刻张元济跋,其云:

> 世界大通,教宗互峙,理无独胜,事有相资。我国崇儒,儒宗孔子。孔子之言曰:"有教无类。"佛入中国殆二千年,涵濡浃洽,亦无远弗届。余不学佛,而深以排佛者为骄为隘。窃尝谓儒无不可佛,佛无不可儒。岂惟佛然?即凡同于佛而自外至者,亦无不然。余读沙门契嵩之文,而深喜其合于斯旨也。人既有其所信仰,遇有起而非之者,自无不可发挥己见,以求其理之得伸。陈舜俞为契嵩撰《行业记》曰:"当是时,天下之士学为古文,慕韩退之排

---

① (清)永瑢等:《四库全书总目提要》卷一五二集部别集类,"万有文库"本第29册,第113页,上海:商务印书馆,1935年。
② 鲍士恭(1750—?),字志祖,号青溪,祖籍安徽歙县,后寓居浙江嘉兴。
③ 鲍廷博(1728—1814),字以文,号渌饮,祖籍安徽歙县,后迁居仁和(今浙江杭州)。

佛而尊孔子,仲灵明儒释之道一贯,以抗其说,由是排者浸止,而后有好之甚者。"则信乎其理之自有可伸者在也。《四库总目》既录其书,而讥其恃气求胜,与儒相争,反复强辩,援儒入墨。此诚不免囿于一孔之见,非今日之所宜言。因于是集印成之日,而为之辨正如右。海盐张元济。

现存刻本:

镡津文集二十二卷　(宋)释契嵩撰

明弘治十二年(1499)释如卺刻本　国家图书馆

镡津文集二十二卷　(宋)释契嵩撰

明弘治十二年(1499)释如卺刻本　中共中央党校图书馆

镡津文集二十二卷　(宋)释契嵩撰

明弘治十二年(1499)释如卺刻本　上海图书馆

镡津文集二十二卷　(宋)释契嵩撰

明弘治十二年(1499)释如卺刻本　广东省立中山图书馆

镡津文集二十二卷　(宋)释契嵩撰

明弘治十二年(1499)释如卺刻本　清丁丙跋　南京图书馆

镡津文集二十二卷　(宋)释契嵩撰

明弘治十二年(1499)释如卺刻本　存十六卷(七至二十二)　浙江图书馆

镡津文集二十二卷　(宋)释契嵩撰

明弘治十二年(1499)释如卺刻本　台北"故宫博物院"

镡津文集二十二卷　(宋)释契嵩撰

明弘治十二年(1499)释如卺刻本　日本静嘉堂文库

镡津文集二十二卷　(宋)释契嵩撰

明弘治十二年(1499)释如卺刻本　日本大仓文化财团

3.明万历三十五年(1607)嘉兴楞严寺刻径山藏本

重庆图书馆著录:镡津文集十九卷首一卷,(宋)释契嵩撰,明万历三十五年(1607)嘉兴楞严寺刻径山藏本。8册。每半页十行,行二十字,黑口,四周双边,有界栏。

卷首题"镡津文集目录",其后为《镡津明教大师行业记》。

卷端题"镡津文集卷第一",另行题"藤州镡津东山沙门契嵩撰"。

是刻十九卷,卷首为《行业记》,二十二卷本中卷八至卷十一中为杂著、书、启、状，核为三卷，即卷八至十；原卷十二、十三为叙，核为一卷，即卷十一；原卷十四、十五、十六为志记铭碑，核为二卷，即卷十二、十三。

卷尾附《校讹音释》。

日本后西天皇明历二年（1656），京都荒木利兵卫据是刻重刊。现藏东京大学东洋文化研究所等地。

现存刻本：

镡津文集十九卷首一卷　（宋）释契嵩撰

明万历三十五年（1607）嘉兴楞严寺刻径山藏本　重庆图书馆

镡津文集十九卷首一卷　（宋）释契嵩撰

明万历三十五年（1607）嘉兴楞严寺刻径山藏本　南京图书馆

镡津文集十九卷首一卷　（宋）释契嵩撰

明万历三十五年（1607）嘉兴楞严寺刻径山藏本　武汉大学图书馆

镡津文集十九卷首一卷　（宋）释契嵩撰

明万历三十五年（1607）嘉兴楞严寺刻径山藏本　四川省图书馆

镡津文集十九卷首一卷　（宋）释契嵩撰

明万历三十五年（1607）嘉兴楞严寺刻径山藏本　无锡市图书馆

镡津文集十九卷首一卷　（宋）释契嵩撰

明万历三十五年（1607）嘉兴楞严寺刻径山藏本　台北汉学研究中心

五、清光绪二十八年（1902）扬州藏经院刻本

国家图书馆著录：镡津文集十九卷首一卷，（宋）释契嵩撰，清光绪二十八年（1902）扬州藏经院刻本。4册。每半页十行，行二十字，细黑口，左右双边，有界栏。

尾有"光绪二十八年秋，扬州藏经院存版"。

钤印有"华文学校图书馆藏""定远胡氏珍藏书画"。

是刻为明万历三十五年（1607）嘉兴楞严寺刻径山藏本翻刻。

现存刻本：

镡津文集二十二卷　（宋）释契嵩撰

清光绪二十八年（1902）扬州藏经院刻本　台北汉学研究中心等

（作者：王红蕾，国家图书馆研究馆员，文学博士）

《四库全书总目·经部》补正七则

许超杰

　　《四库全书总目》(以下简称《总目》)作为传统目录的集大成之作,为后人从事传统文史研究指引了门径,可谓"治学之津逮"。但由于种种原因,《总目》亦难免讹误,前辈学者对《总目》之缺失亦多有补苴。笔者近读《总目》,以《翁方纲纂四库提要稿》(以下简称《翁稿》)等史料考察《总目》,发现其中一些问题尚未被前贤指出,故不揣鄙陋,略书《总目·经部》补正七则以就教于方家。

　　1.《总目·经部·易类一·陆氏易解》曰:"朱彝尊《经义考》以为钞撮陆氏《释文》、李氏《集解》二书为之。然此本采《京氏易传》注为多,而彝尊未之及。又称其经文异诸家者,'履帝位而不疚','疚'作'疾';'明辨晢也','晢'作'逝';'纳约自牖','牖'作'诱';'三年克之,惫也','惫'作'备'。此本又皆无之,岂所见别一本欤? 然彝尊明言《盐邑志林》,其故则不可详矣。"[1]2

　　按:《总目》此条误解朱彝尊之意。朱彝尊《经义考》曰:"陆氏《易注》已亡,今《盐邑志林》载有一卷,乃系抄撮陆氏《释文》、李氏《集解》二书为之,所存者几希矣。其经文异诸家者,'履帝位而不疚'作'疾';'明辨晢也','晢'作'逝';'纳约自牖'作'诱';'丧羊于易'作'埸';'妇子嘻嘻'作'喜喜';'君子以惩忿窒欲'作'疗欲';'吾与尔靡之'作'纚之';'三年克之,惫也'作'备也'。"[2]152 朱彝尊此段是说《盐邑志林》有《陆氏易解》一卷,但并没有说《盐邑志林》本有以下异文七条。

　　《总目》此条当本之于《翁稿》,比读二者可知。《翁稿》曰:"绩之《易注》仅见于李鼎祚《集解》及陆德明《释文》,《集解》所载仅五十条,《释文》则多载经文异诸家处。"[3]2可见翁方纲是知道《经典释文》多载经文异文的。而四库馆臣在《总目》中误将此七条认为《盐邑志林》本所载。按：此七条分见于《经典释文·周易音义》履卦、大有卦、坎卦、家人卦、损卦、中孚卦、既济卦。而《盐邑志林》之《陆公纪易解》（即翁氏《总目》所谓《盐邑志林》本《陆氏易解》）"履卦"载"履帝位而不疚,光明也"，"疚"不作"疾"；"大有卦"无"明辨晢也"条；"坎卦"无"纳约自牖"条；既济卦无"三年克之,惫也"条[4]。则知朱彝尊所谓某作某云云,非自《盐邑志林》得之,当从《经典释文》也。

而《总目》之所以说"此本又皆无之,岂所见别一本欤？然彝尊明言《盐邑志林》,其故则不可详矣",或许是由其错认底本之版本所致。《翁稿》在列《陆氏易解》之四条经文异文后说："此四条此本又皆无之,则或《盐邑志林》所载别是一本。"[3]2由此可知,翁方纲在为《陆氏易解》写提要时并不能确定其底本即为《盐邑志林》本。

《总目》著录《四库》此书底本为浙江吴玉墀家藏本,《四库采进书目》中《浙江省第四次吴玉墀家呈送书目》著录此书"一卷,吴陆绩著,明姚士粦辑"[5]84,而《浙江采集遗书总录》著录"周易注一卷,写本"[6]1。因为今见《盐邑志林》版本皆为刊本,未见抄本存世,而此书《浙江采集遗书总录》著录为抄本,则非《盐邑志林》本可知。同时,《盐邑志林》本作《陆公纪易解》,卷首题"后学郑端胤、姚士麟、刘祖钟订阅",与此不合。可谓浙江进呈本非《盐邑志林》本之又一证。如《四库·陆氏易解》底本确为吴玉墀家藏进呈本,则其绝非《盐邑志林》本,至多为从出《盐邑志林》本之抄本。

2.《总目·经部·易类二·了翁易说》曰："此本为绍兴中其孙正同所刊。"[1]7

按：《翁稿》著录"《了斋易说》一卷",曰："其子正同绍兴十二年知常州,刊于官舍。今此抄本有正同跋。"[3]3并于札记中抄录此跋："先公晚年益绝世念,致一性命之理。尝著《易说》,以遗诸孤。正同谨以家藏刊于毗陵官舍,庶几流传,不没先志。绍兴十二年十月日,男右宣义郎权发遣常州军州事陈正同谨题。"[3]3则陈正同当为陈瓘之子。

3.《总目·经部·易类三·郭氏家传易说》曰："朱彝尊《经义考》谓雍原书不传,仅散见《大易粹言》中。此本十一卷,与《宋志》相合,盖犹旧本,彝尊偶未见也。陈振孙《书录解题》作六卷。考《中兴书目》别有雍《卦爻旨要》六卷,殆误以彼之卷数为此之卷数欤？"[1]12

按：《直斋书录解题》著录《传家易说》十一卷[7]20，《总目》误。《总目》此说盖袭于《翁稿》之说。《翁稿》此条曰："至淳熙丙午，提学赵善誉复荐之，朝廷遣官受所欲言，始于其家得此书六卷，其时雍年已八十有三。此见陈振孙《书录解题》。第不知其以为六卷者何也。"[3]5 按《直斋书录解题》此处作"雍隐居陕州长阳山中。帅守屡荐，召之不至，由处士封颐正先生。其末，提举赵善誉言于朝，遣官受所欲言，得其《传家兵学》六卷以进，时淳熙丙午也"[7]20。则此处六卷者为《传家兵法》，《翁稿》不知为何竟言"第不知其以为六卷者何也"，而《总目》袭其误，径言《直斋书录解题》著录者为六卷，则误之甚矣。

4.《总目·经部·易类存目一》著录《周易旁注图说》二卷，山东巡抚采进本。

按：《总目》云："此本又尽佚其注，独存此《图说》二卷。"[1]50《四库采进书目》中《浙江省第四次吴玉墀家呈送书目》著录《周易旁注》十卷，十本；《周易旁注会通》九卷，五本[5]84。《山东巡抚呈送第一次书目》著录《周易旁注》图说二卷，明朱升撰，四本[5]150。《两淮盐政李续呈送书目》著录《周易旁注前图》二卷[5]60。则此时此书尚有完本。

《总目》底本注为山东巡抚采进本，则为"《周易旁注》图说二卷"本。其云"独存此《图说》二卷"者，则就此而发也。然浙江吴玉墀家呈送本似为完书。崔富章《四库提要补正》在论述浙江省所进此书后曰："由是知，升书全帙尝呈送《四库》馆，馆臣竟未及翻检，《总目》编者亦全然不知，遂以山东呈送八图存目。诚迫之以期限，绳之以考成，日不暇给，欲一一细究，不得耳。"[8]41

然按诸《翁稿》，则翁氏所见当即为十卷并前图本，或即浙江吴玉墀家进本。《翁稿》言曰："《周易旁注》十卷，《前图》二卷，明朱升著。……《旁注》十卷，初用《注疏》本，其后程应明更定从《本义》本，于是上、下经与十翼分卷。此本即程应明所更定者也。"[3]25 可知翁氏所见确有《旁注》十卷。《总目》以二卷本著录，或每进一本即着人写提要稿，而《总目》汇总之时，用二卷本而未用翁氏欤？此盖偶有一失也。

5.《总目·经部·诗类一》著录《毛诗本义》十六卷，两江总督采进本。

按：《翁稿》于欧阳修《诗本义》条下曰："《诗本义》四册，即《通志堂经解》所已刻者，毋庸另为校办。"[3]54 按《翁稿》之说，则《诗本义》底本当为《通志堂经解》本。文渊阁本书名亦作《诗本义》[9]。

《四库采进书目》中《两江第一次书目》著录《毛诗本义》十六卷,宋欧阳修著,二本[5]37。此与《翁稿》所谓四册不合。据王学文《欧阳修〈诗本义〉传世版本之我见》一文言中国人民大学图书馆藏有"明崇祯陈龙光、苏进、程国祥刻本","此本十六卷,二册一函"[10]。两江采进本或即此本。王学文通过比较此本与《四部丛刊三编》影印之宋本,认为此本前十三卷内容与《四部丛刊》本相同。不同之处在于此本"十四卷内容只包括《时世论》《本末论》《十月之交解》三篇",按文渊阁本《诗本义》第十四卷除《时世论》《本末论》《十月之交解》三篇外,尚有《豳问》《鲁问》《序问》三篇,与此本不合。王文并言此本"一百一十四篇本义说解前,均附有原诗及《毛传》《郑笺》"。文渊阁本《本义》说解之前不附原诗及《毛传》《郑笺》,皆与此二册本不符。反观《通志堂经解》本,则与文渊阁本皆同。

王文对比《四部丛刊》本与《通志堂经解》本后言《通志堂经解》本"内容排列如《四部丛刊》本,有的地方还能矫正《四部丛刊》本的不足(如卷十三《取舍义》中,把《载驱》一诗置于《敝笱》之后,很符合《毛诗》的排列次序)"。按文渊阁本此处《载驱》亦位于《敝笱》之后,与《通志堂经解》本亦合。

综上所述,文渊阁本与《通志堂经解》本基本相同,而与人大所藏二册本多不合。若两江总督采进本确同于人大所藏本,文渊阁本《诗本义》之底本定非此本,而当以《通志堂经解》本为是,而非《总目》著录之两江总督采进本。且《宋史·艺文志》《郡斋读书志》《直斋书录解题》《文献通考·经籍考》皆称《诗本义》,则当以此名为是,《总目》误改。

6.《总目·经部·礼类存目一·周礼训隽》曰:"是书略无考证,而割裂五官归于《冬官》,则延俞庭椿辈之谬论,无足录也。"[1]183

按:《浙江采集遗书总录》曰:"《周礼》自宋俞庭椿,元王次点、邱葵、吴澄,明何乔新五家于古本篇次各有移易,深之论俱以为非。其注释则因何氏本而增损成之。"[6]64《翁稿》此条曰:"是书专以何乔新《周礼集注》之本为主,而增损核正之。其论曰,宋俞庭椿作《复古编》而五官乱,其后王次点、邱葵、吴澄、何乔新相继增损,以补俞氏之所未备。五家中何氏最后,而纷裂尤甚。今以纷裂之甚者行之,而其失自见矣。盖其书之面目似依何氏本,而实则非之。朱彝尊《经义考》误作十卷,且但载其序而不著其书五家补本之意,则无以见是书之指矣。"[3]70由《浙江采集遗书总录》《翁稿》可知,此书虽延俞庭椿、何乔新等割裂之本,其意则在"俱以为非",欲使"其失自见"也。《总目》此条误其本旨。

7.《总目·经部·五经总义类·古微书》曰:"顾炎武《日知录》又称见《孝经援神契》。……《援神契》则自宋以来不著于录,殆炎武一时笔误,实无此书。"[1]280

按:《日知录》中《援神契》者凡二见,其一为卷五"三年之丧"条,其文曰:"《孝经援神契》曰:'丧不过三年,以期增倍,五五二十五月,义断仁,示民有终。'"[11]287 此文《太平御览·礼仪部二四·丧纪下》引之[12]2469,文字全同。《日知录》所言当本于此。其二为卷二一"说文"条,引述《后汉书》公孙述之文[11]1174。此二条皆未称及见《孝经援神契》,《总目》之言盖为臆测之词。

（作者:许超杰,华东师范大学古籍研究所2013级博士研究生）

参考文献：
[1]永瑢等.四库全书总目[M].北京:中华书局,1965.
[2]朱彝尊撰,林庆彰等点校.经义考新校[M].上海:上海古籍出版社,2010.
[3]翁方纲撰,吴格整理.翁方纲纂四库提要稿[M].上海:上海科学技术文献出版社,2005.
[4]陆绩撰,姚士粦等辑.陆公纪易解[M].盐邑志林.上海:涵芬楼影印明刻本.
[5]吴慰祖.四库采进书目[M].北京:商务印书馆,1960.
[6]沈初等撰,杜泽逊、何灿点校.浙江采集遗书总录[M].上海:上海古籍出版社,2010.
[7]陈振孙著,徐小蛮、顾美华点校.直斋书录解题[M].上海:上海古籍出版社,1987.
[8]崔富章.四库提要补正[M].杭州:杭州大学出版社,1990.
[9]永瑢、纪昀等.影印文渊阁四库全书[Z].台北:台湾"商务印书馆",1985.
[10]王学文.欧阳修《诗本义》传世版本之我见[J].兰台世界,2010(14):72—73.
[11]顾炎武著,陈垣校注.日知录校注[M].合肥:安徽大学出版社,2007.
[12]李昉等.太平御览[Z].北京:中华书局,1960.

《历代妇女著作考》清代妇女部分考订十三则

赵 嫄

胡文楷先生遍搜正史、方志、藏书目、诗词总集、诗话、笔记等文献资料，编成《历代妇女著作考》（以下简称《妇考》）一书，收录自汉魏以迄近代妇女作者 4000 余人，书目总计 5000 多种。该书详列题名卷数、版本款式、序跋题识、编校评阅姓名，间或著录序跋全文，以资稽考。该书内容丰富、全面，编排有序，是难以替代的妇女专题工具书，自 1957 年首次面世就备受推崇。1985 年《妇考》经胡文楷先生订补后再版，2008 年又经张宏生教授修订、增补多条，重新出版。笔者近日编辑《清代闺秀集丛刊》（以下简称《闺秀集》）一书，在确定作者生卒、籍贯、字号诸多方面获益于此书良多。同时在编辑《闺秀集》的过程中，得见数百种清代闺秀集原文，发现《妇考》偶有失误之处，现列述如下：

1.《妇考》第 310 页：吴清蕙，号连之，江苏吴县人，礼部左侍郎吴铨骏女。并云吴氏《写韵楼吟草》前有钝彤老人撰行略。

按：查《写韵楼吟草》光绪十七年活字本，前有《冢妇吴淑人行略》，题"钝舫老人书"。《妇考》之"钝彤老人"疑形似致误。又据此本彭翰孙所撰《亡妻吴淑人小传》"其号又曰建之"，则《妇考》著录吴氏号"连之"似当改作"建之"。

另，《亡妻吴淑人小传》云："父礼部左侍郎晴舫先生，讳钟骏。"民国《杭州府志》卷一百二十一有吴钟骏传，谓："吴钟骏，字晴舫，江苏吴县人，道光十二年一甲一名进士，授修撰，历官礼部左侍郎……"考《明清进士题名碑录索引》，道光十二年一甲第一名确系吴县吴钟骏。则《妇考》所述礼部左侍郎"吴铨骏"当改为"吴钟骏"无疑。

2.《妇考》第 321 页:吕采芝,字嘉华。

按:查同治十三年刻吕采芝《幽竹斋小草》,正文次行题"兰陵吕采芝寿华"。又考金武祥《粟香三笔》,卷八记载"吕采芝女史寿华",可知《妇考》所题之"嘉华"乃"寿华"之误。

3.《妇考》第 376 页:阮恩滦,沈霖元妻。又著录阮氏《慈晖馆诗词》前有沈麟元序。两处人名不一致。

按:查检光绪十八年《慈晖馆诗词草》重印本,确有沈麟元序,落款题"咸丰甲寅闰七月武林沈麟元竹斋甫识"。又查《清代人物生卒年表》亦著录为沈麟元。《两浙輶轩续录》卷五十四阮恩滦小传也称其为"钱塘沈麟元室"。可知当以"沈麟元"为是。

4.《妇考》第 379 页:周映清《梅笑集》,前有崔见龙序。

按:嘉庆二十二年刻《梅笑集》,前有崔龙见序,题"永济崔龙见拜手谨跋时乾隆辛亥正月八日也"。乾隆《富平县志》卷五职官志载有崔龙见小传:"永济人,进士,(乾隆)三十八年任升直隶乾州,慈祥乐易,去后士民思之。"又检《明清进士题名碑录索引》,崔龙见为乾隆二十六年二甲第五十七名。《清代人物生卒年表》亦收录山西永济崔龙见。因知《妇考》"崔见龙"系"崔龙见"之误。

5.《妇考》第 407 页:金顺《传书楼集》,前有雷轮、曹文埴、郑云序。

按:查检光绪四年刻《荔墙丛刻》本《传书楼诗稿》,前有序文三篇,落款分别为:"乾隆五十有八年龙集癸丑春仲下澣真州瓠园居士郑沄谨序""乾隆岁次癸丑荷月上澣知湖州府事西蜀雷轮顿首撰""大清嘉庆二年岁次丁巳秋九月新安曹文埴拜撰",可见《妇考》著录序作者姓名中郑云、曹文填与原书不一致。

嘉庆《重修扬州府志》著录仪征人郑沄,《清代人物生卒年表》著录与此同。本书序作者为真州郑沄。真州,即今江苏仪征。可知《妇考》所题"郑云"当改为"郑沄"。

查道光《歙县志》卷七,曹文埴,字近薇,雄村人,乾隆二十五年进士。又查检《明清进士题名碑录索引》,曹文埴为乾隆二十五年二甲第一名。又查《清代人物生卒年表》,曹文埴,卒于嘉庆三年,安徽歙县人。当系《传书楼诗稿》序作者曹文埴,《妇考》著录为曹文填确误无疑。

6.《妇考》第 499 页:高景芳,江宁张宗元妻。并云《红雪轩诗文集》前有张宗仁序。

按：康熙五十八年刻《红雪轩稿》首有其夫之序，落款题"康熙五十七年初秋世袭一等侯前内阁中书己卯科举人张宗仁安公氏书于深柳亭"。嘉庆《重刊江宁府志》卷四十五有"世袭一等侯张宗仁"，《清人诗文集总目提要》收录高景芳《红雪轩稿》，称其为"江宁张宗仁妻"。据上所述，《妇考》此处之"张宗元"疑形似而误，当改为"张宗仁"。

7.《妇考》第546页：梁霭《飞素阁遗诗》，前有丘逢、陈霭慈等题词。

按：考光绪二十六年刻《飞素阁遗诗》，《妇考》所题二人姓名有误，原文题词者分别著录为"东宁丘逢甲仙根""顺德女史刘霭慈墨濂"。丘逢甲是我国近代爱国诗人、教育家、抗日志士，民国《上杭县志》卷三十四载其传。

8.《妇考》第572页：《凤池仙馆诗存》，郭佩芬撰。

按：道光二十年刻《凤池仙馆诗存》首有《郭孺人传》《慧瑛女士小传》，均著录郭氏名佩芳。又查同治《苏州府志》卷一百十五有列女郭佩芳小传。乃知《妇考》著录人名有误。

9.《妇考》第574页：郭蕙，诸生郭部纷女。

按：道光十八年刻《澄香阁吟》首金闻石《澄香阁吟序》云郭蕙"父讳汾，仁和诸生"。民国《杭州府志》卷一百五十七著录郭蕙为"诸生郭汾女"。民国《台州府志》卷一百三十一郭蕙小传亦称其为"诸生汾之女"。《清人诗文集总目提要》卷十七收有郭蕙《澄香阁吟》，著录郭蕙之父为"郭汾"。《妇考》著录之"郭部纷"疑误。

10.《妇考》第594页：陈敬，周忠忻妻。并云其集前有夫周忠忻序。两处著录不一致。

按：乾隆十八年四宜轩刻《山舟纫兰集》前有黄之隽、焦以敬、周吉士等多人题写序言，其中一篇撰者即为陈敬之夫，落款题"乾隆十八年岁在癸酉蒲月望后之三日亦何周忠炘识"。《四库全书总目》卷一百八十四别集类存目十一收录周士彬《山舟堂集》，称"其子忠炘刊"，可为佐证。因此《妇考》所题"周忠忻"当改为"周忠炘"。

11.《妇考》第620页：介绍陆瞻云《适吾庐诗存》，是书嘉庆二十四年己卯刊本。其子逢原，私录什一，遂刻以传。后有侄光宗跋。

按：据《适吾庐诗存》嘉庆二十四年刻本陆光宗后跋："其嗣子逢源所私录不过什之一二，制艺数十篇，犹昔年诸伯叔所抄存者。光宗……亟为厘订，付诸剞剜,以俟輶轩之采择焉。嘉庆二十四年岁在己卯春三月侄孙光宗谨跋。"可知《妇考》之记载当来源于此,但著录过程中却出现多处错误。子"逢源"误为"逢原","侄孙"光宗误为"侄",并误将陆瞻云之子作为刊刻者,当改为侄孙光宗刊刻。

12.《妇考》第762页:鲍之兰,字畹芬。

按:光绪八年刻《京江鲍氏三女史诗钞合刻》本收录鲍之兰《起云阁诗钞》,正文次行题"丹徒鲍之兰畹芳著"。又查光绪《丹徒县志》卷三十八人物志,"才艺"部分有鲍之兰介绍:鲍征君长女之兰,字畹芳。与《起云阁诗钞》正文著录合。《清代人物生卒年表》记载亦同。可见《妇考》"畹芬"当改为"畹芳"。

13.《妇考》第767页:缪宝娟《倦绣吟草》,前有陈观沂等题词。

按:考光绪四年排印《倦绣吟草》,题词者有"宝山陈观圻绮霞"。又查光绪《宝山县志》卷八科贡表载:陈观圻,字绮霞。则知《妇考》误将"陈观圻"题为"陈观沂"。

(作者:赵嫄,国家图书馆出版社编辑)

李慈铭越缦堂藏书四种述略

杨 健

李慈铭（1830—1894），字爱伯（一作莼伯），号莼客，室名越缦堂，晚年即自署越缦老人。浙江会稽（今绍兴）人。晚清学者、文学家，亦为重要的藏书家。其身后藏书大部于民国十七年（1928）入藏国立北平图书馆（今国家图书馆前身），凡九千一百余册。不过，由于诸种原因，亦有少量越缦堂旧藏零星散落于民间。北京师范大学图书馆馆藏古籍中有越缦堂旧藏四种，均为马叙伦于民国十一、十二年间购藏（按：马氏藏书于民国十九年售归辅仁大学图书馆），其中三种有马叙伦题跋，另一种有李慈铭批语。兹分别介绍如下，希望此资料对于学界研究李慈铭及其藏书略有帮助。

一、《孔丛伯说经五稿》五种，附一种，（清）孔广林撰，清光绪十六年（1890）山东书局刻本，七册

次册书衣有马叙伦跋：

> 此李莼伯先生藏书。书趺署字其遗笔也。十一年春，余得之杭州西湖之滨。其年中秋，余视学绍县，介教育会长平君过先生故居，观其遗书数十箧，置于炊所之侧，尘封烟积。先生从侄孙发箧出示先生评校本数函，见《后汉书校注》，都编书眉行间皆行楷书，皆如蝇头然，辄有刊行之志。嗣托平君求书目观之，先生所加墨者殆十之三四，以见前辈之勤，故能淹册若是。至先生藏书，率题书趺，以利识别，皆见于《日记》云。十三年十月补记。

按：此书《越缦堂书目》（此据北京大学图书馆藏抄本，下同）未著录。五稿即《周官臆测》《仪礼臆测》《吉凶服名用篇》《禘祫觵解篇》《明堂亿》五种，附《仪

礼士冠礼笺》一种。《周官臆测》卷一首页钤有李慈铭藏书印"会稽李氏困学楼藏书记"。

马叙伦跋云"书跗署字"为李慈铭遗笔。"书跗",俗称书头,今查此书,未见书头有题字,仅书根有墨笔以小楷题写册次及子目名,如首册题"一凡七　周官臆（肛）测",次册题"二仪礼臆（肛）测上",五至七册因页数太少,装订过薄,故仅勉强题册次。此或即李慈铭手书题字？古籍通常于书根标注册次、书名等,极少有题写书头者,或江浙间对于书头、书根不加区别欤？按《越缦堂日记》载,李慈铭藏书多有自题书签或书跗者,如《日记》光绪十三年二月二十一日载"是日揭《通考》书签讫,余喜为此事,凡大部

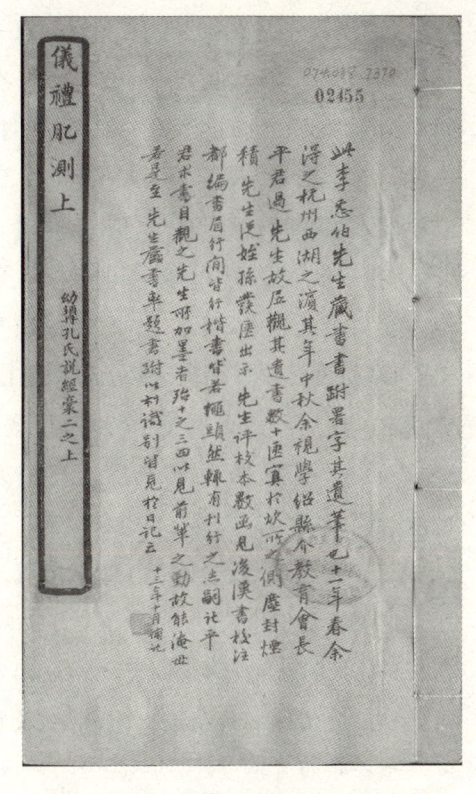

《孔丛伯说经五稿》次册书衣马叙伦跋

书皆自书之,亦以读目录也",光绪十三年十月十一日记"是日揭楮《西河合集》及写书跗俗称书头讫,共一百册",诸如此类。

李慈铭逝后,其藏书由子承侯保管。陶承杏《关于越缦堂藏书》(《古今》第49期,1944):"民国七年,其子承侯故后,全部遗书,经其友徐维则,族人李钟骏,为之整理检点,抄目封存,计二十八箱,内中手批手校之书,共计二百余种,约二千七百余册。"又:"十三年,诸贞壮言杭州书肆已有越缦之书,络续散见。"马叙伦跋记录了李承侯去世后越缦堂遗书的藏存状况:"数十箧",按《越缦堂书目》,应是二十八箱(即"二十七箱"外加"另箱");"炊所之侧",对图籍而言是置之险地,稍沾火苗,即可能付之一炬;"尘封烟积",说明这批藏书已长期无人护理。据此可见李氏族人均非爱书之人,仅是将书籍搁置一边待价而沽而已。民国十一年(1922),马叙伦由民间购得《孔丛伯说经五稿》,此较民国十三年(1924)诸贞壮发现有越缦堂藏书流入书肆的时间更早些。

李慈铭手批手校之书,《越缦堂书目》均加以标注。跋中所言《后汉书校

注》,《越缦堂书目》著录为:"手校后汉书 十八册 汲古阁本"。另据《越缦堂日记》,李慈铭校读《后汉书》曾有数十次之多,尤以同治五年十一月至次年正月间最为频繁,往往连日不辍。如:十一月二十三日"校读《后汉书》隗嚣、公孙述传一卷",二十四日"校读《后汉书》齐武王、北海王、赵孝王、城阳恭王、泗水王、安成孝侯、成武孝侯、顺阳怀侯传一卷,李通、王常、邓晨、来歙、来历传一卷",二十五日"校读《后汉书》邓禹、邓训、邓骘、寇恂、寇荣传一卷,窦融、窦同、窦宪、窦章传一卷",十二月十六日"三日来杂校《后汉书》,多附以小注,又兼订钱氏大昕、王氏鸣盛、洪氏颐宣诸家之说,秃笔总书,目昏指茧,疲苶殊甚,似非病中所宜,当少辍之,以息日力"。据黄华《越缦堂藏书让渡记》(《越缦堂书目》卷首)言:"(越缦堂)藏书校勘綦精,尤以前后《汉书》及《元史》已全部丹黄竣事。"显然李慈铭批注时即有"刊行之志"。

二、《寄龛词》四卷,(清)孙德祖撰,清同治九年(1870)刻本,一册

护页有马叙伦跋:

> 此孙岘卿所为词,得之李爱伯家。盖岘卿诒爱伯者,故有"岘子倚声"之章。爱伯藏书稍稍流出,余得之数种,或有爱伯题识。此虽无之,犹可知也。十一年四月伦。

按:此为孙德祖词初刻本。内封面镌:"寄龛词 岘卿自题",下钤有"岘子倚声"印。孙德祖(1840—1908),字岘卿,号寄龛。浙江会稽(今绍兴)人。清同治六年举人。孙氏故居会稽昌安外门官塘桥,于太平军之役毁于兵燹,遂迁居小皋埠,与皋中诸子联诗社相唱和,称为皋社。著有《寄龛文存》《寄龛诗质》《寄龛词问》等。李慈铭与孙德祖同邑,故虽非皋社成员,但偶尔也参加皋社诸子的诗酒酬唱等活动。检寄龛诗词集,可见李慈铭与孙德祖等人交往的情形,如《寄龛诗质》卷二《九日偕李㤗伯慈铭、王眉叔诒寿、秦叔伊树铦、诗舟观光、胡梅卿寿谦、梅仙寿颐、陶仲彝在铭、子珍方琦、心云祖望登曹山分得联字》、卷七《中秋夕越缦堂即席赠李莼客户部慈铭》,《寄龛词问》卷二《鹧鸪天·庚午秋杪送李慈铭莼客、胡寿谦梅卿及仲彝同捷秋赋,张燕省邸,笙歌达曙,兴犹未阑,因忆去秋甬江孤艇,竟夕无眠,即席赋此。语云:欢娱嫌夜短,啾嘆恨更长,信不虚也》。

此书《越缦堂书目》未著录。马叙伦既言得之李慈铭家,则应为越缦堂旧藏。"岘子倚声"为孙德祖自用印,则此书为孙氏赠与李慈铭。

三、《说文经典异字》三卷,(清)吴云蒸撰,清道光六年(1826)吴氏自刻本,一册

卷一首页书眉有马叙伦题跋:

此为李莼客先生故物,虽无印识,然与《穀梁大义述》同自李氏出,彼书有朱识也,《日记》中亦及此书。十二年八月伦记。

按:此书《越缦堂书目》著录:"说文引经异字　一册　歙吴云蒸原刻本"。内封面有"山海棠轩"篆文墨印,前有道光五年阮元序,道光丙戌(六年)斯欢序,壬申(嘉庆十七年,1812)段玉裁序。斯欢序云:"(吴云蒸)因举所著《说文引经异字》一书就质于余,余取而阅之……因怂恿而授之梓。"是此书为吴云蒸自刻本。《贩书偶记》著录为"道光间山海棠轩精刊本"。

四、《穀梁大义述》一卷,(清)柳兴恩撰,清光绪八年(1882)李氏木犀轩刻本,一册

此书有李慈铭批语多处。

按:《越缦堂日记》"光绪十年五月二十二日"载:"得爽秋书,赠扬州李氏新刻柳兴恩《穀梁大义述》。"爽秋,即袁昶(1846—1900),字爽秋,浙江桐庐人。清末大臣、学者。庚子事变时因主张议和被慈禧太后处死。袁昶与李慈铭交谊匪浅。《日记》言此书为"扬州李氏新刻",误。此书有"光绪壬午冬李氏木犀轩重雕"牌记。"木犀轩"为李盛铎(1859—1935)的藏书楼号,而李盛铎为江西德化(今九江)人。故亦可著录"德化李氏刻本"。

上文引马叙伦跋言此书有李慈铭"朱识",今翻看是书,李慈铭识语除用朱笔外,亦有墨笔者。批识凡三处:"柳兴恩叙"首页左半面第五行"为子句,受之父;为诸侯,受之君。废天伦,忘君父",此处有李慈铭朱笔眉批:

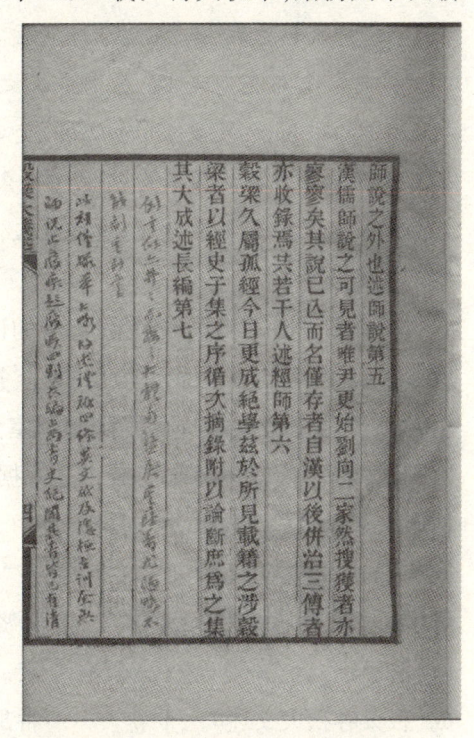

《凡例》后李慈铭朱笔与墨笔识语

"愚儒舞文,捍恣如此。"朱笔侧批曰:"何必'句',岂自柳生外,无人能句读耶?此即措大腐朽不可耐!"《凡例》后李慈铭朱笔批曰:"例言似亦井井,而按之大体,多懿戾,其所著尤陋略不能副其所言。"又墨笔批曰:"此刻仅撮举大略,故述礼只四条,异文只及隐、桓,古训全无,师说止《废疾》《起废疾》四则,长编止《尚书》《史记》。闻其书皆已有清本,哀然巨帙,于《穀梁》之学亦可谓尽心矣。越缦记。"又卷末李慈铭朱笔批曰:"掇拾琐屑,略有所见,补苴百一,孤僻自足,此经学中称烂骨董,不足为卖饼家庸也。乙酉十月越缦记。"

乙酉为光绪十一年(1885),检《越缦堂日记》,是年十月二十五日,李慈铭读《穀梁大义述》并撰有评论。兹移录于兹,以相对照。

阅镇江柳兴恩《穀梁大义述》。仅一册,前有序例七则,言第七为长编,言取载籍之涉《穀梁》者,经、史、子、集依次摘录,附以论断。今所刻止《尚书》《史记》寥寥数条;其第二述礼,止赗赙三从庶母祭锡命四条;第五师说,止及何休《废疾》、郑君《释废疾》四条;第三异文,只及隐、桓;第四古训,并无一字。盖仅刻其略。柳氏毕生治此,其全书当有可观。然其序有云:《春秋》托始其隐者,惟《穀梁》得其旨。《传》曰:先君之欲与桓,非正也,邪也。探先君之邪志以与桓,是则成父之恶也。如《传》意,则隐于桓公为贼子。《传》曰:为子,受之父;为诸侯,受之君。废天伦,忘君父。如《传》意,则隐于周室为乱臣。孟子曰:孔子成《春秋》而乱臣贼子惧。托始于隐者,所以诛乱臣贼子。则诬妄悖诞,愚儒舞文,捍恣如此,伤教害义,亦《春秋》家学之乱臣贼子矣。

无论阅读时的批语,还是日记中的评论,李慈铭对柳兴恩著作的评价基本一致,认为是迂腐儒生无甚价值的撰述,批评之用语亦极严厉刻薄。柳序认为依《传》意,"隐于桓公为贼子""隐于周室为乱臣",确实牵强附会,背离正统,斥之"诬妄悖诞""伤教害义",尚属言之有据。而"所著尤陋略不能副其所言""掇拾琐屑""补苴百一"的批评,则毫无理由,过于偏颇。毕竟李慈铭所阅仅是"撮举大略"的一卷本,而《穀梁大义述》尚有"哀然巨帙"的三十卷本。与之相较,当时粤中经学大师陈澧对《穀梁大义述》则赞赏有加,《清史稿》记载:"元(即阮元)刻《皇清经解》,《公羊》《左氏》俱有专家,而《穀梁》缺焉。(柳兴恩)乃发愤沉思,成《穀梁春秋大义述》三十卷。……番禺陈澧尝为《穀梁笺》及《条例》,未成,后见兴恩书,叹其精博,遂出其说备采,不复作。"(《清史稿·列传》二百六十九《儒林三》)后来梁启超《中国近三百年学术史》胪列清代《穀梁》学著作三家,即钟文烝《穀梁补注》、侯康《穀梁礼证》、柳兴恩《穀梁大义述》,亦言"柳书较佳"。作为越中俊才,李慈铭难免恃才傲物,自视较高,《清史稿》评其"性狷介,又口多雌黄,服其学者好之,憎其口者恶之"(《清史稿·列传》二百七十三《文苑三》)。对柳兴恩《穀梁大义述》的批评或可作为李慈铭"口多雌黄"的例证吧。

(作者:杨健,北京师范大学图书馆副研究员)

《明夷待访录》两种抄本比较研究

罗 恰

　　《明夷待访录》为明末清初著名思想家黄宗羲的一部重要著作，其现存最早刻本为乾隆年间浙江慈溪郑性二老阁刻单行本及《二老阁丛书》本，二本同出一本[①]，是为之后所有版本之祖本，后又有道光二十九年（1849）番禺潘氏《海山仙馆丛书》刻本、同治十三年（1874）虞山顾湘《小石山房丛书》刻本，光绪五年（1879）余姚黄承乙五桂楼刻本，光绪三十一年（1905）杭州群学社《黄梨洲遗书十种》石印本，宣统二年（1910）上海时中书局《梨洲遗著汇刊》铅印本等。湖北省博物馆藏有两种《明夷待访录》抄本，皆为《中国古籍善本书目（子部）》所著录。这两种抄本一题《明夷待访录》，为王鸣盛旧藏；一题《明夷待访录附思旧录》，为周星诒抄校本，均经过徐恕点校，并有其题跋。二抄本版本、文字多有不同，兹略述于下，或可对《明夷待访录》一书之研究有所助益。

一、基本情况

　　王鸣盛旧藏《明夷待访录》抄本一卷，全，线装一册，书衣题签"王西庄旧藏钞本　黄宗羲　明夷待访录一卷　一册"。通高23.6厘米，半页宽15.5厘米。无界格，半页十行，行十九字。墨笔楷书，字体端正。随文有朱笔点校，讹脱衍倒之处一一是正，所据校勘之本列有"郑本"（即郑性二老阁本）、"小石山房本"。有

[①] 参见吴光：《〈明夷待访录〉略考》，《浙江学刊》1985年第2期，第74页；方祖猷：《〈明夷待访录〉考》，《河南大学学报（社会科学版）》1986年第1期，第83—84页。

谢章铤题记，徐恕跋语。谢章铤题记下钤有"养正斋"朱文长方印，卷端下钤有"王鸣盛印"白文方印及"徐恕读过"朱文长方印，徐恕跋语下钤有"徐恕"朱文长方印。唯"养正斋"不知是否为谢章铤藏印，待考。

此抄本书衣上题签，据字迹判断，为柯逢时手书，当曾是柯氏藏书。柯逢时（1844—1912），字懋修，号钦臣，一号巽庵，晚号息园，湖北武昌县（今属大冶金牛镇）人。光绪九年（1883）进士，历任湖南、江西布政使，广西巡抚，土药统税大臣加授尚书衔等。善理财，喜著书、刻书、藏书，与杨守敬、徐恕并称武昌三大藏书家。伦明《辛亥以来藏书纪事诗》称其藏书"多至百簏，无宋元本，大抵四部中重要而切用者"[①]。柯氏殁后，藏书遂散。湖北省博物馆藏有多种柯氏抄本，书衣大多有柯氏手书题签。

周星诒抄校《明夷待访录》抄本一卷，后附有《思旧录》一卷，全（《思旧录》亦为黄宗羲重要著作之一，于《二老阁丛书》本中与《明夷待访录》合刊，其足本即为一卷[②]），线装一册，书衣题签"明夷待访录　思旧录"，亦是柯逢时手书字迹，卷端题"浙江黄宗羲著　后学郑性订、大节较"。通高26.3厘米，半页宽16.3厘米。无界格，半页十行，行二十字。墨笔楷书，带碑意，字体遒劲。随文亦有朱笔点校，一如王鸣盛旧藏本。从二抄本中徐恕之题跋可知，朱笔点校应俱为徐恕手笔。所据校勘之本除"郑本""小石山房本"外，尚有"王本（即王鸣盛旧藏抄本）""潘本（即《海山仙馆丛书》本）""遗著汇刊本（即时中书局铅印本）""黄承乙本"。徐恕题记下钤有"徐恕"朱文长方印及"行可"白文方印，序下钤有"柯逢时"白文方印，目次页钤有"戴高之印"白文方印等。

此二抄本均分为二十一篇，目次名称亦与二老阁本相合。唯王鸣盛旧藏本无《顾宁人书》，亦无《全祖望跋》，而周星诒抄校本不仅二者俱存，且更多一篇谢允《黄先生〈待访录〉序》置于《顾宁人书》前，此序未见于其他版本，也未见著录于他书，具有一定研究价值，兹录于下：

黄先生《待访录》序

　　程子谓三代以下天地亦是架漏过时，人心亦是牵补度日。悲夫，三代之治，终不可复也。陈龙川力争以为三代做得尽者也，汉唐做不到尽者也。夫

[①] 伦明等撰、杨琥点校：《辛亥以来藏书纪事诗（外二种）》，第28页，北京：北京燕山出版社，1999年。

[②] 参见吴光：《黄宗羲〈思旧录〉考略》，《浙江学刊》1985年第3期，第108—110页。

做不尽则义利双行、王霸并用,以之为三代之治,何其卑视三代与?

梨洲夫子以胡仲子《衡运》滔滔之天下终有返时,条为治之。下手处,宜今而不失为古者,为《待访录》以言乎复之之不远也。今文治方开,似夫子之言信矣。而夫子束帛亦几如箕子,顾年老病废,康斋之未韬谈卦,江门之藤蓑箬速,徒成佳话,焉知《衡运》之非郢说乎? 虽然,天苟有意于斯民乎? 夫子之录具在,举而措之行事,似不难度越汉唐,而上之亦可以解朱陈二家之连环矣。因与老友刘仁规公之同志。夫子之道行,其行之者又何必出自夫子,即箕子陈范以后又何尝与武王之事乎? 甬上受业门人谢允尧百顿首识。

此序题谢允尧百(当是名允,字尧百)撰,且其自称乃黄宗羲之受业门人,然金林祥先生曾有专文《黄宗羲甬上学生考》详细辑考黄宗羲之弟子、门生达65人之多,未有谢允其人①。其生平存疑,待考。

二、批校题跋及递藏源流

王鸣盛旧藏《明夷待访录》抄本封面有谢章铤题记一则,可供研究此抄本之递藏情况,兹照录于下(虫蚀及漫漶不清处以□代替,后文同):

明代遗老讲求经济者,推黄梨洲、顾亭林二□□。亭林所著《日知录》《天下郡国利病书》《文集》等编□盖获读之矣。若梨洲此书,则窃想二十余年不得见。岁庚申,偶至故书肆,于丛残中搜得之,不惜重价奉持而归。读之再遍,信乎识时务为俊杰也! 昔亭林素以经世之学推梨洲,夫亭林固不轻许人者矣。嗟夫! 今非常卓越□□至于发愤著书,天下事尚恶言哉! 吾□□是编而太息不已也。季冬十四日章铤记。养正斋(朱印)

谢章铤(1820—1903),字枚如,号药阶退叟,福建长乐人。光绪三年(1877)进士,官内阁中书,后任致用书院山长。谢章铤为福建古文大家,工诗词,而以词作及词论成就最高,主张"词主性情"说,对当时词坛颇具影响。谢章铤嗜书,在赌棋山庄有近两万卷藏书②,其中不乏名家抄校本、稿本。庚申年即咸丰十年(1860),是年谢章铤四十一岁,据《谢章铤年谱简编》记载,是岁谢"过旧书肆,得黄宗羲《明夷待访录》"③,所记正与此跋相合。

---

① 参见金林祥:《黄宗羲甬上学生考》,《宁波大学学报(人文科学版)》1991年第2期,第19—26页。
② 参见刘大治:《清代福州藏书家》,《闽都文化研究》2006年第1期,第220页。
③ 陈昌强:《谢章铤年谱简编》,《闽江学院学报》2009年第1期,第41页。

卷末有徐恕跋语一则，移录于下：

  此本首叶有王鸣盛印，为西庄先生藏书。卷中讹夺不少，《方镇》《兵制二》《胥吏》三篇有夺字，自十余至逾卅者，然以四明万氏二老阁初刻本移写者校之，尚可补正其讹阙，则此旧钞为足贵矣。是书之论治道至矣、备矣。其《原君》篇言之于异族僭主中夏之日，为人所不敢言，尤为后世称诵。文中推论尧舜禹心迹，《论语》所云"有天下而不与焉"者也。其《学校》篇云必使治天下之具皆出于学校，渐摩濡染以《诗》《书》宽大之气。《尚书》所云"学古入官"，《论语》所云"学优则仕"，郑子产所云"学而后入政，未闻以政学也"。其《奄宦上》篇云一世之人心学术为奴婢之归，又孟子所斥为妾妇之道者也。谬举数则，审夫通儒至言实非创论，莫不本祖经术，以究察乎理极。时有古今，理无同异也。此册旧藏鄂城柯氏。程燡骏同志奔走累日，为文物会购得。恕得假归勘对，亦墨汁因缘也。敬识卷尾。癸巳孟冬，武昌徐恕。

徐恕（朱文印）

徐恕（1890—1959），现代著名藏书家，字行可，小字六一，号彊誃、彊簃，湖北武昌人。曾馆于南浔著名藏书家刘承幹家两年，阅尽其藏书。一生以购书、藏书为乐。自名藏书楼为"箕志堂""藏棱斋""知论物斋""徐氏文房""桐风顾"等。徐恕一生藏书颇丰，交游广泛，精通版本目录之学，柯逢时、文廷式等家的精本多归其所有。新中国成立后，将其所藏图书近十万册全部捐献给国家[①]。跋语末尾的癸巳年即公元1953年。徐氏在跋语中讨论《明夷待访录》一书之撰述内容，兼及此抄本之递藏情况。结合谢氏题记，可知此抄本原为王鸣盛旧藏，王殁后辗转入谢章铤箧中，后又归柯逢时所有，新中国成立初为湖北省文管会购得，现藏于湖北省博物馆。

此抄本避乾隆名讳而不避道光名讳，知其当为乾隆间抄成，又其内容可补正二老阁本之讹阙，则其非源自二老阁本明矣，当另有所本，其版本价值自不待言。

周星诒抄校《明夷待访录》抄本之卷前护页有徐恕题识一则，兹录于下：

  此册乃祥符周季贶星诒依德清戴子高望钞慈溪郑氏《二老阁丛书》本移录者。郑氏本为梨洲先生二录第一刻，故视后来诸刻为胜，然不无夺讹，非

[①] 参见伦明等撰、杨琥点校：《辛亥以来藏书纪事诗（外二种）》，第138、208页，北京：北京燕山出版社，1999年。

尽缘誊写致阙误也。文物会得此本,纪显平同志惠许借读,为检传世各本悉心校补,亦一适也。癸巳孟冬下旬,武昌徐恕识于汉口是古寓庐。

戴氏校语廑于全氏《思旧录》序,云集本无两"之"字,它未加是正也。恕又识。

周星诒(1833—1904),字季贶,清祥符(今河南开封)人,居浙江山阴(今绍兴)。咸丰十年(1860)以同知分发福建候补,同治二年(1863)九月补邵武同知。季贶兄星誉官至广东盐运使,喜收藏金石书画秘籍,藏书甚富,"虽无宋元旧椠,甄择甚精,皆秘册也,尤多前贤手录之本及名家校本,朱黄烂然,各有题跋"[1]。戴望(1837—1873),字子高,浙江德清人,经学家。此抄本为后世保存了一条周星诒与戴望交往的直接证据。

封面有题记一则(未题撰人),其文录下:

《明夷待访录　思旧录附》,太冲先生遗书,乡后生周星诒借戴子高藏本写出,书钞阁珍藏。先生著述传流日少,已刻板片乾隆时已毁。□故并文集亦未易觏,此更难之尤难者也。近粤潘氏刻《待访录》入丛书,伍氏亦刻《诗历》《文定》,独遗《思旧》一录,当由未见也。然此片金可宝尤也。拟先付梓,为有志遗□者倡□新刻。王氏集百许种(王名夫之,桂王时官行人),吾乡岂独无。好事者□集而椠之,天下之幸也。又不仅表章先生一人而已。

可知,此抄本之时间与道光二十九年(1849)番禺潘氏刻《海山仙馆丛书》之时间不远。所云伍氏刻本,指伍崇曜《粤雅堂丛书》刻本。此抄本本是戴望抄自二老阁本,后周星诒又从戴处誊录,郑本本身即"不无夺讹",辗转誊抄之下,此抄本自然更难免有讹脱之处,故徐恕校改之处颇夥。

全祖望书后,有小记一则,文云:"乙卯长夏临溪后学戴山谨录成于苕上之愿学斋南窗,时用汉瓦当研书。"乙卯年即咸丰五年(1855),戴山即戴高,凌霄《赠琴图》有戴望跋,落款即署"戴山",可知戴高亦名山。此小记当是戴望抄录《二老阁丛书》本时所记,后又为周星诒过录。

书末有戴望小记一则,云:"乙丑闰五月朔日为季贶司马校一通,子高记。戴高之印(白文钤印)。"又有周星诒小记三则:"乙丑五月借湖州戴氏藏本付小□录出,书钞阁藏书记,时在邵武。""越岁六月,重读于建宁郡署,乡后学周星诒

---

[1]　叶昌炽:《藏书纪事诗》卷七,清宣统二年(1910)苏州护龙街文学山房刻本。

志。""庚午闰月,有先生年谱三辑从福所来,又读。"乙丑年即同治四年(1865),庚午年即同治九年(1870),五年之内,三读是书,足见周星诒之重视。

三、结语

王鸣盛旧藏《明夷待访录》抄本较之周星诒抄校之《明夷待访录》抄本,非出一源,且时间为早,版本价值更高,其递藏源流也更为清晰,从批校题跋之价值来看,内容更为丰富,信息量更大。以保存内容而言,周星诒抄校本更为完整,且所存之谢允《黄先生〈待访录〉序》为其他本所未见,弥补了其他方面的缺憾,无疑也是一部重要的古籍版本,弥足珍贵。

(作者:罗恰,湖北省博物馆助理馆员)

《广州大典》子部释家类所收明末清初佛教文献述论[*]

李福标　肖　卓

明清易代之际,岭南佛教出现了继魏晋南北朝、唐宋的又一个大发展时期。曹洞宗博山下无异元来禅师高弟道丘和道独南还岭表传法,其教徒规模之庞大,弘化之热忱,前所未有,且远超北方地区,直与江南相抗,为当时佛教的三大中心(江南、岭南、滇南)之一。这时形成了以宗宝道独首座天然函昰为领袖的海云系,有罗浮山华首台、广州海云寺、海幢寺,韶关丹霞山别传寺等为据点;另有以栖壑道丘和在犙弘赞为初祖的鼎湖系,据肇庆鼎湖山庆云寺和南海宝象林等为主要道场。他们座下高僧辈出、龙象蹴沓,佛教著述亦如雨后春笋。近年由广州市委宣传部组织编纂的《广州大典》,其子部释家类就收录了见存的此期高僧大部分著述。本文试对这些文献的内容、所产生的背景以及这些文献的特点、价值及其在后世的流传、研究情况等做一简单的论述。

一、明末清初岭南佛教文献内容概要

《广州大典》子部释家类所收明末清初文献,大致是根据当时岭南佛教的实际情况,按照鼎湖系和海云系来区别编排的。具体如下:

（一）鼎湖系高僧著述

鼎湖山第二代住持弘赞大师,最为明末清初岭南佛教界撰述巨手。实际上,

---

[*] 本文是广州市社科基金《广州大典》与广州历史文化专题研究项目"《广州大典》子部释家类文献研究"阶段性成果,课题编号:1412002-05020-4222009。

除弘赞大师之外,鼎湖系其他高僧的著述留存无多。弘赞,广东新会人,俗姓朱,字在犙。生于万历三十九年(1611)。参博山元来无异下栖壑道丘而得印可。初住广州宝象林,后继席鼎湖庆云寺为第二代住持。宗风特重实践笃履,虽精于禅,而痛心于丛林之浮夸不实,绝口不言禅道,仅弘律仪。康熙二十五年(1686)示寂。著述数十种。《广州大典》收20余种,其要者有:

1.《般若波罗密多心经添足》一卷,题唐玄奘译,清释弘赞述。清《嘉兴藏》又续藏本。书前崇祯十五年(1642)自序云:"如来出世,本为众生发明心地。然心无迹,难以形容,不已,于虚空中画出一条鳖鼻蛇,首尾宛然,可观而不可触。今不自量,为蛇添足,得无取笑于人乎。咦!盖欲令人由足识蛇,如标月指。"

2.《七俱胝佛母所说准提陀罗尼经会释》三卷,题唐不空译,清释弘赞会释。全经计由四大部分组成:首先揭示七俱胝佛所说陀罗尼及三十余种咒诅法,其次是由"十八道立"所成的七俱胝准提陀罗尼念诵仪轨、本尊陀罗尼布字法及种子义,再次是四种护摩法,最后是准提佛母画像法。此书无序跋,经文不全录,只录有所释者,并添附五悔仪及持诵法要等。

3.《六道集》五卷,清释弘赞辑。此书卷一天道,卷二人道、阿修罗道,卷三鬼神道,卷四畜生道、地狱道,卷五地狱道。每卷首列诸相关经文,并稍加音注诠释。次列天竺(今印度)、西域及中国自汉晋至清康熙间的故事。

4.《沩山警策句释记》二卷,清释弘赞注,释开诇记。清《嘉兴藏》又续藏本。前有顺治十七年(1660)邝裔序云:"偶一日大众请师开示沩山警策宗趣,师以无碍慧辩,悦可众心。因复请师分科句释,使警策之旨洞然,无论上哲中流,皆可循修,悉诣至道。师之上足石箭诇公记师日前阐演之言,注于章末,如锦添花,如膏助明。是书大有裨于后学,匪细故也。"

5.《兜率龟镜集》三卷,清释弘赞辑。"兜率"又作"都率天",意译知足天、喜乐天,乃欲界六天之第四天。此天有内、外两院,兜率内院乃即将成佛者(即补处菩萨)之居处,后则为弥勒菩萨之净土;外院属欲界天,为天众之所居,享受欲乐。此书卷上又称"初集",述"应化垂迹"故事;卷中"中集",述"上生内院"故事;卷下"中集之余"述"上生内院"故事;另"后集"收"经咒愿文"十一篇。书前有康熙十年(1671)南海宝象林门弟子释开觉撰《缘起》。

6.《持诵准提真言法要》一卷,清释弘赞辑。清《嘉兴藏》又续藏本。书首云:"准提真言,本出《七俱胝佛母所说准提陀罗尼经》,欲求世间出世间,一切事业成就者,依经作法,速获灵验。但今法末,人多懈怠,根性钝劣,及初机行人,依经修习,三业未淳,不能作诸观行,心生退怯,遂失菩提种子,无量功德。故今录此法要,以便受持,成就胜善。"

7.《沙门日用》二卷,清释弘赞辑。清《嘉兴藏》又续藏本。前有康熙十年(1671)门弟子释开定序,云:"识心达本,名曰沙门,具足三千威仪,受持八万细行。……旧曰《毗尼日用》者,讹也。毗尼即律,是五藏中之律藏,惟明比丘二百五十戒法,不说诸真言咒语,其间偈颂,多出华严诸经,咒语载之密部。然经律真言,各有宗旨,宁容混滥,以毗尼而自目哉?今本师在和尚,诚末法之砥柱,救世之良医。注释经律百有余卷,兼闲咒语,至于华梵胡言,无不洞贯。悲末法之颓风,愍后代之罔闻,遂为重订,目曰《沙门日用》,名实俱当,事简理详。虽云沙门,而诸在家清信士女,有受归戒、菩萨法者,咸须行之。"卷上持诵门,卷下资具门,对僧众和居士日常生活的各种细行皆有具体规定和指引。

8.《沙弥律仪要略增注》二卷,明释袾宏辑,清释弘赞注。卷上戒律门:不杀生,不盗,不淫,不妄语,不饮酒,不着香华鬘、不香涂身,不歌舞娼妓、不往观听,不坐高广大床,不非时食,不捉持生像金银宝物。卷下威仪门:敬大沙门,事师,随师众食,礼拜,听法,习学经典,入寺院,入禅堂随众,执作,入浴,入厕,睡卧,围炉,在房中住,到尼寺,至人家,乞食,入聚落,入市场,凡所施行不得自用,参方,衣钵名相,五条衣、七条衣、二十五条衣,钵具。

9.《归戒要集》三卷,清释弘赞辑。清《嘉兴藏》又续藏本。前有康熙二年(1663)自序,云:"夫三宝者,性相常住,体周法界,接物应机,如日曜于千江;为世舟航,非三畏之可比。故其始心入道,首则归依三宝,受不杀、盗、淫、妄、酒戒,似儒教仁、义、礼、智、信之五常。然五常庆在一生,五戒功归多劫,故云五戒不持,人天路绝。如来三十二相,皆从持戒而得,苟不持戒,尚不得疥癞野干之身,况得功德之体。若能持戒,现获名称,终超有顶。"卷上受三归法,卷中受五戒法,卷下受八戒斋法。每卷末附音释。

10.《比丘受戒录》一卷,清释弘赞述。内述布萨、结夏、受日、自恣、受衣、舍衣、净施等法及八不可过法。附南山、灵芝、云栖法语十五则。

11.《解惑编》二卷,清释弘赞编。清《嘉兴藏》又续藏本。前有尹源进序,云:"夫惑亦众矣,解之虽不乏人,然皆散出于各典,曾未有搜而衷之,以为世之良导。故阅者未便得其全理,以互绝其狐疑焉。纵间或遇一二章,均不足以感发前人之趣向。惟和尚以度世婆心而编辑之,集大成,以寿梓流通于六合寰中,普使人人咸皆属目,恶知不有若干顽疲旧习被其打动,去妄归真,而直跻于无上之域者乎?其为功也,讵不韪哉!"

12.《礼舍利塔仪式》一卷,清释弘赞编。此书条列六法:香赞,持咒,修供养,赞礼,赞叹旋绕,发愿回向。末附舍利故事及释义。又附供斋赞。

13.《礼佛仪式》一卷,清释弘赞编。叙普礼三宝、礼释迦世尊、礼弥佛陀、礼弥勒菩萨、礼文殊菩萨、礼普贤菩萨、礼观自在菩萨、礼大势至菩萨、礼地藏菩萨、礼虚空藏菩萨、礼迦叶尊者、礼优婆离尊者、礼阿难尊者、五悔法等仪,附宝积经。

14.《供诸天科仪》一卷,清释弘赞集。叙净水赞、诵咒洒净坛场、表白、礼请三宝、奉请诸天、诵咒、伸供养、念佛回向、发愿等仪,附诸天行仪。

15.《观音慈林集》三卷,清释弘赞编。观音信仰渊源古老,观音灵佑故事无朝无之,且信众广泛。此书分上、下二篇。上篇即卷上,列藏经中十一篇有关观世音菩萨的经典,表明观音"大悲覆一切,施我今世乐"的悲愿;下篇包括卷中、卷下,采集印度及中国自秦晋至清顺治间的感应故事一百余则。

(二)海云系高僧著述

海云系僧众中多有在家时以举人、进士出身者,所往还的白衣弟子也都是一时人物。在宗宝道独、天然函昰带领下,宗风端肃可敬。其撰述者众,而留存于世者殆不及十之一耳。《广州大典》收10余种,其要者有:

1.《华严宝镜》一卷,明释道独述。清道光刻本。释道独(1600—1661),号宗宝,别名空隐。南海陆氏子。谒博山无异元来,受具足戒。历主广州罗浮山、福州长庆、广州海幢诸刹。此书对大乘佛教重要经典《华严经》稍加疏释。前有清顺治十三年(1656)自序,云:"李长者《华严合论》神精妙义,一秉圆顿,见性成佛之秘典也。诸佛根本不动智,即使众生分别之性,诚无转折,只要当人信得及。若信得及,信至极处,即入十住初心,明见佛性,成等正觉。……道独不知何劫熏得此心,直信无疑,一览斯论,痛哭涕零。诚千生罕遇、万劫难遭者也。丙申秋,驻锡海幢,复览斯论,心意怡然,不忍释卷。觉年将耳顺,耳目不聪,论文浩繁,难于常阅。遂于论内搜括精义,联为一篇,命灵侍者较录,目曰《华严宝镜》。宝镜者,法界真智也。此智为万法之体,万法依之而建立,又能洞照万法,故号为镜也。中一字一句,皆是论者心光,道独不敢臆见,亦述而不作云尔。"

2.《长庆宗宝道独禅师语录》六卷,明释道独撰。道独每以"生死事大,无常迅速"句自警,强调"孤峰独宿"的修行方式,以达"直指人心,见性成佛"。此书内容依次为:卷一上堂,卷二示众,卷三茶话,卷四问答、着语,卷五颂古、偈、赞、铭,卷六书、杂著。前有首座弟子函昰撰《行状》、钱谦益撰《塔铭》、函昰序、自序。

3.《般若心经论》一卷,清释函昰撰。函昰(1608—1685),字丽中,号天然,广东番禺人。从道独得度。历住华首台、光孝寺、海云寺、别传寺、栖贤寺等。道风高峻,为清初岭南佛门精神领袖。此书今所传者,全文不足七百字。

4.《楞伽经心印》八卷,题宋求那跋陀罗译,清释函昰疏。函昰痛当时禅林凋敝,禅者轻视经典,不解教理,痴禅暗证。而该经有关注疏虽有十数家而旨未畅达,鲜有能入其法眼者。故函昰疏解经中每一法义时,除疏通经义外,还注重一一会归一真法界,俾令学人每有披览,皆能因指见月,当下知归。

5.《首楞严经直指》十卷,清释函昰疏。西泠印社出版社2011年版。此书一名《大佛顶如来密因修证了义诸菩萨万行首楞严经直指》,内容广博而精微,融摄禅净密律,性相空有。传世以来,宗门教下之高僧大德,悉奉为无上宝典,目为正法代表,广为疏解。蕅益大师即叹其为"宗教司南,性相总要,一代法门之精髓,成佛作祖之正印"。函昰禅师之疏是经,文字简约,博引古今之经论疏著,精简提炼而成,多直指当阳,提持向上一路。

6.《天然昰禅师语录》十二卷,清释函昰撰。卷一上堂,卷二、卷三小参,卷四普说,卷五普说茶话,卷六室中垂训,卷七举古问答颂,卷八问答颂古,卷九赞、偈、铭,卷十书问,卷十一杂著,卷十二杂著、佛事,附梅雪诗。乃和尚示寂后今辩汇集各刹语录诸书编成。

7.《天然和尚同住训略》一卷,清释函昰撰。清顺治刻道光印本。书前有序云:"古设丛林,尚为养道向上之士,不宜限之准绳。但晚近以来,人多中下,故重以庄严,过望贤俊,不妨损之又损,以至于无。要使入而就理,不作事障;出而就事,不堕理论。然后以超越之心,同于凡小,上可践吾门尊贵之路,下可免流俗豁达之讥。同住之始,是用申明。幸各洗心,毋坠先绪。"前半叙寺中职事之规则,后半则训诫之文,凡"责摈"五款,"不同住"四十一款,"钟板堂"三十款,"首座"四款,"侍者、书记"十四款,"两序、各堂寮"三十四款,"老病堂"十二款,"常住存发定式"九款,"圣节朔望、日用参见礼仪""挂搭"各三款,"补堂寮""补侍寮""退侍寮""退堂寮""退随众寮""补职日限""息缘虑""告假"各一款,"抽罚"二款,"设思过从新两寮""责诚童行""拣俗称""知事须知""戒立徒""行门轻重相准""是非功勋""平气""止劳夸""毋急说""慎憎爱""恤老病""谨言""损傲""禁奢""伐同异""忘非省过之难""举过不易""功行不可以语道""任情非随缘"各一款,"巡照警夜歌"三首,"中夜回向文"一首,"禅门念佛说"一首。

8.《千山剩人禅师语录》六卷,清释函可撰。函可(1612—1660),俗名韩宗騋,广东博罗人,礼部尚书日缵子。青年以贵公子出家,与法兄天然函昰同礼道独。清初以遗书案戍沈阳,死于此。《剩人语录》是函可在发配东北继续弘法的经解语录结集。

9.《海幢阿字无禅师语录》二卷,清释今无撰。今无(1633—1681),番禺麦氏子。参函昰禅师,得其印可,为函昰首座弟子。其语录当徒子古正、古云编《光宣台集》时已有收录。后今无法弟今辩又重为编辑,成二卷单行。卷上为上堂、普说、小参,卷下为小参、茶话、颂古、书问、像赞、佛事等。今辩重编本所收内容多于《光宣台集》本,且有删节。此与其诗文参读,极便于考察今无思想及其交游。

10.《菩萨戒疏随见录》一卷,清释今释辑。今释(1614—1680),字性因,号澹归。俗名金堡,浙江仁和(今属杭州)人。崇祯进士,官礼部都给事中。南明时,屡上奏章。两粤陷,乃投天然禅师出家,创丹霞别传寺。擅诗文,有《遍行堂集》行世。菩萨戒,乃大乘菩萨所受持之戒律。说菩萨戒之大乘典籍甚多,可综合为梵网与瑜伽二类律典。梵网戒本受戒之作法,出于《梵网经·律藏品》,其戒相为十重禁戒、四十八轻戒。瑜伽戒本出于《瑜伽师地论》卷四十、卷四十一,以三聚净戒、四种他胜处法为基准。菩萨道的精神就是发起上弘下化的菩提心,所以菩萨戒不但有防非止恶的摄律仪戒,更有勤修善法的摄善法戒以及度化众生的饶益有情戒。今释此辑,名曰"随见",殆随录经中有关经义,随加解释。分为:经前演义,录"圆教""无作""发无作""无三障"等条;经序分,录"光告""起座""佛性种子"等条;经十重,录"性戒""说四众过""悭惜加毁"等;经四十八轻,录"不敬师友""饮酒""食肉""不供给请法""不化众生""说法不如法"等条。最后为经流通分、因果佛性常住藏。

二、明末清初岭南高僧著述的背景

从上所述可知,《广州大典》子部释家类所收鼎湖系著述及海云系著述总量达30余种,占《广州大典》所收佛教文献总量的60%。其数量之富,为岭南佛教界各时期之最,与同期佛教勃兴的江南、滇南相比也毫不逊色。这种现象的出现是有其深刻的历史文化背景的。具体说来,大致可从三个方面来考察。

首先,是佛教本身的发展规律使然。有明自正统以来,当权者违制大量度僧,并广开鬻牒之门,以致僧徒冗滥。许多僧徒甚至为私自剃度,鱼龙混杂,可想而知。商业的发达也难免使这些假僧侣不耐寺院的寂寞,甚有饮酒食肉,歇宿娼妓者。这种风气弥漫在岭南,就更令人目不忍睹。当憨山德清于明万历二十九年(1601)到达粤北南华大禅寺这座六祖慧能弘扬南宗禅法的著名佛寺时,"发现令他极度厌恶的,是通往山门的道路两边一片喧闹的小商贩做买卖的情景,其中包括像屠宰和卖酒这样与佛教戒律有抵触的摊位"[1]。晚明以来,高僧大德如紫柏真可、云栖袾宏、憨山德清等人发愿在内部提倡佛教清规戒律,提倡文字禅,试图借经典的权威重新确定以教证禅的规范,"为自己所知所见一向无明眼人指示邪正,要以佛经印正"[2],以此来补救佛教僧团积弊;而以释元来、元贤、元镜等为代表的曹洞宗高僧严守宗门规范,拒斥知解学风,希望通过"直指心性""见性成佛"宗旨的回归,走出佛教困境。而岭南向道之人也痛下决心,腰包度岭,参访名山。道丘、道独二人就是其中的矫出者。以函昰为代表的岭南佛教海云系和以弘赞为代表的鼎湖系高僧深受释元来、元贤、元镜、德清、袾宏的影响,对经典颇为重视。他们通过著述来宣扬佛法、提持正信的热忱异常高涨。

其次,为改朝换代的时代风云所激荡,一大批优秀的文化人来到佛门,寻求心灵的安居,而远离中央、地处岭南的大都会广州更集结了当时全国各地不愿出仕新朝的遗民以及坚持抗清的志士。海云寺地靠广州,其同住僧众及来往其间的居士多是出自有深厚儒家文化素养的士大夫簪缨之族。他们在巨大的社会、人生矛盾中救赎身心,于禅栖之际留下众多经解语录;他们又不能忘情世事,乃以文字寄托情怀,撰写史传著作和诗文篇章,影响波及全社会。当然,这也与天然和尚的特殊接引法门是有极大关系的。《同住训略》(清顺治刻道光印本)"行门轻重相准"条云:"出家人为道耳,道非文理,道非筋力,然读经亦可起悟,作务亦有发明,此乃借路经过,且复途中受用。故文理者即以文理发舒,如明教嵩、觉范洪、中峰本是也;筋力者即以筋力示训,如牛头融、百丈海、石头回是也。二者既皆可以入道,皆可以为道,则何苦分别轻重,而不竭力于所长,以为丛林勷事之

---

[1] 卜正民:《为权力祈祷——佛教与晚明中国士绅社会的形成》,第216页,南京:江苏人民出版社,2005年。

[2] (明)释德清:《憨山老人梦游集》卷十一《答沈大洁六问》,清光绪五年(1879)江北刻经处刻本。

效,以为自己陶铸之地乎？然山僧近又遣文理者习于筋力,使知手足艰难;复遣筋力者习于文理,使知心思匪易。要使二者无相轻,然后各安于其便。总之,平心为道,毋相蹈时弊,则吾门有赖矣。"函昰以此设教,则无论习于筋力或习于文理者,都能有著述留存于世。而弘赞所住的庆云寺所在地肇庆府尽管是南明王朝的行宫和两广总督府署所在地,而终归地处深山,出家者或居士虽也有书香世家,甚也有科第者,然大多出自民间,为普通百姓之家,文化水平和知识觉悟相对于海云系的信众来说普遍不高。故弘赞更注重修学基本的、细微的日常佛事的基本规仪,其戒律学著作善采摘史传,或从当时当地的见闻中撷取民间小故事以接引来学,教育和感化信众。这更能使佛教获得广大的群众基础,提高民众的佛学素养。如弘赞《六道集》《观音慈林集》《兜率龟镜集》等著述即围绕佛教最基本理论,辅以史传,借之劝善惩恶。陈恭尹《六道集叙》(清顺治刻道光印本)云:"盖圣贤相告,其词宜简而该;与流俗人言,则其词宜详而近,势则然也。佛说六道之旨,以穷一心之变,极幽明之故,可谓痛哭流涕,而后之人犹漠然视之。吾乡在犙和尚乃为采古今近事家喻户晓者,著以为《六道集》,盖为未悟人说法,不得不然。"可谓的论。

再次,广东是抗清志士聚集之地,也是禅宗六祖慧能和石头希迁的故乡,有很好的佛教文化根基和氛围。此地一旦有其人,有其时,因缘和合,倘以文字而为佛事,必定著述如林,叶茂花繁。此自不当赘言。

三、明末清初岭南高僧著述的特点和价值

如前所述,明末清初岭南二派高僧著述的内容有明显的不同,大抵表现为:鼎湖系在借助因果而申明戒律,而海云系在通过抒发情感而直指心性。海云系以海云寺和海幢寺为中心,占据大都的有利位置,便于切磋激励;而鼎湖深处山林,交通不便,相对封闭,更有利于静修。海云系高僧对时事颇为关注,更重现世今生的修炼,提倡念释迦如来名号,故其著述也有鲜明的时代色彩;而鼎湖道丘和弘赞都受云栖袾宏的影响,实行禅净双修,重往生,念阿弥陀佛,故其著述多专注于戒律之学。例如,在弘赞之前,南朝刘宋傅亮《光世音应验记》、张演《续光世音应验记》,南朝齐陆杲《系观世音应验记》,以及清顺治十八年周克复《观音持验记》之辑,专门收录观音感应故事。而弘赞在前人基础上采掇经典故事及岭南见闻,重编《观音慈林集》三卷。又,慈宗弥勒法门非常适合娑婆佛子修持,它能

让众生更容易地解脱生死,于佛菩萨前继续修学,以利早成佛道,度化众生。弘赞禅师即集合僧众和居士,组织以比丘宝象开觉、慧弓开诃、鼎湖开沩、比丘尼戒丘成慈、沙弥远目开晳、铁有开莘,以及邹优婆夷等为外围的"上生社",在南海宝象林、肇庆鼎湖山庆云寺一带掀起了信仰弥勒净土的热潮。弘赞《兜率龟镜集》之编,收集种种事迹,就是为弘扬慈宗法门,也为信众修持之方便而来的。

值得注意的是,因地处广府,且所传法脉相同,故二派撰述的交流也很常见。如海云系释今释的《菩萨戒疏随见录》一卷就属于典型的律学著作,且与鼎湖弘赞有过交流;鼎湖释弘赞《沙弥律仪要略增注》二卷既有鼎湖经寮刻本,又有乾隆二十七年(1762)海幢经坊刻六卷本。海幢经坊刻本前有罗浮四精舍释心鉴序,云:"在昔云栖法师搜经律之秘诠,摄法藏之要略,以为初学入德之门。草堂在参和尚复为增注焉。草堂兼疏通之学,具情洽之才,以发云栖所未发之余。约者广之,微者显之,幽者喻之。采辑精要,重注详明,诚入圣之津梁,后学之旨归者也。奈板藏鼎湖,欲览者艰,于是海幢有好乐者捐资重刊,以广流传。"

就其价值而论,高僧著述无非是为传教寻求方便。总体来说,他们都是传禅宗曹洞宗博山法脉,而海云系重视直指向上一路,时代色彩鲜明,符合广大明朝遗民、抗清志士的逃禅要求,在当时当地的影响甚大;鼎湖系重视律学研习,禅净兼修,其宗教取向是正统而保守的,符合广大民间普通信众的接受程度,影响持久而深远。鼎湖重律学,对于佛教衰落、戒律败坏的明代中国佛教,特别是岭南佛教的振起来说,具有基础的、关键的,甚至是决定性的意义。海云系高僧著述中律学文献虽少,但并非不重律学。事实上,义理之学必须建立在律学精通的基础之上,否则又落入狂禅一路,而这正是晚明以来高僧力为矫正的。质言之,海云系走的是"上弘"之一路,使岭南佛教在质量的层面上提升到一个前所未有的高度;鼎湖系走的是"下化"之一路,使佛教文化在岭南普及民间,深入民心。其著述的影响和贡献正可谓殊途而同归。

四、鼎湖、海云二系高僧著述的流传及研究现状

历史上海云系的高僧著述绝不比鼎湖系少,而是多很多,那么为什么《广州大典》所收海云系文献在数量上又明显少于鼎湖系文献呢?这是有历史的原因的:第一,因为广东为前明抗清志士最后的据点,许多北方遗民也多聚集广府,他们大都逃于禅。故清廷对广东佛门特为关注,既暗许之,而稍有违碍,辄严打之。

自乾隆四十年(1775)澹归案发,关注时事的海云系即横遭摧厄,僧徒被驱散,高僧著述被禁毁,衰落再无复能振起者。第二,与鼎湖系高僧著述多律学文献相比,海云系高僧另有发抒性灵之作,多结为诗文别集。光绪年间岭南文士何桂林《莲溪诗存序》(清光绪十九年刻本)云:"吾粤方外士以诗鸣者,俱本正声,所以古今传诵不绝。大率明季甲申、丙戌之遗老而逃于禅者多,如憨山之有《梦游集》,空隐之有《芥庵集》,正甫之有《零丁山人集》,天然之有《瞎堂集》,祖心之有《千山集》,阿字之有《光宣台集》,石鉴之有《直林堂集》,诃衍之有《鹤鸣集》,真源之有《湛堂集》,仞千之有《西台集》,乐说之有《长庆集》,澹归之有《遍行堂集》……其诗类多感时述事,亦如憨山之一派皆出乎性情之正,所以历久而弥彰……百余年来,悉以海云为宗,海幢为派。"据冼玉清《广东释道著述考》,海云系僧有集流传者尚有今摄《巢云遗稿》、今竟《威凤堂集》、今严《西窗遗稿》、今音《古镜遗稿》、今龙《枯吟诗稿》、今沼《铁机集》、今毵《怀净土诗》等,古字辈之古记、古邈、古电、古桧、古昱、古奘等人也有文集。而此等别集中亦有部分经解语录。限于体例,此类文献收在《广州大典》集部中,如《遍行堂集》《光宣台集》等,研究者倘要全面深入研究,必得参读方可。

海云系高僧著述经历过乾隆四十年的灾厄之后,所存无几。鼎湖系高僧著述虽未被摧折,大多保存在各种藏经之中,但由于佛教在后世的衰微,也未被人重视。特别是清末以来,岭南佛教历经劫难,佛教文献更受到极大损坏,海幢经坊、鼎湖经寮所保存的版片也在"文化大革命"中毁弃殆尽,书籍因虫蛀、老化等原因在不断消失。宗教界、学术界在相当长的时期内未对这些宝贵的文献进行必要的整理与研究。民国年间,只有陈伯陶《粤东胜朝遗民录》,孙冀民《重修丹霞山志》,陈垣《明季滇黔佛教考》《清初僧诤记》,汪宗衍《天然和尚年谱》《剩人和尚年谱》,王汉章《澹归禅师年谱》,以及一些学者的零星著述,直接或间接涉及海云系禅史,而对鼎湖系的研究则付之阙如。1949年后,冼玉清《广东佛道著述考》之佛教著述部分,从大约50种方志、书目、文集中发现了多种已被遗忘的释家文献,共著录并考释了明末清初释氏60余家,著述178种之多,其中曹洞宗海云系38家、著述96种,鼎湖系8家、著述54种,可谓这一学术领域中最全面影响也最大的文献整理成果,然仍有遗漏。上世纪末,有周齐、姜伯勤、蔡鸿生等学者涉足此一领域,在历史学和宗教学的高度有所突破,出现了《清初岭南佛门事略》及《石濂大汕与澳门禅史:清初岭南禅学史研究初编》等重要成果。本世纪初,以中山大学中国古文献研究所为中心，组织了一批学者从事《岭南名寺志·古寺系列》《清初岭南佛门史料丛刊》（第一辑）等系列的文献校点工作，并得到了学术前辈和佛门大德的有力支持，在广州番禺、花都及韶关丹霞山召开了四次学术研讨会，有会议论文结集出版，即《悲智传响——海云寺与别传寺历史文化研讨会论文集》《天然之光——纪念函昰禅师诞辰四百周年学术研讨会论文集》。这些已有的成绩，很大程度地团结和壮大了学术力量，提高了学术水平。但学者们的绝大部分精力仍集中在海云系文献的整理与研究上，而对同时并存的鼎湖系文献严重漠视，有分量的成果尚未见。

《广州大典》对现存佛教文献的版本进行了大量而深入的研究调查，精心择取底本。就传播方式而言，此期佛教文献有单行本，有丛书本。丛书本有《嘉兴藏》本、《嘉兴续藏》本、《卍新纂续藏经》本、《中华大藏经》本、日本《续藏经》本，单行本有自清顺治至同治各朝的初刻本和重刻本、翻刻本，又有清名家抄本。鼎湖系和海云系又都有自己专门的刻书单位，故《广州大典》中收有海幢经坊刻本、鼎湖经寮刻本等。特别要说的是，岭南佛门文献的这些传本，无论刻本或抄本，倘收入丛书中，淹没在历代众多的高僧大德著述之海中，其价值并不容易被人所识；倘是单行本，因为地理的阻隔，很难越岭而北，特别是在乾隆四十年遭摧厄之后，很多文献消失了，故今天所能见到的是少之又少的稀见珍本了。《广州大典》将它们影印出版，这既可以集中反映明末清初岭南佛教文献的流传大概，又拯救和保存了部分濒临消失命运的稀见文献。这一文化盛举，为岭南文化整体而深入的研究提供了不可或缺的宗教学和文献传播学视角，其价值是不可忽视的。

（作者：李福标，中山大学图书馆副教授，博士。肖卓，中山大学图书馆馆员，硕士）

参考文献：
[1]广州市委宣传部.《广州大典》子部释家类文献目录（未刊稿）.
[2]冼玉清.冼玉清文集[M].广州：中山大学出版社,1995.
[3]钟东主编.悲智传响——海云寺与别传寺历史文化研讨会论文集[C].北京：海关出版社,2007.
[4]杨权主编.天然之光——纪念函昰禅师诞辰四百周年学术研讨会论文集[C].广州：中山大学出版社,2010.

读者的群像:以嘉靖本题跋为中心的考察

向 辉

一、读者乃作者

读者与作者的区分是现代学术的学科分化所产生的后果之一。对于传统社会的士人来说,读写本是一体的事情,读书即是写书,虽然大部分人只是抄写,但正是因为有了作为抄写者的读者,我们才能看到某些作者的文本。从这个意义上讲,读者乃作者。读者分享了作者的快乐和体验,并让它变成自己生活的一部分。因此读者所作题跋多数是其真实生活的记录,是其内心世界的如实写照,往往与作者正式公开的文本存有差异,它更多地反映了读者面对书籍时的当下感受,通过这种考察也可以丰富我们对作者内心世界的认知,也就更值得我们关注。如明正德、嘉靖时期的书法家王宠(1494—1533,字履仁,后更字履吉,吴县人)留下了众多的书法作品,并有《雅宜山人集》,其中收录了嘉靖甲申年(1524)为其师胡缵宗(1480—1560)编刻《秦汉文》所作的《秦汉文序》,云:

(天水胡缵宗可泉先生曰:)近古而闳丽者其秦乎?其汉之西京乎?今士以文进古之制也,而业之者弗古是程,吾惑焉。捃摭经传,苟以徼于有司,其尤疵者口耳乎?帖括剽裂乎?占俾秦与汉无庸及焉,吾怪其涉之流而不饮其源也。将浚之使邃,辟之使廓,而毋用是谆谆促数也,文其有倡乎?宠曰:然。……宠曰:然则东京以后,不亦有可录者乎?先生曰:气未见其浑也,体未见其雅也。间有之,吾惧学者之作法于凉也,故略而仅存焉。宠既闻命,为之刊其讹,而是正之。①

从这篇序文中,我们可以明白无误地确认王宠是认同秦汉古文的,虽然秦汉以后有可录者,但士人作文更宜"涉之流"且应"饮其源"。这是王宠在其文集中给我们的一种印象,但在《圣宋名贤四六丛珠》一书的跋文中,他写道:

> 书(《圣宋名贤四六丛珠》)内分种类十六,宏博富丽,颇堪浏览,且为宋刻精本,近代历为收藏家宝贵。因从吴从明宗丞家借得,命儿女子辈抄之,以作每日字课。余每得暇亦间为书写,斯亦家庭中之一乐事与。嘉靖壬辰嘉平月雅宜山人王宠附记。②

原书是坊刻本,作者为叶蕡(又作叶菜),其生平事迹已不可考。在嘉靖时期这部书已经极为少见,王宠说当时的收藏家就很看重它并以之为宝。他从友人处借得,和子女一起抄写。现今我们已无缘看到宋刻本《圣宋名贤四六丛珠》一书,只能通过这个抄本和其他几种抄本来了解当年的作者和原作的内容,正是王宠与其子女的这个读写日课之乐事,让我们有机会得见宋人著述的面貌。从这一段跋文,我们可以了解到王宠除追随其师胡缵宗的为文"宗法秦汉"的理念之外,对于宋人四六文亦相当重视,否则就不会以其为家庭生活的乐趣了。如果没有这一段跋文,我们就永远也不知道作者在"宗法秦汉"之外的思想世界了。

当然,王宠和胡缵宗都有各自的著作行世,后人可以从他们的文集中了解他们各自的书写世界及主张,但对大多数版本学的读者来说,他们只是无数读者中的默默无闻之辈,因为他们不以题跋见称。幸有只言片语的题跋手迹,让我们可以知晓他们的事迹。作为读者的士人,多亲手抄录,或为日常生活之乐事,或为文房雅玩之长物,往往把书籍当作一种个人生活世界中极为重要的调剂品,多随手记录他们的感触。对于后来的读者而言,这些前辈读者却成了作者,或者说发挥了使原作者的作品得以流传的桥梁的功能,因为他们与作者的嗜好前后相同,所以才使得书籍的代际传承成为可能。当然,有时候书籍的作者与读者间的交流未必如此明确,读者在阅读时留下了一段他的个人体验,也就成为一段新的故

---

① (明)王宠:《雅宜山人集》卷九,《四库全书存目丛书》集部第79册,第100页,济南:齐鲁书社,1997年。

② 嘉靖十一年(1532)王宠家抄本《圣宋名贤四六丛珠》一百卷,王宠跋。此书另有傅增湘、王季烈跋,有"宜雅山人"和"王宠之印"印鉴两方。见上海图书馆编,陈先行、郭立暄编纂:《上海图书馆善本题跋真迹》第十册,第15页,上海:上海辞书出版社,2013年。以下引用《上海图书馆善本题跋真迹》版本同。

事,如明来立相跋《文心雕龙》:

> 仁山毛先生入觐,余祖于西陵之江上华峰□□饭。我偶检伯舅柜中得此,喜而览之,不忍释去,遂持归。时万历辛卯岁(1591)仲冬(十一月)之十六日也,梦得来立相。
>
> 壬辰(1592)之人日(正月初七)谷旦,闭户绝氛,情颇闲旷,便援笔以记其好。吴江沈二祖量实浸浸味此,余与祖量不啻骨肉。援笔时,宁睫逗思,兴嗟揽涕,怀我沈郎,神忽忽已越三千里外矣。时祖量尚滞蓟门也。立相识。①

今人将《文心雕龙》视为文学理论著作,而在传统社会中,它或许承载了更多的功能,正如该书第一卷开篇所说"人实天地之心,心生而言立,言立而文明,自然之道也",书籍所承载的文字是沟通天地的人类的心灵表达,是文明的传承。而在读者看来,它是能够与读者心心相通的文本,所以来立相在其伯舅书柜中发现这部嘉靖刻本《文心雕龙》后展卷则喜,直接带回家。不到两个月,他又记录了另外一段故事,描述了他对沈祖量的思恋之情。这或许正好是对《文心雕龙》首句"文之为德也,大矣。与天地并生者,何哉"的一种别具特色的个人化诠释。

二、书籍乃亲缘

书籍作为一种物的存在,是读者间代际传承的见证;读者作为书籍的阅读者,是代际传承的直接承受者。很多时候,留下题跋的书籍代表着祖辈、前辈的遗泽,阅读它就不单是一种书籍的知识传承,而是一种文化血脉的延续,是一种情感的回忆,更是读者情感的一种寄托,如陈绍祉跋嘉靖二十二年佘诲刻本《文心雕龙》:

> 西陵来梦得先生(来立相)日读书积寸,俱丹铅其旁,彻尾无一懈笔。此帙则其手泽,而生平最所嗜者。向授我先子藏笥有年矣。顷检阅不无感悼。复手为装潢,日置左右,以见先辈典型。时万历己未(1619)清和晦日识。②

陈绍祉的这一则跋文,距来立相最后一则跋文相隔近三十年。据陈氏跋文可知,此时来氏已经故去,陈氏只能从其手泽中体味前辈的风采。二十余年后,

---

① 嘉靖二十二年(1543)佘诲刻本《文心雕龙》十卷,有明来立相、陈绍祉跋。见《上海图书馆善本题跋真迹》第十六册,第346页。

② 《上海图书馆善本题跋真迹》第十六册,第347页。

陈氏再写下一则跋文：

> 乙酉（1645，时为清顺治二年）嘉平，时事多艰，掩关谢客，展阅旧笈，得此更深企慕。复读一过。①

此时已改朝换代，明王朝覆灭，清帝国建立。读者没有用过多的话语来描述当时的鼎革景象，仅仅用了"时事多艰"四个字做出了作者最为无奈的判词。作为晚明的遗民，他只好闭门在家，展卷阅读，看到前辈的题跋话语，他就不仅仅是当初的那种悼念之情，更多的是一种对过去美好生活的向往。或许读者之间的这种情感传递更多的在于这些书籍本身文字之外的记忆，比如清人翁心存（1791—1862）曾做过如下记录：

> 咸丰戊午，得此书于京师厂肆。予五世族祖司寇铁庵公故物也。公手临震川评阅语，惜仅半部，自《封禅书》以下阙焉。予老矣，他日儿孙辈尚续成之。噫，揽秀堂图籍零落都尽，独此书幸得为楚弓之归。吾之孙其宝诸！心存谨记。②

翁心存的祖辈翁叔元曾经读过王延喆刻本《史记》，并留下了他的笔迹，或许他还在自己家建了一个名为揽秀堂的藏书楼，供子孙后辈读书用。可惜，不到百年光景，揽秀堂藏书零落殆尽，仅存这部书还是作为后辈的翁心存从书肆买回来的。得先人藏书，睹先辈手泽，翁心存写下了"楚弓之归"的感叹。此语出自《孔子家语·好生》篇："楚恭王出游，亡乌嗥之弓，左右请求之。王曰：'止，楚王失弓，楚人得之，又何求之！'孔子闻之，曰：'惜乎其不大也，不曰人遗弓，人得之而已，何必楚也。'"③前辈失之，后辈复得，岂能不宝呢？书籍在此就不仅是一种文本的载体，而是一种历史的记忆和血脉的传承，它发挥着超越时空的代际沟通的功能，如张之象（1496—1577，字玄超，一字月鹿，号王屋山人）注本《盐铁论》后有跋文一则，云：

> 我十世叔祖王屋公，著述等身，以《盐铁论注》盛称于世。其家刊猗兰堂本尤所罕觏。迭遭变乱，家藏本散失殆尽。今春二月十一日以四十八金易

---

① 《上海图书馆善本题跋真迹》第十六册，第347页。
② 嘉靖四年至六年（1525—1527）王延喆刻本《史记》一百三十卷，有清翁叔元（1633—1701，字宝林，号静乡、铁庵）临明归有光（1506—1571）评语，清翁心存跋。见《上海图书馆善本题跋真迹》第四册，第22页。
③ 杨朝明、宋立林：《孔子家语通解》，第112页，济南：齐鲁书社，2009年。

此于贵阳陈氏。第以祖泽堪宝,奚惜洛阳纸贵哉。晴窗展校,计阙序首一页及卷五之二十九页。序首乃从《家乘·世集》卷中抄补。惟卷五之二十九页曾检《汉魏丛书》中《盐铁论》,虽同为王屋公注本,而注文所阙校此尤多夥。闻北都某收藏家亦有斯,固不知能补其全乎。乃以装订在即,勉以原意补注之,安计续貂讥耶。岁在旃蒙大渊献(乙亥)二月朔越二十二日风雨雷电交作铁一公后二十四世孙庆增识。①

世人对于《盐铁论》有很多相关研究,如郭沫若认为《盐铁论》是一部处理历史题材的对话体小说,不仅保留了许多西汉中叶的经济思想史料和风俗习惯,在文体的创造性上也值得重视。一般认为,自明张之象注《盐铁论》,开启了《盐铁论》的研究序幕,所以此书也被收入《明史·艺文志》和《四库全书》。作为张之象的后人,张庆增不是有名的藏书家,未见其他记载,他的这段跋文也未能收录到王利器校注的《盐铁论校注》。但据上述跋文可知,张庆增以高价买回其先祖所刻书,认为祖泽堪宝,重新加以装潢,并对缺失部分加以抄补。他给我们的信息是:作为后辈的读者,并不一定要以学术或者金钱的价值作为最主要的衡量标准来评判一部书的价值。对于他们而言,更为重要的是借此来表达一种对于先人的纪念、回忆,这才是他们最为重要的阅读体验。这种情感记录在古籍题跋中比比皆是,如明嘉靖十八年至二十年(1539—1541)顾氏(顾元庆)大石山房刻本《顾氏四朝四十家小说四十种》之《谈艺录》,后有清戴光曾跋,云:

> 右隶川顾氏《说部》八册,每册四种,共三十二种,刊于嘉靖己亥(1539)。曾为余从曾祖碧川所藏。每册副叶,标目皆碧川先生手笔也。偶从书贾之手,出重价购得之。碧川先生为竹垞太史高弟,藏书宏富,尽皆散失,无得复归。仅存此部,可不宝诸!嘉庆丁丑九月廿六日光曾记。②

读者捧读前辈手泽之书,除感慨书籍之聚散无常之外,还会对前辈的苦心孤诣表示崇敬和怀念,书籍因此成为极为重要的代际联系纽带。与前述张庆增一样,戴光曾也表示,只要能买回这些书,即便是付出重金也是值得的,因为在他看来,自己将祖先的手泽传承下去本身就是一件极为有意义的事情。他们也希望后辈们能将这种情感保存下去,珍视前辈的努力。当面对前辈留下的笔迹时,更

---

① 嘉靖三十二年张氏猗兰堂刻本《盐铁论》十二卷,张庆增跋。见《上海图书馆善本题跋真迹》第八册,第57—58页。

② 《上海图书馆善本题跋真迹》第十七册,第280页。

能体会到当年的读者所付出的情感。当然,从题跋中我们还可以看到,传统的士人们除重视家庭、家族亲情之外,也特别重视乡党、乡贤的遗存,如清人谢章铤(1820—1903,字枚如,福建长乐县人)留下了这样的跋文:

> 此侯官林鹿原手点本也。鹿原名佶,以书法见称于时;治滋字德泉,鹿原之友也;高澥字宗吕,傅汝舟字本虚,庆、历间诗人也。观此乡党典型俨然在目,其可宝贵尚不在于板纸见之。汪文盛留以俟考。乡后进谢章铤敬志。①

谢氏于1877年五十七岁时成进士,后回福建职掌致用书院二十余年,观此跋文可见其对乡贤的敬仰之情。从他"汪文盛留以俟考"一语可见,他对于古籍版本之学并不是很熟悉,他也明确地表明,重要的是乡党典型在焉,即所谓的重人情。

有的读者在阅读过程中留下一些记录,但并没有留下名声的奢望,他们是无数沉默的大多数中的一员。只有另外一些读者凭着前辈留下的蛛丝马迹,重新确认了当年的读者,而他们自身因为是读者群体的一员,某一天也需要后来的读者重新发现。如明嘉靖龚雷刻杜律五七言本《杜工部七言律诗》二卷,有清许菱聚批校,清赵宗建跋,丁祖荫题识,其中赵宗建(1824—1900,字次侯,一字次公,一作次山,号非昔居士)的题跋为:"考印章("许菱聚印"),知卷上之朱笔评语为吾虞许桐间先生手笔。先生名菱聚,雍正间人。丁亥四月非昔记。"丁祖荫(1871—1930,字芝孙,一作之孙,号初园居士)的题跋为:"许菱聚字宝君,工诗,精汉隶,兼善丹青,著有《桐花书屋诗钞》。天锦子重进孙也。初园。"②赵宗建和丁祖荫因为有大量藏书而被列入藏书家名单,但他们的事迹却因为记录的缺乏而很模糊。上述两则题识跋语,为我们了解赵氏、丁氏提供了些许材料。从此题跋中,我们可以看到历代读者之间的一种家族亲缘。他们作为读者,不仅仅在阅读书籍文本本身,更是在文本中体味和建构一种文化的传统。

三、读者之传承

书籍经由作者之手完成之后,即成为作品,其中一部分进入流通领域,或抄

---

① 明嘉靖汪文盛等刻本《五代史记》七十四卷跋。见《上海图书馆善本题跋真迹》第四册,第63页。
② 《上海图书馆善本题跋真迹》第十一册,第133页。

写或印刷,传递到读者手中,便有了读者之间的代际传递。正是历代读者为保存书本所花费的心力,才让我们能够继续体味作者和读者所书写的历史故事。这种穿越时空的阅读体验,往往给人一种历史的亲近感,如嘉靖十年傅凤翱刻本《吕氏家塾读诗记》三十二卷有道光丁亥(1827)徐松跋,云:

> 此即抱经先生所据以校南都本者也。近时颇不易得。余藏得二帙,皆无陆序,盖作伪者去之,托为宋椠耳。兹手录之,补于简端。①

《吕氏家塾读诗记》一书在宋时已为学人所重,但至嘉靖时已不易得,故当陆钶从友人处得到该书宋版之后就加以刊刻传播。从明嘉靖到清道光时又历经将近三百年,陆钶序本亦成古物,并被人去掉以冒充宋版,徐松感慨古书不易得,故特别将陆序抄补之。这与陆钶在嘉靖时得到宋版书并刊刻的情形何其相似。正是因为一代代读者的努力,文化血脉才得以赓续不断。这部嘉靖本的故事并未结束,其后有叶景葵(1874—1949)跋云:

> 丙寅(1926)冬日,购得此本于上海中国书店。前有徐星伯先生抄补陆序,楷法甚精。至己巳(1929)秋,细读全书,始知第二十七卷亦缺两叶,为嘉靖后印。据《群书拾补》补钞。补完后并录校语于右。此书之价值,抱经先生抄本跋文论之颇详,因检《抱经堂文集》,照录全跋附于校语之后。②

陆钶于嘉靖间就有"斯文之遗憾"之感慨,吕氏原本仅有二十二卷,但该刻本已为三十二卷,即刻书时已经对原本进行了补足。但刻成之后,历经近三百年,新刻书已成为老古董,被人充作宋版书来唬人,故徐松抄补陆氏序文,以免后来人上当。叶景葵购到此书,发现还有可补充之处并做了抄补,这部书后来为上海图书馆所收藏,但一直深藏善本库房,如今通过图书馆员的努力,更多的读者可以一睹前辈读者之间的互动。读者读书即在书中发现乐趣,在书中体味世界。不同的读者对于书籍的重视是有不同的侧重的,各自关切不同的侧面,所以总是留下了让后人觉得遗憾的地方。但对于很多人来说,代际传承本身就是极为宝贵的一件事情,如嘉靖三十四年(1555)周满刻本《梁昭明太子文集》五卷,有清云沛氏跋,云:

> 少微吾兄,秉承家学,富于收藏,随时随地留心搜讨。今夏到沪,屏除俗

---

① 《上海图书馆善本题跋真迹》第二册,第 132 页。
② 《上海图书馆善本题跋真迹》第二册,第 133 页。

务，于无意中得此善本，虽属晚明翻刻，而士礼居、海源阁所收，又有张学安以周满初刻精校，可宝也。喜为之记。乙亥仲夏，云沛氏谨识。①

云沛氏所喜之处在于其同好（即跋文中所述之少微兄）无意间得到善本，他们共同分享了这种快感，彼此都为能看到一部流传有序的古籍而感慨。因此，阅读并不仅仅是一种个体的孤独体验，它还在时空中建立起读者间的联系，这种联系也许会在不同的书籍上留下痕迹，如果我们没有看到读者的群像，则往往忽略了其中的联系。或许不同的读者看到了不同的版本，各自留下了相同或者不同的记录，由于时空的限制，他们或许无法进行直接的对话，但我们通过题跋的汇集，有幸能够阅读并了解他们之间的单向交流。正是《上海图书馆善本题跋真迹》这样的书籍，给我们展示出读者的群像，从中可以找到他们之间的对话，如嘉靖吴郡沈辨之野竹斋刻本《诗外传十卷》，有叶景葵跋并过录清龚橙校语。其中，叶景葵跋云：

龚孝拱校通津本，最注意于引毛改韩之谬，其校例之善，详见原跋。己卯长夏，承群碧主人（邓邦述）惠假照临一通。野竹得通津原板校正，再印与通津异字以墨笔注于下方，不与原校相混。②

《诗外传》即通行之《韩诗外传》，其版本众多，极为复杂，仅嘉靖间刻本就有十四年（1535）苏献可通津草堂刻本、十八年（1539）薛来芙蓉泉书屋刻本、二十五年（1546）舒良材刻本、沈辨之野竹斋刻本等多种。据上述叶景葵跋文可知，叶氏从邓邦述处借得龚橙校跋本，他认为龚氏校正的体例极为恰当，故将其跋文全部抄录，但他没有录下邓邦述的跋文，或许因为邓氏的跋文在另一版本，其跋云：

此为仁和龚孝拱（龚橙）校本。孝拱为定庵（龚自珍）先生之嗣，与外舅能静先生相友善，学问淹贯而性情乖僻，观其字可知也。余内兄君闳尝为余言，孝拱颇非礼部之文，有大令风范，制行豪放，然求之今人，殆无其博匹者矣。此本取程荣、薛来刊本眉列上端，实则程、薛两本俱不逮此刻之善。独援韩正毛，不失经学家笃守师说之旨，为可宝也。今年，坊友谭笃生来，曾携一本，为石研斋旧藏，上有雠校，玩其辞意，亦不逮原刻之善，且有与程、薛同者，是知古人矜重于一字句之间必不敢忽，盖疑义与析，固宜尔也。因屏两

---

① 《上海图书馆善本题跋真迹》第十一册，第58页。
② 《上海图书馆善本题跋真迹》第二册，第161页。

夕之暇,过而存之。……读书之事无穷,即校雠之学,未经前人发者正复何限,此非浅流末学之所知矣。①

邓氏跋文除记录龚橙的性情与学问之外,还特别表彰了龚氏对韩诗的贡献。跋文中提到了他自己的读书观点,即读书之事无穷。他所谓的无穷不是指无穷之乐趣,而是指书囊无底,因此需要"矜重于一字句之间必不敢忽",要探寻"未经前人发者"。这样的读书观和当时的考证风气相一致。在此意义上,邓氏的理念与龚橙一致,龚氏跋文云:

> 丁卯(1867)岁得此本,审出元刘廷幹(刘贞)本。又得嘉靖己亥(1539)薛来刻本,则近世通行程荣《汉魏丛书》本所自出。此书未见善本。此本多用《毛诗》改《韩诗》异字,其余字句示薛为完善,薛夺误尤多,唯用毛改韩,示此为少,又各有臆改,乃合校正。②

龚橙的跋文对文本的源流关系进行了考证,虽然没有给出明确的证据。他又记录了他所知晓的几个不同版本的《诗外传》,包括元刘廷幹刻本、嘉靖苏献可刻本、嘉靖薛来刻本、清《汉魏丛书》本等。由此跋文可见,龚氏的主要努力方向在于文本的考订,特别是字句的完善程度。这就是后来邓邦述所谓的校雠之学,也是清代学者们较为注重的学术方向。这种读书的方式显然与前述其他读者是有差异的,这种读者记录的差异性也从一定程度上反映了整个社会学术风气的变化。这也是我们从古籍题跋中能够体味到的历代读者因为其时代环境的变化而在读书趣味上的一种演化,倘若能与当时的学术思潮相对照,我们更能够了解某一时代的思想状况。

四、余论

读者的问题是书籍史研究的一个重要内容,因为在书籍的秩序③中,读者充当了极为重要的角色,离开读者谈书籍史只是一种不完整的历史图景。然而,读

---

① 嘉靖十四年(1535)苏献可通津草堂刻本《诗外传十卷》。见《上海图书馆善本题跋真迹》第二册,第158—159页。
② 嘉靖十四年(1535)苏献可通津草堂刻本《诗外传十卷》。见《上海图书馆善本题跋真迹》第二册,第156页。
③ 书籍的秩序(L'Ordre des Livres),法国著名书籍史学者夏蒂埃创造的词语,指由作者、出版者、印刷者、书商、评论人、读者所构成的书写文化结构体系。详见[法]夏蒂埃著、吴泓缈等译:《书籍的秩序》,北京:商务印书馆,2013年。

者往往在文本之外,也远离了作者,只给我们一些模糊的身影,只有那些把书籍当作收藏品并且大量记录下他们的体验的人才会得到我们的关注,因为他们是藏书家,他们有藏书目录或者藏书题跋集。但书籍浩如烟海,总有人有意无意地记录了他们的行踪,虽然他们中间很多并不以藏书家著称,或许他们仅仅是无数读者中的一员,或许他们从来没有企望有一天他们也能以读者的身份被人记忆。一则清代人的题跋让我们深深地体味到读者的情怀,清同治八年(1869)三月十七日清易闰坛跋《春秋左传注疏六十卷》,云:

> 同治八年乙巳三月望,湘乡胡芗斋镇军以《春秋》《毛诗》《尚书》《资治通鉴》四书目来,言其友人王某欲往金逸亭观察处,向予易钱三万二千,予当允付之。越日,书来,《通鉴》非佳本而《诗》《书》《春秋》则纸板均佳。黄泽生以为至宝,张力臣则断为宋本。以予观其刻手与纸色之旧,若非宋代书亦是元明之本。曾涤生(曾国藩)相师有言:"凡古籍之可宝者,到处有鬼神呵护。"此三经者,流落人间,几历兵火,数百年之物,完好如故,竟为予有,其必有默相于冥冥中者。因谨志简端,使予子孙果能读者,当知此书之可宝贵;即不能读书,而此书落他人手,亦愿共知之也。①

从易氏的这则跋文来看,他的友人对于此书的版本明显是判定有误,易氏本人也无法确定。虽然他的这一缺憾在一百多年后的今天得到了更正,但并不妨碍易氏所引用的曾国藩的论断:"凡古籍之可宝者,到处有鬼神呵护。"在易氏看来,鬼神可能是一种冥冥之中的宿命之力,其实它也包括了历代读者尽心呵护之努力和几代图书馆员的尽责搜集保护之力。若无无数易氏之重视,我们如今能否看到这部书就将是一个疑问。易氏当然也希望他的子孙能够把贵重书籍好好保存,但他同时也极为开明地表示,即便不是他的子孙,他也希望其他的读者能够守护这一份来之不易的文化至宝。

无数默默无闻的易闰坛们在他们的读书题跋中记录了他们当年读书的心路历程,记录了他们对于书籍命运的期待,记录了他们对于未来读者的期许。我们应该感谢那些默默地做着守护者工作的图书馆人,正是他们的辛勤工作,让众多的读者和更多的读者见面,并且建立起一种联系。今天的图书馆已经相当发达,

---

① 嘉靖李元阳(1497—1580)刻《十三经注疏》本《春秋左传注疏六十卷》。见《上海图书馆善本题跋真迹》第二册,第312—313页。

各种服务令人目不暇接。人们希望从图书馆获取知识,更希望通过图书馆认识作者,认识世界,认识历史。读者通过图书馆员建立了一种穿越时空的联系,这是一种仅仅关乎人类精神的联系,没有任何的功利,没有任何的物欲,有的只是一种对于那些曾经的读者的心心相知。当我们看到一帧帧发黄的图片,看到前辈读者的笔迹,一种历史的温情自然流露,让我们之间的距离再也不遥远。

(作者:向辉,副研究馆员,北京师范大学教育学部博士研究生在读,国家图书馆国家古籍保护办公室工作人员)

浅论钱泰吉的版本学成就

张丽华

钱泰吉字辅宜,号警石,自号甘泉乡人,清代嘉兴人,生于清乾隆五十六年(1791),卒于同治二年(1863),嘉庆十七年(1812)廪贡生。钱泰吉一生埋首学问,著述不倦,主要著作有《甘泉乡人稿》二十四卷、《史记校勘记》不分卷、《清芬世守录》二十卷首六卷等。钱泰吉深受乾嘉学风影响,版本鉴定讲求实证,他的版本学成就对后世产生了深刻影响。本文将从《甘泉乡人稿》中总结钱氏版本鉴定的方法,以期为大家提供借鉴。

一、钱泰吉关于善本的观念

(一)贵宋而不佞宋

张之洞在《輶轩语·语学》中说:"善本非纸白墨新之谓,谓其为前辈通人用古刻数本精校细勘付刊,不讹不缺之本也。"又说:"善本之义有三。一足本:无缺卷,未删削;二精本:一精校,二精注;三旧本:一旧刻,二旧钞。"这里所说的善本,包含两个方面的内容:一是文物上的价值,时代越久越好,其中以宋元本为最贵。清代不少学者对宋元本极为钟爱,如季振宜、徐乾学、钱曾等人。清廷所编《天禄琳琅书目》的问世,更是加剧了这种风气的盛行。钱泰吉亦藏有几种宋元版书,如元刻《苏氏文类》、元刻明修《汉书》等,也是十分珍贵的版本。二是学术意义上的价值。"学术意义上的善本可归纳为八个字:精校精注,不缺不讹。"[①] 钱氏曾

---

① 杜泽逊:《文献学概要》(修订本),第111页,北京:中华书局,2008年。

说:"旧本书不能无缺页,仿刻者倘能求足本固善,否则不如空阙。若以流俗本羼入,则鱼目混珠,疵颣不能掩也。王本《周本纪》第二十七页脱索隐一条、正义一条。柯本《秦本纪》三十一页脱索隐一条、正义五条,其叶字数皆与通卷不同,讹字亦多羼刻之迹。显然若以两本互补,则皆成善本矣。秦藩本皆不缺,于此为胜。"①钱泰吉在这里提到的"善本"含义,即是指校勘精良、不缺页、讹误少的本子。他同时又指出,能补成全本固然好,但不赞成用流俗本,流俗本由于校勘不精,错误经常会很多,以此补入的话反而有伤原本风貌。钱氏贵宋元本而不佞宋元本,也正是从它的学术价值上来考量。宋元本错误比较少,印刷精良,以此来校正后世本子,往往能发现新印本的错误。

藏书家重视宋元本,但并不代表宋元本一点错误也没有。钱泰吉用元翠岩精舍本和元西湖书院本校勘明修德堂本《元文类》,发现了元刻的几处错误:"余既以翠岩、西湖两元刻校勘矣,然两刻亦多误字,尚当取各家文集善本校定。""若此著文,妄下雌黄,苟涉疑似,但著某本作某,以俟博考旧籍并各家文集核其异同。"②能确定的错误及时标出;不能确定的,把各家考异著录卷端,不妄加评论,这才是古籍版本鉴定中应持有的基本态度。

清朝以来一些藏书家过分推崇宋元本,甚至达到了非宋元本不信的地步,也会沿袭其中的错误。对此钱泰吉持批评态度:"近日士夫过信宋本,明知字句之误,不肯更易。"③若重刻本明知所据宋元本有误也不加改正,势必给读书人造成不必要的误解,也会脱离此书印行的初衷。海昌许梿用十年时间校勘《笠泽丛书》七卷,并有《补遗》二卷附《考》一卷同时刊行,他所依据的本子为宋樊开本,但是其中的错误已经改正。对于这种做法,钱泰吉十分赞同,他感慨说:"设使当世有重雕者,其款式自当依此,其文字有断然知其误者,不必因有宋人校语,而反改不误者以使之误,在择而取之可也。如是,将使后人宝我朝之本转胜于宝宋本多矣。"④

不为当时的风气左右,从版本鉴定的角度判断古籍的版本价值,这样才更容易避免失误,钱泰吉的这种做法是十分值得肯定的。

---

① (清)钱泰吉:《甘泉乡人稿》卷四《跋震泽王氏刻〈史记〉》,清同治十一年刻本。
② (清)钱泰吉:《甘泉乡人稿》卷四《跋校本〈元文类〉》,清同治十一年刻本。
③ (清)钱泰吉:《甘泉乡人稿》卷七《曝书杂记上》,清同治十一年刻本。
④ (清)钱泰吉:《甘泉乡人稿》卷七《宋刻〈汉书〉残本》,清同治十一年刻本。

（二）贵稀见本

藏书家藏书，或为善本，或为不经见之本。稀见之本由于坊间通行少，往往不易得。如邹季友《尚书蔡传音释》，此书"世鲜传本……仅见于《天禄琳琅书目》，藏书家不传已久"①。《天禄琳琅书目》所著录的书，大多为珍本，此书藏书家中又很少有人收藏，钱泰吉收此稀见之本，不仅仅是因为物以稀为贵，它在校勘学方面也可以发挥作用。

（三）贵初印本

初印本由于初次印刷，纸张干净，字迹清晰，绝少漫漶，再加上未经后人剜改，讹误少，往往会得到学者重视。钱泰吉所藏元翠岩精舍本《苏氏文类》，字画纸墨俱精好，即为初印本。他曾于蒋光煦处见明成化九年（1473）吏部重刻本《元文类》，漫漶不可读，"盖今所见西湖本皆印于明时，不及旧藏翠岩本之为元时初印也"②。《礼记》有宋咸淳九年（1273）黄东发重刻本，而清嘉庆丙寅（1806）阳城张氏重刻本使用的底本为宋淳熙四年（1177）初印本，错误较少，钱泰吉评价说："今张氏所摹刻《礼记》，犹是淳熙四年初印本，在黄氏修补前百年，可宝也。"③

（四）重视明本及旧刻本

明人刻书多不审慎，臆改古书，藏书家多不以为重。又由于去古未远，时人贵古贱今，因此有清一代对明刻本多不看重。钱泰吉虽然也看到明刻本的诸多弊端，但他认为明本也有其价值，并把邵懿臣所藏明刻本《集传》作为教授子弟生徒的课本。此本"似坊间翻刻，其足订近刻之讹凡若干条。……蕙西所藏本大半不误，益见旧刻之贵矣"④。

钱泰吉在校勘过程中广求异本，其中也不乏明刻。明刻可补全缺文，如明修德堂本《元文类》虽讹误甚多，但为全本，可补元翠岩精舍本及西湖书院本《元文类》之缺文，因此为钱泰吉所重。钱氏校勘《史记》，也以明刻本为校本。因此，从文献价值来讲，明刻本中也有一些好的本子在校勘过程中是不能忽略的。

藏书家大多以能收藏宋元本古籍为傲，但随着时间的推移，旧刻越来越少，本来不为藏书家看重的明刻本也不是很容易就能得到。钱泰吉在当时已意识到

---

① （清）钱泰吉：《甘泉乡人稿》卷四《跋邹氏〈尚书蔡传音释〉》，清同治十一年刻本。
② （清）钱泰吉：《甘泉乡人稿》卷四《跋校本〈元文类〉》，清同治十一年刻本。
③ （清）钱泰吉：《甘泉乡人稿》卷五《跋重刻抚州公使库本〈礼记〉》，清同治十一年刻本。
④ （清）钱泰吉：《甘泉乡人稿》卷四《跋邹氏〈尚书蔡传音释〉》，清同治十一年刻本。

这一点,他在为旧刻鲍氏注《战国策》所作的跋中说:"旧书难遇,不必宋元刻也。"①叶德辉也发出旧刻难遇的感叹:"每笑藏书家尊尚宋元,卑视明刻,殊不知百年以内之善本,亦寥落如景星。佰宋千元,断非人人所敢居矣。"②

(五)重视单刻本

单刻本由于篇幅小,刻印用时、用料节省,往往会经过比较仔细的校勘,错误相对比丛书本较少,保留的内容更全面原始,版本价值就会更高。钱泰吉在校勘《史记》时十分重视单刻本,并以单刻本为善,他指出:"汲古阁《史记》,但有裴氏《集解》耳,司马氏《索隐》则有单刻本,张氏《正义》,亦当访求善本校核。盖三家所据本,各有不同,单刻为善。所谓离之双美,合之两伤也。"③明确肯定了单刻本的价值。

二、钱泰吉常用的版本鉴定方法

(一)利用校勘方法定版本

用校勘的方法比对两个本子的异同,从而确定其中之一的版本,这种方法在版本鉴定过程中也会经常用到。比如钱泰吉在朱紫贵处借得《史记》一本,有王延喆的跋,"以校《四库全书考证》所引王本,有不同者,疑中羼他刻,非王氏全书。及得见文澜阁本《正义》校之,则皆与此本同。阁本《正义》从震泽王氏本出,《四库提要》有明文,则此本为王氏本无疑"④。又进一步说:"文澜阁《正义》从王本出,今以校所假王氏本,多合。汪氏所藏柯本以王本校出者,亦合,则为王本无疑矣。"⑤文澜阁本《正义》从王本出,朱氏藏本与阁本完全相同,从而确定此本为王本。

(二)根据人物生活年代判定版本

关于王本《史记》的刊刻者,一说为王延喆所刻,一说为其父王鏊所刻。钱泰吉经过考证,认为《史记》确为王延喆所刻:"延喆字子贞,为文恪长子,以荫入官,由中书舍人擢太常寺右寺副,出为兖州府推官,谢病归。子有壬为尚宝司丞,赠

---

① (清)钱泰吉:《甘泉乡人稿》卷五《跋旧刻鲍氏注〈战国策〉》,清同治十一年刻本。
② 叶德辉:《书林清话》卷九,第 174 页,扬州:广陵书社,2007 年。
③ (清)钱泰吉:《甘泉乡人稿》卷八《曝书杂记中》,清同治十一年刻本。
④ (清)钱泰吉:《甘泉乡人稿》卷四《跋震泽王氏刻〈史记〉》,清同治十一年刻本。
⑤ (清)钱泰吉:《甘泉乡人稿》卷五《校〈史记〉杂识》,清同治十一年刻本。

如其官,故王氏称子贞为尚宝公。文恪卒于嘉靖三年(1524)甲申三月,《史记》则刻于四年冬,相传《史记》为文恪刻者,非也。"①《池北偶谈》提到王延喆刻《史记》只用了一个月,且所据底本为书商所持,钱泰吉认为这是不确切的。"《池北偶谈》谓有持宋椠《史记》索售者,延喆给其人留一月而摹刻毕工。今观跋尾述文恪语,谓吴中刻《左传》,郢中刻《国语》,闽中刻《汉书》,而《史记》尚未板行,延喆因取旧藏宋刊《史记》重加校雠,翻刻于家塾,则宋本为文恪旧藏。又言工始于嘉靖乙酉腊月,迄丁亥之三月,则亦非一月而成。子贞早岁豪放,世传其佚事,渔洋遂笔之于书,如谓延喆为尚宝少卿,文恪少子,亦考之未审也。"②这段话纠正了几个问题:刊刻《史记》非一月而成,宋本《史记》为王鏊所藏,延喆为王鏊长子等。这些发现对《史记》的研究具有重大意义。

(三)根据避讳字判定版本

避讳是中国封建社会特有的文化产物,主要是对皇帝的名字进行避讳。其中宋本避讳最为严格,元本不避讳,明本只有涉及朱常洛、朱由校、朱由检三位皇帝的名字时才避讳。清代康熙以后开始避讳。在书中如能找到避讳字,就能够大体判断这部书刻于何时。修德堂本《元文类》无刊刻年月,"由"字多缺笔,钱泰吉据此判断此书当刻于明天启、崇祯时。又《旧本汉书》:"此为十行本,或谓宋刻,然殷、敬等字皆不避缺,当是元刻明修耳。"③从而对该书版本进行了正确的判断。

在实际运用中,会发现有的避有的不避,钱泰吉对这种现象做了合理的解释:"慎字多缺笔,敦字或避或不避,当为光宗时刻本。而高宗以上之讳亦或避或否,此盖写刻者之过。谢山全氏尝引周平园《文苑英华序》,谓于唐人讳、本朝讳或去或存,以证成都石经避讳之不画一,不必以是为疑。"④这段话可以指导我们灵活运用避讳字判定版本年代。

(四)根据序跋判定版本

书估用一般刻本冒充宋元本,常用的方法就是去序跋。如《史记》明刻本以

---

① (清)钱泰吉:《甘泉乡人稿》卷四《跋震泽王氏刻〈史记〉》,清同治十一年刻本。
② (清)钱泰吉:《甘泉乡人稿》卷四《跋震泽王氏刻〈史记〉》,清同治十一年刻本。
③ (清)钱泰吉:《甘泉乡人稿》卷四《跋旧本〈汉书〉》,清同治十一年刻本。
④ (清)钱泰吉:《甘泉乡人稿》卷七《拜经楼宋本〈汉书〉考异》,清同治十一年刻本。

震泽王氏本为最善,钱泰吉"求之有年,所见都无刻书序跋,盖书贾去之以赝宋本也"①。又钱泰吉校《史记》,曾从朱紫贵处假明震泽王氏刻本,有王延喆跋,而钱仪吉所藏同一版本《史记》缺此跋,系被书估剜去,用来冒充宋本。天禄琳琅藏本也没有王延喆跋。朱紫贵这本《史记》保留了此跋,交代了王延喆刻《史记》的缘起,也澄清了后人以为震泽王氏本《史记》为王文恪公王鏊所刻的错误,并成为版本鉴定的一个重要依据。又通过对校修德堂本《元文类》,发现元翠岩精舍刻本缺四十一卷《经世大典·军制》以下之文。后从秀水庄仲芳处借得至元初年西湖书院刻本《元文类》,西湖书院本有公文两道,知西湖书院刻本也缺这半卷,后从苏氏元编校正,于至正二年(1342)补刻十八版,由此可以推断,翠岩本刻于未补刻之前,所以才会缺半卷约九千三百九十字。西湖书院本有公文两道,价值极大,可解释翠岩本缺字原因,同时详细记述了西湖书院本的开雕缘起,钱泰吉把这两道公文抄录下来,作为西湖书院掌故,对后人了解西湖书院及其所刻书有重要的参考价值。

有的书不知道刻书人姓名,从序跋中可以找到一些线索。钱泰吉于书肆购得康熙四十四年(1705)仿宋本《吕氏童蒙训》,《四库总目》著录但不知何人所刻,"此本幸有刻书人跋,知为吴江姚绖子搴也"②。

(五)根据刻工判定版本

剜改刻工也是书估作伪的常用手法之一。钱氏往往会记下刻工姓名,若遇相同本子不能判定,则以此为准。如:"王本板心有刻书人名字,若宅、言、敖、云、章、莫、高、永日、六淮、王良智、六宗华之类,亦间有无字者,柯本尽无之。秦藩本每册以千字文为次,自天字至往字止,凡二十字。作伪者序跋易去,板心字不能尽改。欲知何本以此为验,可矣。"③

(六)通过梳理版本源流判定版本

书籍有初刻本和翻刻本,从而形成祖本、子本等比较复杂的版本系统。弄清楚一部书的版本源流,可以判其优劣。梳理版本源流,还可以判断某几个本子重刻时所据底本是否为同一版本。钱泰吉校勘《史记》曾用到三部明版:王本、柯

---

① (清)钱泰吉:《甘泉乡人稿》卷四《跋震泽王氏刻〈史记〉》,清同治十一年刻本。
② (清)钱泰吉:《甘泉乡人稿》卷六《跋〈吕氏童蒙训〉》,清同治十一年刻本。
③ (清)钱泰吉:《甘泉乡人稿》卷四《跋震泽王氏刻〈史记〉》,清同治十一年刻本。

本、秦藩本。王本、柯本同刻于嘉靖四年(1525),秦藩本则刻于嘉靖十三年(1534)。钱泰吉所看到的柯本没有序跋,但卷中第一行下有"莆田柯维熊校正"七字。秦藩本前有秦藩鉴抑道人序,后有济南黄臣跋。钱泰吉发现这三个本子行款、大小、字数均相同,从而得出结论:这三个本子都源自同一宋本。

钱泰吉在版本学方面取得了很大的成就,提出了不少有价值的观点。他从一个版本学家而不是收藏家的角度,中肯地对待宋元善本的价值。除善本以外,对时人所不重视的明刻本、旧刻本等本子,钱泰吉能发现它们的独特之处,利用丰富的版本学知识最大限度发掘它们的价值,一些成果至今为人们所用。他的版本鉴定方法严谨而灵活,为后人从事版本鉴定工作提供了大量经验。

(作者:张丽华,曲阜市文物管理委员会助理馆员)

焦竑"博学启悟"论指导下的藏书思想

韩梅花　罗　军

在中国知网文献数据库键入"焦竑"进行检索,共得有关焦竑研究的文献信息 73 条(截至 2015 年 6 月)。其中,期刊论文 62 篇,硕博论文 8 篇,会议论文 2 篇,报纸论文 1 篇,连同李剑雄的《焦竑评传》、钱新祖的《焦竑与晚明新儒学的重建》、刘海滨的《焦竑与晚明会通思潮》等著作在内,焦竑研究从专项到综合已经深入到理学、史学、文学、文献学等各方面。作为晚明思想家、学者型的藏书大家,焦竑独特的藏书思想同样具有值得深入研究的价值。本文透过焦竑为实现"知性"且"成天下之务"的人生目标而构建的"博学启悟"论,剖析其藏以致用、求实创新的藏书思想,并揭示它在传承传统文化和扭转空疏学风中的社会意义。

一、焦竑的"博学启悟"论

焦竑(1540—1620)字弱侯,号澹园,祖籍山东日照,是晚明思想家、藏书家,以心学闻名。焦竑早年师从理学大师耿定向,后投泰州学派传人罗近溪门下,由此一步步迈入理学殿堂,最终成为"博洽淹通"的学者。焦竑对于为学目的有着十分明确的认识,他认为"学为知性":"夫学,知性而已。性之弗知,即博闻强识,瑰行尊伐,炫耀千古,而不能当达者之一盼。"[①]但是,这一层面上的"知性"并不是焦竑所追求的真正意义上的"知性"。因此,他进一步阐述道:"夫学不能知性,

---

[①] (明)焦竑:《王顺渠先生集序》,《澹园集》续集卷一,第 763 页,北京:中华书局,1999 年。以下引用《澹园集》版本同。

非学也;知性矣,而不能通生死、外祸福,以成天下之务,非知性也。"①对于如何达到"知性",焦竑提倡以"悟"的方式,即体悟心的本体。他说:"吾辈必于一物不立之先着眼,令空空洞洞之体了然现前。情累棼棼,自然无处安脚。身不期修而修,心不期正而正,何等简易直截!"②这也是王畿所谓的"先天正心"的顿悟之法。和王畿直接追求顿悟不同,焦竑认为"悟"需要经历一个渐进的过程,即修行者通过不断地进行知识的积累,首先进入"解悟"阶段,然后在实践活动中体悟道德境界由"解悟而彻悟",最后达到"实有诸己"的最高境界。至于获得解悟的方法,焦竑结合自身特点设计了"博学启悟"的王学理论。"博学"作为道德修养的途径,被焦竑赋予了两个含义:一个含义是"研味于典籍",博学义理,另一个含义是在实践活动中体会道德境界③。作为学者、思想家、文献学家,焦竑的"实践活动"和"研味于典籍"一样都是进行学术研究,并以此为手段,最终达到真正意义上的"知性"。

二、焦竑以"知性"为目的的藏以致用

《澹生堂藏书训约》:"金陵之焦太史弱侯,藏书两楼,五楹俱满。余所目睹,而一一皆经校雠探讨,尤人所难。"④由此可知焦竑以"知性"为目的,将"研味于典籍"的理论付诸实践,不仅藏书宏富,还能做到藏用结合,将藏书、治学和修养密切结合在一起。

(一)以经学为务,有闻必购读

焦竑"素怀社稷大事",科举入仕实现自己的政治理想是他人生的目标之一,为了实现这个目标焦竑拼搏了数十年,直到五十岁才得以高中。在此期间,不管是作为一名应试学子,还是作为心学后劲,焦竑学习研究的重点都在于儒家经典及经解。为官期间,其治学施政仍以儒家思想为本。当短暂的政治生涯结束之后,焦竑归隐林下潜心治学,为了通经明理,他穷尽经义,并且著述宏富。终其一生,无论是早期的寒窗苦读,还是短暂的宦海生涯,甚至于漫长的归隐岁月,焦竑

---

① (明)焦竑:《京学志序》,《澹园集》卷十四,第133页。
② (明)焦竑:《古城答问》,《澹园集》卷四十八,第730页。
③ 参见刘海滨:《焦竑与晚明会通思潮》,第97页,上海:华东师范大学出版社,2010年。
④ (明)祁承㸁:《澹生堂藏书训约》,收入(明)胡应麟等撰:《经籍会通(外四种)》,北京:北京燕山出版社,2008年。

虽然"博及群籍,自经、史至稗官、杂说无不淹贯",甚至还以佛、道之学说助其观点之发明,但是由于其秉承的理念是以儒家思想统摄各种学说,因此,焦竑的收藏与研究均以经学为主。正如他本人所说:"以经学为务,于古注疏,有闻必购读。"①

(二)有志于史,好览观名公卿事迹

焦竑曾自述:"余自束发,好览观国朝名公卿事迹。迨滥竽词林,尤欲综核其行事,以待异日之参考。"②焦竑素有治史之志,在任职翰林院时,被王锡爵、陈于陛推荐为修纂官,负责纂修国史,焦竑为此特意撰写了《修史条陈四事议》,提出了一系列切实可行的建议,并负责搜集史料,"近以史事,得尽窥石渠之藏"。数年的准备工作,能够自由出入宫廷各大藏书处的便利,使他得以积累了丰富的史料。后来编纂工作因故停止,这批珍贵的资料随焦竑回归林下,他利用这些资料,凭借一己之力编撰完成了《国朝献徵录》。将洪武至嘉靖近二百年的朝野人物略汇于此,所著多数人物史料皆有出处,保证了史料的真实性,成为后来纂修《明史》的基础。此后,焦竑陆续编撰了《玉堂丛语》《焦氏类林》等多部具有重要史料价值的著作,其中《玉堂丛语》所辑录的数百条史料,仅注明出处部分所征引的书籍就达五十余种之多。这是焦竑藏用结合、精心搜集史学文献、长期积淀史学修养的结果。

(三)不废博综,兼收并蓄

焦竑治学,"不废博综",藏书更无偏废,无论经史子集,稗乘野史,举凡有助于阐明心性义理之典籍无不淹贯博通,甚至以儒学统摄佛道二氏,广泛吸收其思想精华,融入儒学体系,是"三教合一"论者。主张广采博取、具有开放思想的焦竑,对当时不为封建贵族所接受的通俗文学也持肯定的态度。他不仅收藏点评北曲《西厢记》和传奇《琵琶记》等戏曲作品,以"龙洞山农"之名校刻过《北西厢记》,还亲自编撰了《焦氏类林》《明世说》等"世说体"小说。事实上,焦竑不仅参与了小说和戏曲的创作,而且还以自己丰富的藏书支持了一些小说和戏剧作家、理论学家的创作和作品刊行,比如,其学生孙学礼合刻的《四太史杂剧》以及朋友李贽点评的《水浒传》皆为焦竑所藏。

① (明)焦竑:《刻两苏经解》,《澹园集》续集卷一,第750页。
② (明)焦竑:《玉堂丛语》,北京:中华书局,1981年。

在王学理论指导下,焦竑将藏书治学与道德修养密切结合,试图通过"研味于典籍"以至于"博学启悟"最终达到"知性"的目的。

三、焦竑以"成天下之务"为依归的考证与分类思想

"夫学不知经世,非学也;经世而不知考古以合变,非经世也。"①焦竑论学以经世致用为依归,潜心经史,致力于考证,但"并不是为考据而考据,而是为了探本溯源,由文字通语言,由语言通达古圣贤之心志"②,最终达到"成天下之务"的目的。

（一）求实的考据学思想

具有"扫尽古人刍狗,辟取胸中乾坤"精神的焦竑,在治学中不拘泥于古人之说,敢于质疑前人已取得的成就。面对学术问题,焦竑以求实的态度,用发展的观点,进行科学考证,得出的结论往往具有一定的独创性。焦竑在《焦氏笔乘》卷三中提出了"古诗无叶音"说,并对此进行了精辟的论述:"诗有古韵今韵。古韵久不传,学者于《毛诗》《离骚》,皆以今韵读之,其有不合,则强为之音,曰:'此叶也。'予意不然。"③文章用历史的、发展的观点论述了语音的变化规律,还对杨慎、朱熹以今音释古韵之说进行了批评。焦竑的"古诗无叶音"说,对陈第的古音韵学研究是重要的启示,在考据学上占有特殊地位的《毛诗古音考》就是陈第接受了焦竑的观点,与其切磋质疑,利用他提供的例证而做出的成果。焦竑治学方面注重实用和应世,做到了考古以合变。

（二）创新的目录学思想

《国史经籍志》是焦竑的目录学著作,最能体现焦竑的目录学思想。此书对于书籍的分类,于传统的经史子集四部之外首列制书部,以收录诏令制书。把制书列于儒家六经之上,突破了传统书目的排列顺序,闪烁着焦竑思想解放的光辉。另外,四部之中每部各有分类,每部每类各有小序,评述该类图书的源流或内容,焦竑撰写的小序文质兼备,学术内容丰富,在明代学术史上占有重要的地位。书末所附的"纠缪"一卷,专门驳正《汉书》《隋书》等八种艺文志的失误,勘正其讹误,改正其分类,或者是指出其著录重复之处。焦竑在继承了古代目录学

---

① （明）焦竑:《荆川先生右编序》,《澹园集》卷十四,第 141 页。
② 赵树挺:《心学的绝唱,实学的序曲》,《山东大学学报》2008 年第 1 期,第 154—160 页。
③ （明）焦竑:《焦氏笔乘》卷三,第 83 页,上海:上海古籍出版社,1986 年。

思想的基础上,结合自己的研究,冲破了正统思想的束缚,在类目设置及图书著录方面进行了大胆创新,对于了解古今学术源流,研究史学工作具有重要的参考价值。

四、焦竑藏书思想的社会意义

(一)藏以致用,自觉传承传统文化

"先生(焦竑)积书数万卷,览之略遍。金陵人士辐辏之地,先生主持坛坫,如水赴壑,其以理学倡率,王弇州所不如也。"[①]黄宗羲所指虽是焦竑主持理学论坛所受到的拥戴,但是从中可以反映出焦竑的社会影响。作为当时"道德经术标表海内"的"巨儒宿学",焦竑"博学启悟"论指导下的藏用结合的藏书思想,也对当时的学术界产生了重要影响,追随其后的徐光启、陈懿典及公安三袁更是以其为表率做出了非凡的成就。除此之外,焦竑一生治学著述勤耕不辍,著作等身,注释、校勘、辑录、编辑作品就达八十部九百余卷之多,最有代表性的就是其编纂类的作品《国朝献徵录》,"该书不仅是《明史》《国榷》等文献的重要史源之一,而且在纠谬、补阙、辑佚其他明史文献方面也具有可贵的史料价值"[②]。比较有影响的自撰类作品还有《澹园集》《国史经籍志》和《焦氏笔乘》等。为了更好地传承传统文化,焦竑除藏书、刊刻、著述外,还曾经向当朝统治者提出向社会征集图书资料、重建国家图书馆的建议,虽然未被采纳,但这也反映出了焦竑具有保存和传承传统文化的自觉意识。

(二)博学考证,扭转空疏学风

明代中后期,受王学末流"空谈心性"的影响,空疏学风流行一时。一些有识见的学者为了扭转萎靡不振的学术风气,将主要精力转向经世致用的考据学。首开明代考据学风气之先的是杨慎,紧随其后的焦竑在对杨慎博学考证方法继承的同时,还有所创新,撰写了广及文字、音韵、训诂各方面知识的学术札记《焦氏笔乘》。虽然焦竑的考据过于博杂,缺乏系统的研究,但是《四库全书》还是从考据学发展的角度肯定了焦竑作为考据学家的学术地位,承认焦竑考据学研究的思想和方法对清代朴学发展产生的重要影响,"明之中叶,以博洽著者称杨

---

① (明)黄宗羲:《文端焦澹园先生竑》,《明儒学案》卷三十五,第829页,北京:中华书局,2008年。
② 展龙:《论焦竑〈献徵录〉的史料价值》,《史学史研究》2007年第1期,第110—116页。

慎……次则焦竑,亦喜考证。……国初顾炎武、阎若璩、朱彝尊等沿波而起,始一扫悬揣之空谈"[1]。虽然后来的朴学运动在统治者的高压政策下偏离了经世致用的方向,而专一在经学、小学、史学的学术文化范围内求发展,但是以杨慎、焦竑、方以智为代表的明代考据学扭转了明清之际"束书不观"的空疏学风,为清代考据学的兴盛打下了坚实的基础。

五、小结

焦竑所追求的人生目标是能"成天下之务"的"知性"。为了实现自己的人生目标,焦竑结合自身特点构建了"博学启悟"的王学理论,其中的"悟"就是"知性",就是"通达圣贤之志"以获取的"真心",是目的。要想达到这个目的则须通过"博学"这个门径,而"博学"则需要通过"研味于典籍"和"实践"获得。对于焦竑来说,"研味于典籍"和"实践"就是学术研究活动,这也是焦竑藏书思想的基本内容。可以说,焦竑实现人生目标的基石就是藏以致用和求实创新的藏书思想,其藏书思想在奠定了焦竑的思想地位和学术地位的同时,扭转了当时的空疏学风并传承了传统文化,具有重要的社会意义。

(作者:韩梅花,曲阜师范大学日照校区图书馆馆员;罗军,曲阜师范大学日照校区图书馆研究馆员)

---

[1] (清)永瑢等:《四库全书总目》卷一一九子部杂家类,北京:中华书局影印本,1965年。

从国家图书馆藏四种文瑞楼藏书目录抄本谈金檀文瑞楼藏书

孙 婠

金檀(1660—1730)是康熙年间著名藏书家。光绪《嘉兴府志》:"(金檀)字星轺,诸生。经史图籍靡不遍览,好聚书,遇善本,虽重价不吝,或假归手钞。积数十年,收藏之富,甲于一邑。尝校刊《贝清江程巽隐诗文集》行世,所著有《文瑞楼集》《消暑偶录》。"其先祖为安徽休宁县七桥望族,后移居浙江嘉兴桐乡。康熙四十八年(1709)金檀迁居江苏太仓,晚年定居苏州桃花坞终老。他将自己的藏书处定名为文瑞楼,分门别类,专贮典籍。除钟情藏书外,金檀也喜欢刻书,筑"燕翼堂"为其刻书处,亲自校勘,刊行《清江贝先生诗集》《清江贝先生文集》《程巽隐集》《青丘高季迪先生诗集》等。在康熙、雍正间辑《文瑞楼丛刊》(又名《文瑞楼丛刻》《文瑞楼汇刻书》),此套丛书在汇刻前以单行本行世,两次印行,计六种一百四十二卷。"燕翼堂"所刊行的书籍校勘精良,为时人所重。

与很多著名藏书家一样,金檀还为所收藏书编纂藏书目录与题跋。最为人所熟知的便是顾修[①]《读画斋丛书》刊行的十二卷本《文瑞楼藏书目录》,后《丛书集成初编》据《读画斋丛书》本再刊,1985年中华书局又据此本出版校点本。此书目由杨蟠作序,金檀的族孙金锡鬯[②]作跋。跋语云:"书目十二卷,予家向有写本,遭事散失,好事家亦间有藏本,然流传殊未广也。此册抄自家叔比部鄂严先

[①] 顾修,字仲欧,号松泉,又号蒙涯。与藏书大家鲍廷博交往颇多,求其鉴定版本。嘉庆四年(1799)汇刻有《读画斋丛书》八集四十六种。

[②] 金锡鬯,字秬和,号辔庭,金德舆侄。嘉庆十三年(1808)举人。他的藏书处曰"玩华居",内多秘籍,《士礼居藏书题跋记》中屡有所及。

生①，为桐华馆订正之本。比部曾属鲍以文渌饮剞劂，旋又中止，且佚其跋语。今春，鲍以文转以赠之，顾君蔡崖刻入丛。箓崖属为参校，遂书其缘起如此。"李学勤、吕文郁主编的《四库大辞典》说："此目按经、史、子、集四部编次，又将史论、史传、小说家、南宋人文集、明帝王文集、明人文集、明人诗集等二级类目提升为一级类目，与以往私家书目不同。经部分易类、书类、诗类、春秋类、礼记类、孝经、论语、孟子、四书，总经解。史部分正史类、编年、运历、霸史、杂史、职官、故事、仪注、地志（都城宫苑、各省通志、府州县志、郡邑杂志、山水）、史论。史传分名贤、忠义、孝友、列女、宗藩、谥法、外夷、制诏、职掌、科甲、山陵、行役、奏疏、谱系、簿录。子类分子书、儒家、道家、家训、规劝、古文、骚赋、四六、尺牍、类书、时令、农家、种艺、货宝、食货、小学家（字学、诗韵、印篆、法帖考、书画考）、释家、仙家。小说家分历代小说、唐人小说、宋人小说、元人小说、明人小说、国朝小说。集部分前汉、季汉、晋、梁、陈、北周、初唐、盛唐、中唐、晚唐、太祖朝、太宗朝、真宗朝、英宗朝、神宗朝、哲宗朝。南宋人文集分高宗朝、孝宗朝、光宗朝、宁宗朝、理宗朝、度宗朝、恭帝端宗帝昺三朝、方外、金人文集、元人文集。明帝王文集。明人文集分洪武朝、建文朝、永乐朝、宣德朝、正统朝、景泰朝、天顺朝、成化朝、弘治朝、正德朝、嘉靖朝、隆庆朝、万历朝、天启朝、崇祯朝、香奁、妓女、羽士、释子。明人诗集分十四朝，无建文朝。又有诗部、宋金元集、明诗、诗话、乐府、词、总集等。对小说类和集部类的图书，著录格外详细，排列有序，约占全书目收书的四分之三。各书除记书名、卷数外，亦记撰者籍贯，集部中还注记其登科年次、官职和谥号。"②

笔者曾根据《中国古籍总目》查阅了国家图书馆所收藏的四种文瑞楼藏书目录抄本。四种抄本如下：

一、清抄本《文瑞楼藏书目录》不分卷，存两册，首页钤"澹逋丙辰所得""濠堂藏本"。"澹逋"是民国藏书家盛景璇③（1880—1929）的字，"濠堂"为其藏书楼

---

① 鄂严先生，即金德舆(1750—1800)，清藏书家、诗人。字鹤年，一字少叔，号云庄，又号鄂严、少权、仲权。浙江桐乡人，金檀从孙。
② 李学勤、吕文郁主编：《四库大辞典》，第1469页，长春：吉林大学出版社，1996年。
③ 盛景璇，一作盛景璕，字季莹，一字澹逋，号芰舲、雪友、濠叟、遁斋，广东番禺人，民国藏书家。其"濠堂"藏书楼有藏书数十架，间有宋元残本，收藏有清著名学者孙星衍、严可均合撰《说文解字翼》著述手稿十五卷，番禺知名学者陈澧数百册《东塾读书记》（一称《学思录》）手稿等；另有广东地方史志、诗文及书画等。晚年藏书被同里藏书家陈融所购，归于"黄梅华屋"。藏书印有"濠堂所得善本""濠上草堂藏本""澹逋丙辰所得""芰舲""濠堂之印""虽贫不鬻""濠堂藏本之一""澹逋辛亥后得"等。

名。抄本所录内容与《读画斋丛书》本十二卷《文瑞楼藏书目录》第五卷(子部明人小说嘉靖朝)、第六至第九卷一致。经笔者比对发现此抄本可补《读画斋丛书》本中脱字若干,有一定的校勘价值。

二、海宁陈氏慎初堂抄本《文瑞楼藏书目录》不分卷,存一册,为现代著名文献学家、编辑出版家陈乃乾(1896—1971)抄录。陈乃乾序云:"从书友杨寿祺取得文瑞楼黑格写本书目一册,皆元人别集,前有莫楚孙先生跋,定为金氏手迹。余检读画斋刻本勘之良然。惟刻本无提要。此则每书下杂录小传、墓志等文及序跋姓氏。盖欲撰提要而未成者。余以三日之力摘录此册,而以原本还寿祺。寿祺以金氏手迹之故索重值,余不愿得也。二十年九月二十二日镫下陈乃乾。"从此序可知,此抄本是据莫友芝所藏金檀手迹稿本(现为上海图书馆收藏)录得,内容与《读画斋丛书》本不同,但与国图的另两种抄本颇有渊源。

三、清抄本《文瑞楼藏书目录》四卷,共四册,避"弘"字讳。经笔者检录,其内容也与《读画斋丛书》本不同,没有经、史、子部,仅收录北宋至明代诗文集:第一册为卷一,收宋太祖至宋钦宗北宋诗文集;第二册为卷二,收南宋高宗至度宗朝南宋诗文集;第三册为卷三,收元世祖至元顺帝金人诗文集;第四册为卷四,收明洪武至正德明人诗文集,每书亦杂录作者小传等文及序跋姓氏。实际上,此抄本所录书名条目范围、顺序大体与国家图书馆所藏清抄本《文瑞楼藏书志》不分卷、《藏书纪要》一卷一致,个别处略有不同,书名下抄录内容为《藏书志》中金檀所撰双行小字题跋,而未抄录金檀从史集、墓志等文献所辑著者小传。

四、清抄本《文瑞楼藏书志》不分卷、《藏书纪要》一卷,清孙从添撰,共十册,避"玄""弘"字讳,钤"胡尔荣印""阮嗣宗口不论人过吾每师之而未能及"等印[①]。首抄录孙从添《藏书纪要》一卷,后抄录北宋至明弘治朝(仅存至杨慎《杨太史升庵外集》一百卷之小传,以下缺)诗文集书名、著者小传、题跋。书名条目收录范围、顺序均与《读画斋丛书》本所对应的集部书目不尽相同。著者小传辑录于正史、方志、人物志、墓志、书目等文献,并系于书名条目后。每书小传后录双行小字题跋,注明该书收藏、刊刻、序跋等情况,一些还抄录了该文集的序跋。

从国家图书馆所藏的这四个抄本的情况看,文瑞楼藏书目录与书志大体可

---

① 胡尔荣,清藏书家。字豫波,号蕉窗,又号廉石。胡启龙孙,浙江海宁人。监生,工于诗文。家资富有,藏书富于一时。聚书至十万卷,所藏可与马思赞"道古楼"、陈氏"向山阁"、吴氏"拜经楼"相互辉映。

分为两个系统：一种是以顾氏《读画斋丛书》十二卷本《文瑞楼藏书目录》为代表的以经史子集编次，仅有书名、卷数、作者的简要目录。国家图书馆藏清抄本《文瑞楼藏书目录》不分卷属于此种。另一种以国家图书馆藏清抄本《文瑞楼藏书志》不分卷、《藏书纪要》一卷（以下简称《藏书志》）为代表，收录北宋至明正德、嘉靖时期集部诗文集，且每书下杂录作者小传，并注该书收藏、刊刻、序跋等情况。国家图书馆藏《文瑞楼藏书目录》四卷抄本、陈乃乾抄本均属于此系统。四卷本抄本所录条目范围、顺序基本与《藏书志》相同，但仅抄录金檀所撰《藏书志》小字题跋，不录作者小传。陈乃乾抄本是据上图莫楚孙题跋稿本摘录，收录书目不多，与四卷本抄本一样仅录题跋，亦不录作者小传。笔者虽未见其他收藏单位所藏文瑞楼书目，但推测其不出这两个系统。

清代刘锦藻《清朝续文献通考·经籍考》载金檀撰《文瑞楼书目》十二卷、《文瑞楼集部题要》十二卷。《文瑞楼书目》十二卷应该就是顾氏《读画斋丛书》收录的十二卷本《文瑞楼藏书目录》，而《文瑞楼集部提要》十二卷各书目不见记载，笔者猜测其内容与国家图书馆收藏的清抄本《藏书志》应该大致相同。实际上，国家图书馆收藏的四个抄本的情况也印证了金檀不仅编辑了《文瑞楼藏书目录》，还撰写了《文瑞楼集部提要》。《文瑞楼藏书目录》经顾氏刊刻广为人知，而《文瑞楼集部提要》可能由于种种原因未能刊刻，仅以抄本流传，故并不为众人所知。然而，这两部书确是研究文瑞楼藏书的重要资料。就国家图书馆所藏《藏书志》而言，金檀每书所辑录作者小传对校勘相关文献、研究这些作者生平有极高的文献价值。小传所涉及文献仅笔者所见就有《宋史》《直斋书录题解》《郡斋读书志》《元史》《中州集》《冷斋夜话》《明诗统》《古今诗话》《分省人物志》《列朝诗集小传》《明诗综》《逊国臣传》《吴中人物志》《广州人物志》《统谱》《江西通志》《徽州府志》《江阴县志》等，而一些作者生平不录于史志文献的则收录其墓志，还有一些则辑诗文集序文中作者生平介绍。金檀撰写的题跋对研究文瑞楼所藏北宋至明代中后期诗文集的刊刻、收藏、题跋等情况不但有重要的版本研究价值，一些题跋还对作者的艺术风格、历史评价提出了自己的见解。此外，《藏书志》对研究金檀"燕翼堂"刻书所采用校勘底本情况有一定参考价值。

同时，国家图书馆馆藏的这四种抄本，从一个侧面反映了文瑞楼藏书的三个特点。

第一，数量颇为可观，并系统地对藏书进行了分类整理，但又不拘泥于中国传统的四部分类。清周中孚①《郑堂读书记》载："是书乃其所编家藏书目,依四部次序各分子目。凡小说及历代诸集俱以朝代分,尤易检阅。然如子类中以《文心雕龙》《艺圃琳琅》二种为子书,以《文庙考》《孔宅志》《东野志》《三迁志》诸书为儒家,又立古文、骚赋、四六、尺牍四目入子类,又立篆学、诗韵二目各一种入小学家,与印篆、法帖、书画四目同入子类,则几不能数马足,乌能别其牝牡骊黄乎?"他肯定了金檀《文瑞楼藏书目录》以朝代分便于检阅,又认为金檀的一些分类不妥。实际上这正是金檀对于传统四部分类的一种新的认识,体现了他在传统目录学方面的独特见解,值得深入研究。

第二,文瑞楼藏书以集部居多,尤以明人文集为甚,据中华书局本《文瑞楼藏书目录》统计,所收录明人文集八九百种。国家图书馆藏《藏书志》中,收录文集的抄本颇多。《中国古籍版刻辞典》"文瑞楼"词条,说文瑞楼抄本用纸印墨格,版本刻"文瑞楼"三字,所罗列文瑞楼存世抄本就达百余种。《四库大辞典》就认为与以往私家书目不同,金檀书目将史论、史传、小说家、南宋人文集、明帝王文集、明人文集、明人诗集等二级类目提升为一级类目。究其原因,这与金檀重视集部典籍,尤其重视明人文集,特别是乡邦文献有关,因此文瑞楼多集部藏书。这与明清两代文人重视地方与家族文献整理的思潮密不可分。

第三,文瑞楼藏书校勘精良,有不少世所罕见的宋元明精椠及稀见版本,为藏书家所重。如仍存世的宋刻本《孟浩然诗集》《云庄四六余话》《钱杲之离骚集传》,元刻全本元蒋易编《皇元风雅》三十卷,明刻本《蓝山先生诗集》《云溪友议》《芳洲文集》《马端肃公诗集》等。其中《皇元风雅》后为黄丕烈得,又经张金吾、瞿氏铁琴铜剑楼递藏。黄丕烈在《士礼居藏书题跋记》中亦曾提及所收藏的文瑞楼藏书数种。白寿彝曾认为《马端肃公诗集》已经亡佚,其实文瑞楼所藏的明代万历十八年(1590)刻本先后为吴铨次、卢文弨、丁丙、南京图书馆收藏。类似这种例子不胜枚举,足见文瑞楼藏书对于中华典籍的流传与保存有重要的作用。

金檀和他的文瑞楼名盛一时,随着时光流逝与历史变迁,金檀身后藏书散佚,多数为宋宾王②所得,其他藏书则流落四方,一些藏书则散佚不可考,殊为可叹。文瑞楼藏书虽散佚,但金氏后代金德舆、金锡鬯继承藏书遗志,在典籍收藏、

---

① 周中孚(1768—1831),清目录学家、藏书家。字信之,号郑堂。乌程(今浙江吴兴)人。
② 宋宾王,原名定国,以字行。号蔚如,娄县(今上海松江)人。清藏书家、校勘学家。与金檀等人交往颇深,互借互抄之书甚多。

校勘整理等方面都做出了突出的贡献。清代叶昌炽在《藏书纪事诗》卷五中感慨道:"丹凤梧桐别旧楼,桃花红到武陵谿。写生亦复含书味,沧海居然剩一蠡。"正是如金檀这样一代又一代的私人藏书家在编刊图书、流布典籍、传播学术等方面付出了不懈努力,才使得中华优秀传统文化得以保存,对促进近代真正意义上图书馆的诞生做出了突出贡献。

(作者:孙焙,国家图书馆国家古籍保护中心办公室工作人员,馆员,硕士)

参考文献:
[1](清)何应松.(道光)休宁县志[M].清嘉庆二十年刊本.
[2](清)刘锦藻.清朝续文献通考[M].杭州:浙江古籍出版社,2000.
[3](清)张之洞撰,范希曾补.书目答问补订[M].武汉:湖北人民出版社,2011.
[4](清)周中孚.郑堂读书记[M].北京:北京图书馆出版社,2007.
[5]瞿冕良.中国古籍版刻辞典[M].济南:齐鲁书社,1999.
[6](清)叶昌炽.藏书纪事诗[M].上海:上海古籍出版社,1999.
[7]陈心蓉.嘉兴刻书史[M].合肥:黄山书社,2013.

论《水利营田图说》独特的版刻与装帧形式

宋文娟

全国古籍普查登记工作是全面了解全国古籍存藏情况，建立古籍总台账，开展全国古籍保护的基础性工作。文化部经数年调研，于2012年正式在全国开展古籍普查登记，通过古籍普查登记平台登录古籍数据。天津图书馆所藏古籍在李国庆主任的带领下已普查完毕，《天津图书馆古籍普查登记目录》亦于2014年1月出版。2014年3月，在古籍保护中心的安排下，笔者与南开区图书馆、天津医学高等专科学校图书馆的几位老师被借调至天津博物馆，对其所藏古籍做普查登记工作。在博物馆工作期间，笔者发现该馆所藏一部清道光间刊刻的《水利营田图说》，其独特的版刻及装帧形式引起了笔者的关注，下面详加叙述。

一、《水利营田图说》的版刻与装帧形式

《水利营田图说》一卷，(清)吴邦庆撰，清道光四年(1824)益津吴氏刻《畿辅河道水利丛书》本。版框高19.5厘米，宽11.3厘米。半页十二行，行二十五字，四周单边，无书口及鱼尾。

吴邦庆(1769—1848)字霁峰，清代顺天府益津(今河北霸州市)人，嘉庆元年(1796)进士。改庶吉士，授编修，迁御史。道光间官至河东河道总督。曾改革旧章，减省料费数万。又规定开放运河土堰章程，使漕运农田均能受益。后坐事降职。有《畿辅河道水利丛书》《渠田说》。

《水利营田图说》线装为二册，竹纸，刻印精良，字取方体，绘图精细。该书书首题名《水利营田册说补图》。对于是书成书过程，吴邦庆于跋中记曰："《畿辅

通志》内载《水利营田》一卷,分为四局,以各州县列其下,并注明某处用水营田若干顷亩。闻修志时载笔者为文安陈学士仪,盖尝为营田观察使,故能详悉言之。然有说无图,终未尽善。余更取诸州县舆地计里开方成图三十七幅,其营田坐落村庄细为罗列,以说附其后。"《水利营田图说》原书为清人陈仪的《水利营田册说》,吴邦庆按照营田所在州县补图三十七幅,分为上下卷,改"册说"为"图说",使此书成为二人合著的结晶。吴氏按年代顺序记述,简明扼要,使人读之"较若列目,了如指掌"。此书是清末京津地区河道水利专门图册,道光四年吴邦庆将其辑入《畿辅河道水利丛书》。

《水利营田图说》从外表看与线装书相似,采用四目骑线式装订,展开却发现其版刻和装帧形式独具匠心。首先,就其版刻来说,此书乃一图一文格式,即前版是州县分区图,后版就是相应的文字说明。不论是图画还是文字都是整版雕刻,整纸印刷,中间没有被隔断,也就是没有传统古籍的版心和鱼尾。其次,就装帧形式来说,是书将每张印好的书页以有字的一面为准,面对面折齐,相邻两张书页的背面用一张衬纸将其粘连,衬纸加长并回折装订成四目骑线式订联形式。

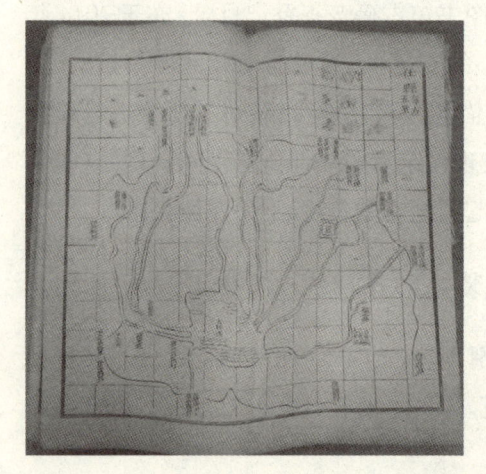

《水利营田图说》独特的版刻与装帧形式

从上述描述中可看出,《水利营田图说》的版刻与装帧形式与一般线装和蝴蝶装有所不同,但与之却有内在关联。

线装书在折页方面是将有文字的一面在版心处向外折,即版心向外,以版心为准理齐,集数页成册后,前后加封页,在书页的右栏边缘打眼穿孔,用线装订成册。此种装帧方式方便读者翻页,书页不易散落,但阅读时只看到此页后半版及下一页的前半版,不会看到整版书页。所以,线装书的插图版画多为前图后文、后图前文及两面相连等图文形式。例如清末杨守敬的《历代舆地沿革险要图》《前汉地理图》等多采用两面相连的图文形式,但因中间版心隔断,读者在看阅地域图时很不方便。

对于蝴蝶装的描述,《明史·艺文志序》载:"秘阁书籍皆宋、元所遗,无不精美,装用倒折,四周外向,虫鼠不能损。迄流贼之乱,宋刻元镌胥归残缺。"所谓"装用倒折,四周外向"就是对蝴蝶装的形象描绘。其具体装订方法是将每张印好的书页以版心为对折线,以有字的一面为准,面对面折齐。然后集数页为一册,以折边居右理齐成书脊,书脊处用糨糊逐页粘连,再用一张硬厚整纸对折于书脊作为前后封面。最后把上、下、左三边余幅剪齐,就算装帧完毕。此种装帧形式的书打开时,书页向两边张开,犹如蝴蝶展翅飞翔,故称"蝴蝶装"。蝴蝶装由于每页文字朝里,版心集于书脊,有效地保护了版框内的文字和图画。但这种装帧形式也有其弊端:其一,由于蝴蝶装的书脊是以糨糊粘连,经常翻阅容易开粘,致书页散落。其二,因所有书页都是单页,不利于读者翻阅。

二、《畿辅河道水利丛书》其他子目的装帧形式

吴氏所辑《畿辅河道水利丛书》八种十四卷,其子目除《水利营田图说》一卷外,还包括《直隶河渠志》一卷,《陈学士文钞》一卷,《潞水客谈》一卷,《怡贤亲王疏钞》一卷,《畿辅水利辑览》一卷,《泽农要录》六卷,《畿辅水道管见》一卷,《畿辅水利私议》一卷。下面就其他子目作一描述:

1.《直隶河渠志》一卷,(清)陈仪撰。版框高16.7厘米,宽11.5厘米,半页九行,行二十一字,白口,四周双边,单黑鱼尾。无图,四目骑线式线装书。

陈仪(1670—1742)字子翙,又字一吾,清顺天文安(今河北文安县)人。康熙五十四年(1715)进士,授编修。谙习水利。雍正三年(1725)直隶大水,以大学士朱轼荐,随怡亲王允祥相度水患。直隶所属大小七十余河疏故浚新,十之六七皆仪所勘定。寻迁京东营田观察使,营田于天津,筑围开渠,沿海滩涂尽变良田。该书即其经理营田时所作,是其在多年的畿辅水利实践基础上完成的,因此能够指出直隶地区突出的水利问题并提供解决方案。正如《四库全书总目提要》所言:"仪本土人,又身预水利之事,于一切水性地形知之颇悉,故敷陈利病之议多。"此书对于我们了解清代直隶地区水利面貌,特别是雍正年间畿辅水利营田

时期的直隶水患治理情况,具有重要的史料价值。

2.《陈学士文钞》一卷,(清)陈仪撰。版框高 16.7 厘米,宽 11.5 厘米,半页九行,行二十一字,白口,四周双边,单黑鱼尾。无图,四目骑线式线装书。

是书乃吴邦庆从陈仪所著文集中选择有关畿辅河道水利的八篇文章汇辑而成。

3.《潞水客谈》一卷,(明)徐贞明撰。版框高 16.7 厘米,宽 11.5 厘米,半页九行,行二十一字,白口,四周双边,单黑鱼尾。无图,四目骑线式线装书。

徐贞明(?—1590)字伯继,号孺东,明代江西贵溪县人。隆庆五年(1571)进士,任浙江省山阴县知县。神宗万历三年(1575)七月被征,赴京任工科给事中。谪太平府知事。历任浙江处州府推官、兵部主事,于万历十三年(1585)升任尚宝司少卿,后兼监察御史,领垦田使,前往京东各地实施水利营田。著《潞水客谈》,详尽地论证了兴修西北水利对巩固边防、戍边御敌的必要性,并提出兴修西北水利的具体措施。诚如吴氏序曰:"(此书)胪列西北水利事实,其言则燕蓟无枵腹之虞,吴楚有息肩之望,以今天下大计宁复有逾此者耶!"

4.《怡贤亲王疏钞》一卷,(清)允祥撰。版框高 16.7 厘米,宽 11.5 厘米,半页九行,行二十一字,白口,四周双边,单黑鱼尾。无图,四目骑线式线装书。

允祥(?—1730),清圣祖第十三子,世宗即位后封怡亲王,总理户部。曾受命总理京畿水利,办理西北两路军机。卒谥贤。"夫水,聚之则为害,而散之则为利;用之则为利,而弃之则为害。"因此,雍正帝决定"仿遂人之制,以兴稻人之稼,无欲速,无惜费,无阻于浮议"。雍正三年(1725)冬,雍正遂派怡亲王允祥和大学士朱轼到京畿各地查勘河流水势特点、水害程度,以及造成水害的原因,治理直隶河道,同时开展水利营田。是编乃怡亲王允祥于京畿治理营田时所写奏疏,记事止于雍正四年。后吴邦庆于道光三年(1823)汇编成集。

5.《畿辅水利辑览》一卷,(清)吴邦庆辑。版框高 16.7 厘米,宽 11.5 厘米,半页九行,行二十一字,白口,四周双边,单黑鱼尾。无图,四目骑线式线装书。

吴氏搜集宋代何承矩、元代虞集、明代汪应蛟与左光斗等人有关畿辅水利的奏疏、文章汇辑为《畿辅水利辑览》。

6.《泽农要录》六卷,(清)吴邦庆撰。版框高 16.7 厘米,宽 11.5 厘米,半页九行,行二十一字,白口,四周双边,单黑鱼尾。无图,四目骑线式线装书。

吴氏从《齐民要术》《农桑辑要》《农政全书》等诸种古农书中搜集摘录"有关

余垦水田,艺粳稻诸法","厘为十门,订为六卷",编为《泽农要录》。

7.《畿辅水道管见》一卷,《畿辅水利私议》一卷,(清)吴邦庆撰。版框高 16.7 厘米,宽 11.5 厘米,半页九行,行二十一字,白口,四周双边,单黑鱼尾。无图,四目骑线式线装书。

《畿辅水道管见》对海河五大水系及四五十条骨干河道的源流及历代治理情况、主要工程措施等逐一叙明原委,对于"故老所传,书传所载诸治法","皆详考而备书之"。末附《书后》一篇,乃吴氏研究畿辅河道水利的观点总结。《畿辅水利私议》是《畿辅水道管见》的姊妹篇,记述了吴氏对畿辅水利的整体意见和研究心得。

从上述叙述可见,《水利营田图说》与《畿辅河道水利丛书》中其他子目的行款及版刻形式不同,其因地域图画而独享特殊的版刻与装帧形式。

三、《畿辅义仓图》的版刻与装帧形式

笔者后来发现清乾隆年间《畿辅义仓图》的版刻及装帧形式与《水利营田图说》有异曲同工之处。

《畿辅义仓图》不分卷,(清)方观承撰,清乾隆十八年(1753)刻本。版框高 22.7 厘米,宽 15.9 厘米,半页十行,行二十二字,四周单边,无书口及鱼尾。各卷仓图左下角镌知县姓名,共六册一函。

方观承(1698—1768)字遐谷,号问亭,一号宜田,安徽桐城人。祖方登峰、父方式济均因《南山集》案株连成黑龙江,观承间关万里,徒步省亲。雍正十一年(1733),由监生加中书衔,官至直隶总督。兼理河道,治水尤著。工诗及书。卒谥恪敏。

《畿辅义仓图》修于乾隆十八年,当时任直隶总督的方观承在直隶全省大建义仓,此书即是在直隶义仓告成后,绘刻以供皇上御览的各县义仓图录。方观承于《义仓奏议》中称:"图与仓先后告成,州县卫各具一图,大小村庄并各村到仓里数悉载。"是书《凡例》亦称:"图内附各仓村庄俱注明至仓里数,一图载一州县之大小村庄悉备。"该书中每个县为一图,图中详细绘制了每个义仓包括的救济范围、各个村庄的名称及其与县治的距离。在每幅图的边角处附有相应的说明文字,记述了各县的四至八道、大小村庄的数量等相关信息。

《畿辅义仓图》采用四目骑线式线装形式,版刻方面也采用整版雕刻,整纸印刷,中间没有传统古籍的版心和鱼尾。但它的版面是图文并存式,也就是在每幅

图的边角处附有相应的说明文字,与《水利营田图说》一图一文版式不同。《畿辅义仓图》在折页方面与《水利营田图说》相同,以有字的一面为准,面对面折齐。书纸背面也加有衬纸,并加长回折装订。但此衬纸只粘连一页书纸,与《水利营田图说》用一张衬纸粘连两张书页的背面不同。这样在翻阅《畿辅义仓图》时,一面是图文页,另一面就是粘有衬纸的空白页。相较之,《水利营田图说》装帧形式更为科学。

四、结论

笔者初看到《营田水利图说》的装订形式时以为是后人修补所为,可细看后发现此书已有包角,此外,随后所得《水利营田图说》复本及查看天津图书馆所藏是书,其版刻与装帧形式亦与此相同。可见最初设计应为此种装帧形式。

《水利营田图说》的"蝴蝶线装"装帧形式

《水利营田图说》在版刻与折页方面与蝴蝶装相同,但装帧形式却在蝴蝶装基础上有所改进、创新,加用衬纸并加长回折装订成线装书形式,避免了蝴蝶装容易散落及不易翻阅之弊端。所以说《水利营田图说》版刻与装帧形式是在线装和蝴蝶装的基础上经过巧妙结合而形成的,故称之为"蝴蝶线装"。此种装帧形式乃古籍装帧艺术史上的一大创新,它集多种装帧形式之长处于一体,相当科学,既有力地保护了栏内文字和图画的完整性,也方便读者翻阅。此种装帧形式未见有关书目文献记载,它是否为清代首创,目前很难断言。由于其在雕版、印刷及装订方面较线装书复杂且有一定难度,故未能普及,在存世的古籍中非常罕见,值得珍惜与关注。

(作者:宋文娟,天津图书馆馆员)

古籍书目四角号码索引编制过程的批处理

王永华

2003年以来，笔者有幸参加或独立完成了《（稿本）中国古籍善本书目书名索引》《天津图书馆活字本书目索引》《三十三种清代人物传记资料汇编人名索引》《清代科举人物家传资料汇编人名索引》《中国活字本图录索引》《天津艺文志索引》等书目四角号码索引的编制和版面制作工作，对运用计算机常用软件自主编制书目索引的操作流程，进行了较为全面的探索和实践，掌握了较为成熟的编制技术，并曾撰文做了较为详细的叙述和总结。可是，笔者在完成《三十三种清代人物传记资料汇编人名索引》的编制工作时，对于这种拥有18000多个条目的大型索引，总感觉一些编制环节仍需逐条手工处理，操作繁复，非常耗时费力，有必要进一步地探讨，尽量使一些操作过程实现批处理，以提高自动化程度和工作效率。本文即是对近期的一些实践成果作一归纳和总结，以期与有关人士进行交流。

一、索引同码首字的批处理

古籍书目四角号码索引的首字（指书名或著者等查找对象的第一个字）和号码具有小标题性质，一般独占一行，字体稍大醒目，便于查检。按照以往四角号码索引的编制习惯，四角号码相同的首字，在索引制版时只著录首字而不再重复著录相同的号码；而且这个首字还要与上面的与之同码的首字版式一致，位置对齐。如果在文字处理阶段没有做好相应的准备，在排版阶段要想将这些同码首字完全对齐是比较困难的。

所谓文字处理阶段即文件处于 Visual FoxPro 的处理阶段[①]。我们在这一阶段所要进行的准备工作是:首先,利用"删除重复文字"程序,将首字列和四角号码列重复的内容删除,但是删除后的位置并不是什么都没有,而是以空格代替,然后使用替换命令再将四角号码列的空格用替代符填满:

REPLACE ALL 四角号码列 WITH "ttttt" FOR 四角号码列=" "

"ttttt"即为替代符,因为四角号码包括附号共5个阿拉伯数字,所以用5个"t"替代。这时不重复的四角号码和替代符就填满了整个四角号码列。接下来,再把首字列的空格全部传导给四角号码列:

REPLACE ALL 四角号码列 WITH " " FOR 首字列=" "

因为首字列同码不同首字的存在,而对应的四角号码列与上面的号码相同,已经被替代符代替,所以首字列的空格比四角号码列的替代符少,同码首字四角号码的替代符"ttttt"就保留了下来。

有了这些同码首字四角号码的替代符,就可以把它们当作普通首字的四角号码一样来批处理,进行分列和转换格式。前四码一列,附角号码一列,转换成相同的字号(一般选择粗体,附角号码一列另设为下标)。当文件导出转换成 Word 文件进行排版时[②],替代符"ttttt"在适当的时候全部自动替换为相同格式的空格。因为空格与普通字符具有相同的占位性质,不带四角号码的同码首字就与带四角号码的普通首字一样,排到四角号码或相同数量的空格后面,收到所有首字自动对齐的效果,这样就完成了对它的批处理。

二、索引第二字相同二码的批处理

古籍书目四角号码索引的版面中,查找对象(指书名或著者等)是逐字按照四角号码排序的,除首字的四角号码需要标注外,第二字的前二码也需要标注。在同一首字下,不论第二字是否相同,前二码相同的仅标注一次(暗排明不注)。大型索引如果在排版时逐一手工去掉相同二码也是很麻烦的,因此,在文字处理

[①] 参见笔者《Visual FoxPro 在古籍书目四角号码索引编制中的应用》,《河南图书馆学刊》2006 年第 4 期,第 105—107 页。

[②] 参见笔者《古籍书目四角号码索引的版面制作》,收入中国图书馆学会古籍整理与文献保护专业委员会、国家古籍保护中心编:《全国图书馆古籍工作会议论文集(2008 年·天津)》,国家图书馆出版社,2009 年。

阶段将相同二码用替代符代替,在排版阶段就可以轻松实现批处理了。

　　实际的操作方法是:首先在 Visual FoxPro 中将文件排序完成,根据第二字的前二码插入"二码全码列"和"二码参照列",将前二码导入二码全码列,然后调用下面自主编制的二码替重程序:

```
SET TALK OFF                        && 二码替重程序
USE 四角号码索引.DBF
X = 1
GO X
DO WHILE .NOT.EOF( )
STOR 首字全字列 TO SHOUZI           && 把首字存入变量"SHOUZI"
STOR 二码全码列 TO ERMA             && 把二码全码列存入变量"ERMA"
DO WHILE .NOT.EOF( )
SKIP
DO CASE
CASE 首字全字列 <> SHOUZI           && 首字不同重新循环
LOOP
CASE 二码全码列 <> ERMA
REPLACE 二码参照列 WITH ERMA        && 首字相同二码空列存入二码
CASE 二码参照列 = ERMA
REPLACE 二码参照列 WITH "EM"        && 首字相同重复二码用替代符"EM"
                                      替换

ENDCASE
ENDDO
X = X+1
GO X
ENDDO
USE
RETURN
```

　　在 Visual FoxPro 的文件中调用该程序,会使上一个二码存入下一个与之相同首字的二码参照列中;当首字相同,二码也相同时,二码参照列用替代符"EM"

替换。程序调用完成后,将二码参照列中的替代符"EM"导入二码全码列：
　　REPLACE ALL 二码全码列 WITH "EM" FOR 二码参照列＝"EM"
　　二码全码列中的二码基本保留,仅有二码参照列中的替代符"EM"将二码全码列中不需要的重复二码替换掉。此时的二码全码列就可以作为正式排版内容导入 Word 文件中了。

　　替代符"EM"在排版批处理时,如果替换成空格后查找对象的格式不能对齐,也可以利用 Word 替换功能中的高级替换,改变空格的字符大小,达到文字对齐的目的。不过这一操作一定要针对替代符"EM"来进行,如果变成空格再改变字符的大小,其他位置存在的空格也跟着改变,版面上就会出现一些错误的结果。

三、索引内容主体版式的批处理

　　查找对象和页码是索引内容的主体部分,查找对象构成索引内容主体部分第一列,页码构成索引内容主体部分第二列。两列的对齐,可由将版面制作准备阶段插入的替代符与占位符,通过查找和替换转换为制表位或等量的空格来实现,也可以通过套用表格来实现。

　　实践证明,两列对齐的三种方法(分别采用制表位、等量的空格、套用表格)中,采用制表位是比较简便实用的方法。具体的操作方式是:首先,在 Visual FoxPro 文件中插入几列不同的替代符(索引排版时,针对不同位置的替代符进行不同格式的处理,如文字居中、断行、替换、更改字号等一系列操作,相同替代符都会跟着统一变化,同样能达到批处理的目的),在文件导出时将其中一列置于查找对象列和页码列中间。接下来,将替代符利用 Word 的高级替换转换成制表位(制表位在 Word 替换中的符号是"^t"),页码列会自动对齐并与查找对象列分开。两列的宽度可以根据版面大小的需要,通过高级替换中"格式"按钮中的制表位选项,在其"制表位位置"对话框中填入不同的数值进行调整,以获得满意的效果。

　　索引的查找对象为书名时,其用字的多少可能比较悬殊,对于长度超过一行的书名,它会自动回行,制表位也能将已经到下一行的页码控制在适当的位置。但是,书名的长度与页码正好填满一行时,可能会造成书名与页码之间的距离太近,从而影响版面的效果。可以采取在制表位前后加入适量的空格,强行拉开书名与页码之间距离的方法,迫使距离过近的页码自动回行。

另外,书名回行时不能顶格,应与第一行的文字对齐,或再缩进一格。缩进一格的批处理方法比较简单:先是"Ctrl+A"进行全选,再选择格式中的段落对话框,在缩进的特殊格式中选悬挂缩进,最后在度量值中填入适当的数值并确定即可。前面说过,书名前是书名第二字的前二码,阿拉伯数字可能与汉字的字符宽度不同,整数值的字符缩进量可能很难对齐,不过,度量值可以精确到小数点后面两位,经过反复测试是可以精准对齐的。

总而言之,计算机古籍书目四角号码索引的编制与传统的手工编制相比,快捷、准确的优势明显,二者确实不可同日而语,但其编制过程应该说还是比较复杂的,除文字录入、标注四角号码、排序替重、文字格式的处理与转换、版面的制作与调整,以及逐页题名的编辑与制作等主要环节外,许多细节的调整和处理及文字校对的工作量仍然很大,特别是条目众多的大型索引更是如此。但即便如此,我们仍然可以相信,随着不断探索和实践,运用计算机编制四角号码索引的技术将会越来越成熟,自动化程度和批处理能力将会不断提高,操作过程将会越来越简便易行,也希望这种方法能被更多的古籍整理工作者所接受和采用。

(作者:王永华,天津图书馆副研究馆员)

《中华古籍总目·天津卷》对 MARC 数据的利用及计算机编目方法初探

丁学松

《中华古籍总目·天津卷》编纂工作开始于 2010 年 3 月。当时我们进行了初步调研,天津地区有约二十个图书馆收藏一百万册古籍。面对如此规模的藏书,面临如此浩大的工程,如何起步?如何完成任务?这是摆在我们面前必须回答的问题。

我们结合多年实际编目经验,经过反复论证,确定了编纂工作两步走的指导思想。第一步为计算机编目,第二部为手工编目。前者回答了"如何起步"问题,后者回答了"如何完成任务"问题。经过这几年时间的编目实践,到目前为止,我们基本完成了《中华古籍总目·天津卷》编纂任务。兹将对 MARC 数据的利用及计算机编目之方法,条述如下:

一、数据来源与准备

编纂的首要问题是数据来源。我们根据《中华古籍总目编目规则》设计了工作表,下发到各参编单位进行数据填报,做到统一规范,保证数据质量,为《中华古籍总目·天津卷》准备好了基本规范的数据。

天津图书馆在数据方面有着良好的基础。天津图书馆于 2002 年起开始建设古籍机读目录数据库,采用 ILAS 图书馆自动化集成系统(ILAS II 2.0 Unicode 版),至 2009 年已经基本完成,包括善本数据 15000 余条,普本数据 36000 余条。如此大的数据资源无疑应该在《中华古籍总目·天津卷》编纂中发挥作用。如何将 MARC 数据导出、转成规范的待编数据是整个编纂工作重要的第一步。我们经过大量的测试，终于解决了这个问题。下面介绍如何将 MARC 数据导出及应用。

（一）数据梳理

在数据导出之前，先对 MARC 数据进行梳理。

本馆的善本和普本数据存在于一个物理库，由 001 字段将一个物理库分隔成若干逻辑库。001 是记录标识号，这个字段包含与记录唯一相关的标识符号，即编制本书目记录机构分配给本记录的控制号。本馆古籍 MARC 数据对 001 的设计为：代码 2 位+年份 4 位+流水号 6 位，共计 12 位数字。

在本次编纂中，要用到 001 代码为 41（善本）和 61（普本）的两个逻辑库的全部数据。因为个别标识不全，我们无法将这两个库的数据完全导出，补全 001 字段就成为至关重要的一个环节。既然无法用 001 字段导出，那么只能用大流水号将全部数据导出，将 001 字段为空的数据，依据其索书号判定类别，再在 001 字段中做相应修改，之后就可以将 001 代码为 41 和 61 的两个逻辑库的数据全部导出。

为了保证古籍没有遗漏，需要对导出的数据进行清点。最简单的方法就是用 MARC 数据中的索书号与流水号命中查缺。本馆索书号采用的是形式索书号，即藏书的流水号，要查出 8000 多种书的索书号有无遗漏，最简单、准确、快捷的方法就是用电脑自动生成 9000 个流水号，用导出的索书号与这 9000 个号一一对应，没有对应上的就是漏做的。具体做法是：在 FOXPRO 里生成 9000 个流水号，然后用 MARC 数据导出的 905@s 字段的数值与之一一命中，命中的数据加"Y"作为标识。命令为：repl all 命中 with "Y" for 905@s 数值==流水号。没有标识为"Y"的数值就是漏做的索书号。将这部分数值导出，按号调出原书补做数据，从而切实保证不遗漏一册古籍。

（二）数据导出

完成数据梳理后，就可以进行数据导出。将 MARC 数据从数据库中导出，先要确定导出哪些字段。根据《中华古籍总目编目规则》，古籍普查平台模块的基本著录项，以及实际工作的需要，确定需要输出的字段如下：

字段说明	《中华古籍总目编目规则》	平台	MARC
索书号	索书号	初始信息　索书号	905
分类	分类标记	分类	696
书名著者	书名项　著者项	题名著者	200
版本	版本项	版本	210 205
行款	行款	版式　行字口边	305
装帧形式 册函	无。工作备用	装帧:装帧形式 册数	010b 215a
收藏机构及代码	收藏机构		

确定了输出字段,开始数据输出。输出界面如下:

MARC 数据输出:

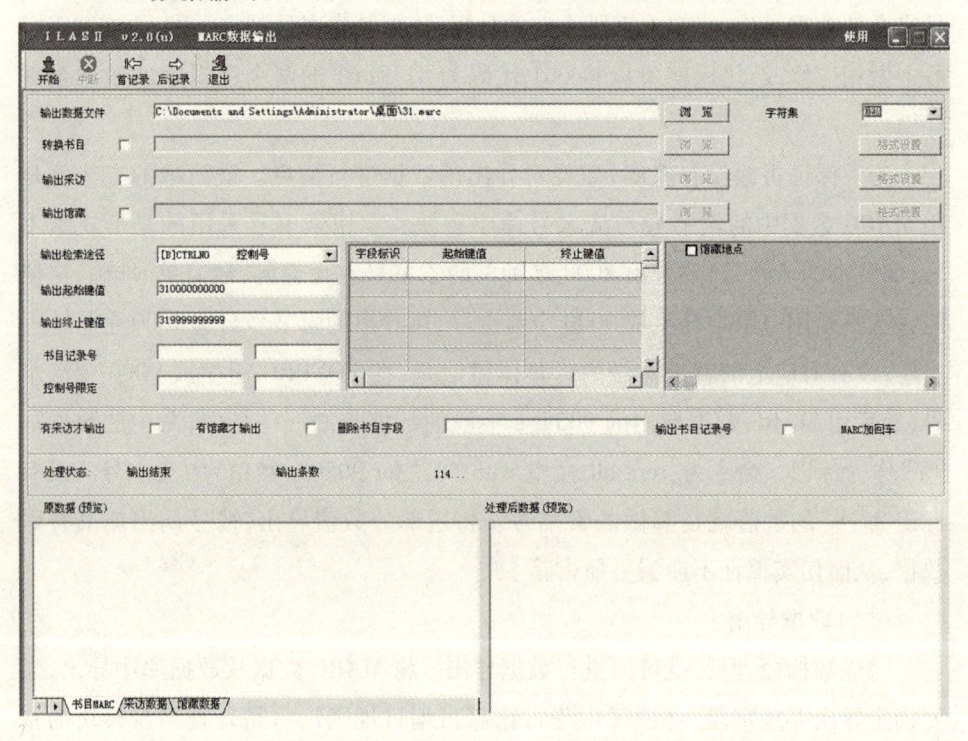

定长数据与 MARC 数据转换：

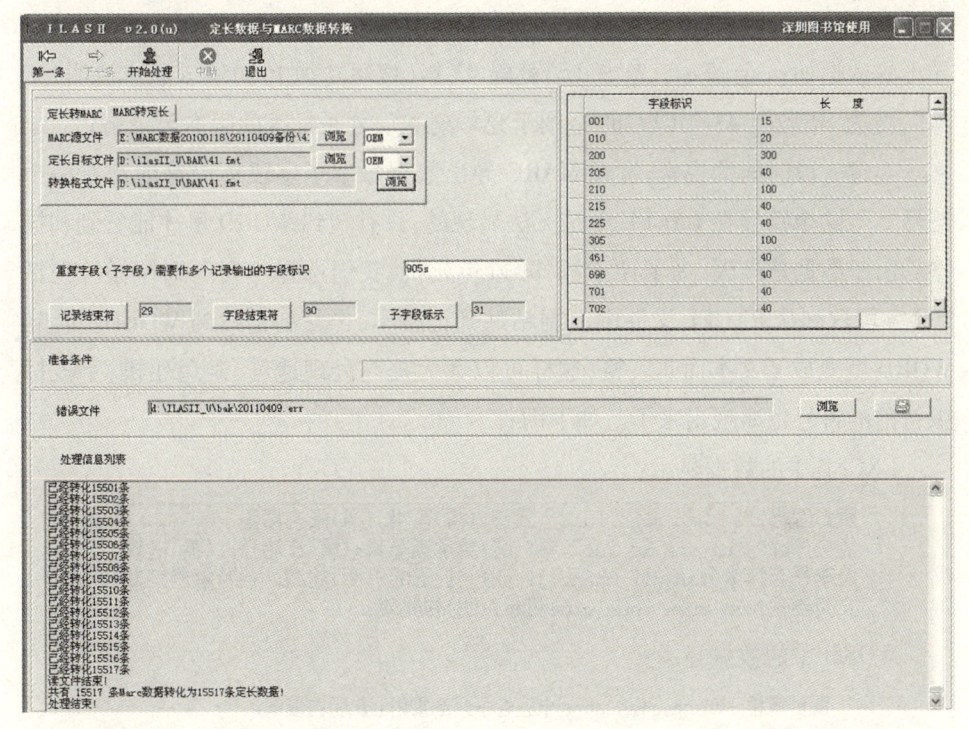

导出数值设为最大，文件格式为 fmt 格式。导出字段有 010b、200、205、210、215a、305、696、905 八个字段。

导出的 fmt 文件用 Excel 打开。

文本导入：①选分隔符（固定宽度）→②设置字段宽度（列间隔）→③设置每列数据类型→完成。导出的数据如下图：

二、数据整理

在导出的数据中，有许多需要去除或调整的地方，比如子字段标识符，200 字段中的@9正题名汉语拼音、@b一般资料标识这两个子字段要去掉。还有需要调整顺序的210字段,其子字段顺序为:@a出版地、@c出版者、@d出版时间。导出的数据如:a金阊c于光华d清乾隆43年(1778),加上205@a版本说明"刻本",变为"清乾隆43年(1778)金阊于光华刻本",才是标准的版本著录格式。

经过一段时间的摸索,发现MARC导出数据每个子字段标识符前都有一个符号"-",这个符号在EXCEL中是无法显现的,只有转到WORD里才能看到和操作。由于数据量巨大,为了便于操作,避免死机,我们选择一列一列地做。先把200字段这列从EXCEL文件中复制粘贴到记事本,再复制粘贴到WORD。转到WORD就变成了文本而非表格,这样可以大大提高处理速度,避免死机,字段标识符前的符号也显现出来了。如下图:

EXCEL中的数据显示:

賦鈔箋畧9fu chao jian luee十五卷f(清)雷琳,(清)張杏濱箋
經史序錄9jing shi xu lue二卷f(清)吳承漸纂輯g(清)江詒孫,[吳]楷較
唐李長吉詩集9tang li chang ji shi jie五卷f(明)徐渭,(明)董懋策批注
文苑春秋9wen yuan chun qiue四卷f(明)崔銑輯

WORD中的数据显示:

賦鈔箋畧 ¬9fu·chao·jian·lue¬e十五卷 ¬f(清)雷琳,(清)張杏濱箋
經史序錄 ¬9jing·shi·xu·lu¬e二卷 ¬f(清)吳承漸纂輯 ¬g(清)江詒孫,[吳]楷較
唐李長吉詩集 ¬9tang·li·chang·ji·shi·ji¬e五卷 ¬f(明)徐渭,(明)董懋策批注
文苑春秋 ¬9wen·yuan·chun·qiu¬e四卷 ¬f(明)崔銑輯

利用这种独特的标识符,将文本文件转换成表格,去除不需要的拼音及子字段标识符,就形成规范的"书名卷数"著录项。

210字段。同上方法将这一列从EXCEL中复制到WORD中形成文本,将文本转换为表格,分隔符用"d",变成两列的表格,第一列是210@a出版地和@b出版者,第二列为@d出版时间。将第二列剪切、粘贴到第一列之前,然后将表格转换为文本,再替换掉文中所有子字段标识符a、b、d,210字段调整完毕。将处理完的210字段与205字段合并,就成为版本项。

三、数据分类

《中华古籍总目》是分类目录,分类是重点、难点,也是整个工作的焦点。

全部数据准备完毕,按工作要求,要将全部数据分为经、史、子、集、丛五部分别处理。我馆古籍MARC数据采用696字段(国内其他分类法分类号)。导出的

696 字段,包含子字段@a 分类号、@c 分类复分、@2 系统代码,如 a 集部 c 总集 c 通代 2skf。在 EXCEL 中按 696 字段排序,各部集中在一起,就可以分别形成经、史、子、集、丛五个新文件。

本馆使用的四库分类法,与《中华古籍总目》分类体系相比,有许多需要调整的地方。分类后若以类名排序,就不能达到最终的分类要求。只有把《中华古籍总目》分类表各类的类名编成数值型编号,才能解决排序及调整分类的问题。把经、史、子、集、丛五部顺序定为 1、2、3、4、5,每一级类预留两位(最大值即为 99),共为 9 位。以经部第 18 类"小学类"为例:

类名			类号
小学类			118000000
	文字之属		118010000
		说文	118010100
		传说	118010101
		专著	118010102
		字书	118010200
		通论	118010201
		古文	118010202
		字典	118010203
		字体	118010204
		训蒙	118010205
	音韵之属		118020000
		韵书	118020100
		古今韵说	118020200
		等韵	118020300
		注音	118020400
	训诂之属		118030000
		尔雅	118030100
		群雅	118030200
		字诂	118030300
		方言	118030400
		译语	118030500

依据这个类号表,给每个数据以相应的类号,按类号排序,就可以得到要求的分类目录草目了。

尽管每一种书的版本不同,但分类是相同的。因此在确定部类和类号后,根据书名就可以通过计算机自动给出类号,避免重复劳动和同书不同类的错误。另外类名与类号可以相互转换,以应对不同要求;在实际编目中采取复制粘贴类号的工作方法,减少录入,避免二次错误。为了应对可能出现的不同分类体系间的部类调整,可以给出不同的类号,在类号之间找出对应关系,剩下的工作就交由计算机来完成。对可能出现的同名不同类问题,可以通过增加著者等其他限制条件,给出正确的类号。这个类号自动添加程序可以随时修改,随时添加,逐步完善。我们通过实际应用,证明上述工作方法切实可行,速度快,质量高,虽然避免不了手工编目,但大大提高了编目的速度和准确性。

四、自动添加著者生卒年

《中华古籍总目分类款目组织规则》有"著者生卒之先后原则"。每条书目数据在给完类号后,就要按照著者生卒年来排序。利用已有的可搜集到的资源,通过OCR识别将图像文件变成文本文件,转变成"著者"和"生卒年"两列,利用FOXPRO程序,自动命中著者生卒年。凡命中的著者,给出著者姓名及生卒年。如:蔡元春　蔡元春Y17271814。确定命中的著者姓名无误后,将生卒年从这一列中分割出来,以"Y"为分隔符,就分离出"17271814",作为生卒年的排序列。

《中华古籍总目分类款目组织规则》有"版本产生之先后原则"。利用MARC数据中210$D字段,得到版本年代。如:

```
d清初[1644-1735]
c黨三經鋪d明萬曆十一年[1583]
d明[1573-1619]
d清初[1662-1722]
d明[1573-1619]
d明萬曆十四年[1586]
d明[1368-1644]
d明[1573-1619]
d明[1573-1619]
d明萬曆十二年[1584]
d明[1368-1644]
c積善堂d明萬曆十二年[1584]
```

将出版年分离出来自成一列,是排序的又一依据。

完成了上述步骤,也就是按《中华古籍总目编目规则》完成了对书目数据的编排工作。此外,各数据后有古籍普查平台给各参编馆的编号。这是排序的最后一个数据。依次按照类号、生卒年、版本年代、藏书单位代码进行排序,也就完成了《中华古籍总目·天津卷》排序的工作准备。

五、结语

良好的数据基础是《中华古籍总目·天津卷》编纂的决定性因素。MARC 数据对古籍的描述非常全面,各个著录信息都可以单独导出利用,可分可总,有利于揭示古籍的各个层面,为文献开发提供了重要的信息。另一方面,在对数据的利用中,又可以发现数据中的错误,进一步修正完善数据,形成一种良性循环,引发对古籍书目数据标准著录更深入的思考和研究,使之更为科学完善,更易于利用在各个领域。

(作者:丁学松,天津图书馆馆员)

国家图书馆古籍修复技艺传习中心人才培养模式思考

陈红彦

2009年,国家图书馆古籍修复组被文化部确定为"国家级古籍修复中心"。2013年6月,文化部委托国家图书馆又成立了"国家图书馆古籍修复技艺传习中心"。2014年,古籍馆修复组被中组部、中宣部、人力资源和社会保障部、科技部联合授予"第五届全国专业技术人才先进集体"称号,国家图书馆古籍修复发展空间得到拓展。

国家图书馆2011年起闭馆维修,国家图书馆的古籍修复随之也进入一个特殊的工作时期。2011—2014年闭馆期间,修复室重新装修,基础设施得到很大改善,着力扩大的国内外交流取得很好的效果,开展的专项形式的修复成效显著。这一阶段古籍善本处于封箱阶段,修复任务调整,修复人员面临退休高峰,困难与机遇并存。

在这样的情况下,该如何调整,抓住契机,将人才队伍建设好,让技艺传承和修复工作更好地发展?笔者有一些想法,特提出与业界同行探讨。

一、国家图书馆古籍修复人员构成及工作现状

(一)人员构成

目前修复人员共19位,其中正研、国家级非遗古籍修复技艺传承人1位,副研1位,馆员及馆员以下职称17位(其中近年入职的青年员工9位,6位具有硕士研究生学历)。五年中面临退休人员5位,40—50岁人员空缺。年龄、职称梯队断档情况凸显。

（二）工作状况

部分技术成熟者在全国古籍保护人才培养中承担大量教学任务，承担入选国家珍贵古籍名录的馆外藏品修复保护工作；临时修复任务繁重，特别是 2013—2014 年，国家典籍博物馆首展千件藏品出库，维护保养和布展临时处理任务繁重；结合新采新编文献，抢救性修复任务繁重；开展的馆藏"西域文献""天禄琳琅"专项修复工作科学化、规范化的要求迫切，社会期望值高；维修期间，工作空间狭小，无法全面施展。

（三）人员配备管理模式

国家图书馆古籍修复发展的历史上师徒传承的模式早已有之。2013 年 6 月 8 日，"国家级古籍修复技艺传习中心"在国家图书馆古籍馆举行揭牌仪式。仪式上，国家级非物质文化遗产项目古籍修复技艺代表性传承人杜伟生正式收徒，从技术上对国家图书馆 8 位年轻的修复馆员加以培养，加速年轻人的成长。这对于年龄梯队中间存在严重断档情况的修复组而言，是行之有效的办法。

拜师后，每天由杜伟生解答年轻人在古籍修复中遇到的问题，副研究馆员朱振彬一步步按照操作流程规范教授修复技艺，让年轻人熟练掌握操作手法，有效地提升了技术水平。西域文献、普通古籍、拓片、契约文书、地图、年画、手稿等特藏文献都有修复需求，修复人员获得了全面熟悉的机会，水平也获得长足的进步。

经过四年的探索和实践，笔者认为，日常工作、专项修复与教学实践的结合，开放的经营理念和研究模式对修复行业的发展是非常有效的途径，也是人才成长的理想环境。

二、专项修复与传习结合——人才培养的有效途径

（一）"天禄琳琅"珍贵古籍修复项目——全流程参与，全面提升水平，实现古籍保护功效最大化

2013 年 8 月 27 日，"国家图书馆藏'天禄琳琅'珍贵古籍修复项目"启动仪式在国家图书馆稽古厅举行，仪式现场对待修的破损古籍进行了展示。

清乾隆九年（1744），乾隆帝命内臣检阅秘府藏书，择宋、元、明之精善本进呈御览，列于昭仁殿，御题"天禄琳琅"。昭仁殿也因此成为中国历史上第一个收藏内府珍籍的特藏书库。嘉庆二年（1797）乾清宫起火殃及昭仁殿，殿中藏书皆遭

焚毁，于是重新甄选善本入藏，用七个月的时间完成选目入藏，据《天禄琳琅书目后编》共入藏 664 部。这些书另钤"天禄继鉴"印。清末民初，由于兵燹战乱、保管不善、巧取豪夺等，后编藏书从故宫陆续散出，且已有缺失损毁。经初步统计，现存天禄琳琅后编藏书为 600 部左右。除台湾"故宫博物院"外，国家图书馆藏量最大。

国家图书馆为"天禄琳琅"古籍提供了恒温恒湿的保存条件及完备的防火、防盗设施，但这批文物入藏前曾遭水浸等损害，导致 3500 余册藏品中约 10%存在严重的纸张糟朽、絮化、粘连、原装帧结构解体以及装具严重破坏等问题，一些书页机械强度很低，无法展阅，且存在破损状况进一步恶化的隐患。

2013 年，国家图书馆对"天禄琳琅"古籍进行了整理及破损情况分析。分析结果表明，根据文化部《古籍特藏破损定级标准》（WHT22—2006），"天禄琳琅"古籍中约有 300 册属于一级破损，急需抢救性修复。其中一些古籍历史上曾经修复过，但修复效果不理想，对继续生存有一定困难。"国家图书馆藏'天禄琳琅'珍贵古籍修复项目"由此而立。

国家图书馆历史上曾经有过赵城金藏、敦煌遗书、《永乐大典》、西夏文献的专项修复，为确保此次专项修复工程的顺利开展，国家图书馆古籍馆总结历史上的经验，也总结教训，先进行了细致全面的前期破损情况及修复需求调查工作，并根据调查结果制订初步方案，邀请国内古籍修复界的专家对文献修复方案进行研讨。几轮讨论后，古籍馆与专家们一起确定了国家图书馆藏"天禄琳琅"古籍整体修复方案。这一论证的过程，也让中青年修复人员增长了见识，积累了经验。

馆藏"天禄琳琅"古籍破损类型多，破损严重程度不一，数量大，修复难度大，这些既是不利因素，也是增长见识、全面学习掌握修复技术的有利因素。针对"天禄琳琅"古籍的修复，我们采取了结合技艺传习、分层培养青年技师的办法，希望在 4—5 年的修复过程中既使这批濒危珍贵典籍重放异彩，也让一批年轻的古籍修复人才经过历练后拥有妙手仁心，技术和理念有不同程度的进步，走向成熟，为高端人才的产生打下基础。

馆藏"天禄琳琅"古籍的修复，原则上秉承"修旧如旧""最小干预"的原则和宗旨，运用古籍修复传统技术手段，经过拆解、清洗、脱酸、粘接、补配、压平、装订、配制函套等流程，使用传统工艺技术和修复材料，视每件古籍具体情况进行安全、有效的修复。

此次修复由于书皮、书页涉及不同材料,在材料准备的过程中存在困难,古籍馆组织对修复材料进行科学检测,有针对性地定做修复用纸和书皮用绫子。同时对每件文物进行病害分析,包括现状分析、酸碱度分析、纤维分析等,针对每件文献研究并拟订科学的修复保护方案,找出适配材料,实施修复并建立完整的修复档案,整个过程尽力科学规范。修复流程中也增加了配置装具的流程。

目前这项修复由朱振彬副研究馆员带领年轻人进行实验性修复,为2015年全面铺开修复打下基础。

修复中,在实现原生性保护的同时,我们也支持了"天禄琳琅"古籍的出版工作。通过这个书的修复、整理出版,进入使用研究层面,实现再生性保护成果,展示馆藏,服务社会,形成研究成果,这也是实现修复工作功效最大化的途径。

在这个项目上,古籍馆分工协作,修复、整理、深度加工研究相互配合,在完成修复的同时,研发数字产品,发表科研专著、论文。

(二)西域文献修复,与学界结合,充分利用外脑,文献学、书籍史等多学科融合,造就复合型人才

在全面培养修复人员的同时,创造条件,培养复合型人才队伍,创造优秀人才脱颖而出的环境,开辟大师之路,塑造在行业有影响的领军人物,成为一种需求和可能。

在修复"天禄琳琅"古籍之前,对西域文献的修复,是内容整理发布与修复技艺相结合开展文献修复的范例,也是培养复合型人才队伍的最佳途径。

近年来国家图书馆分四批入藏和田文献780余件,其中纸质文献约370件、木简木牍约410枚。包括汉文文献、于阗文文献、藏文文献、希伯来字母文献、梵语文献、吐火罗语文献、粟特文文献等,年代为4—9世纪,形态包括木简、卷轴、函牍,内容有政府文书、私人信札、契约、典籍、佛经等,具有极高的文献和史料价值,已引起西域研究学者、民族语文研究学者的关注。但是这批文献到馆时状况不佳,多已残损或折叠在一起,修复之前无法提供给读者使用,更影响学术研究的开展。但要开展修复,对于文献中涉及的文字,国家图书馆没有专门的人才。

针对面临的困难,国家图书馆邀请北京大学段晴、荣新江教授等著名学者,开展文字释读及修复方案、修复技术路线的商讨。

在此次修复中,修复人员为每一件纸质文献建立了一套修复档案,内容包

括：馆藏编号、年代、语言文字、文献分类等；文献用纸情况，包括纸张的厚度、成分、帘纹等；修复前的规格与状态、修复方案的分析制订、选配补纸、主要修复方法、修复后的状态，配修复前文献病害图、修复前后图片、纸张纤维图片。

在残片的存放方式上，有针对性地采取以软皮纸镶嵌于破损残片的四周，以纸张纤维连接，不遮挡文字的办法。软皮纸对残片的边缘起到保护作用，翻动两面有字的文献时可以不触摸原件。镶嵌软皮纸的残片放置于纸夹中，纸夹中另垫一张硬纸板，取放文献时起到托板的作用。一定数量的纸夹，存放于相应大小的函套中。阅读时文字可以完整呈现。

每当修复人员以巧夺天工的技艺让文字显现出来，学者们看到新资料时激动的表情，也让修复人员有了更多的职业自豪感。一些业务科组的年轻人在项目组和专家一起释读，文献缀合了，原本不懂的文字可以揭示给读者了，学术成果出现了，内容与形式的完美结合使文献学、历史学、书籍史、印刷史、材料学等多学科充分融合，复合型的人才梯队培训成效显著。修复成果、文献整理出版相继问世，实现了效益的最大化。涉及不同材质的修复，使年轻人积累了更加丰富的经验，全面的档案记录也为今后的同类修复提供了借鉴。

在与学界结合的过程中，修复人员的视野和对修复这一事业的理解也会提升。

三、开放式经营，注重合作交流和多学科的贯通，"术业有专攻"的同时扩展视野，技艺的成熟与科研素养培养相结合，造就科学规范的中国古籍修复模式

2014年，在首批文化部重点实验室的评选中，古籍馆的古籍保护实验室名列其首，并在评委的建议下更名为"古籍保护科技文化部重点实验室"。实验室对修复的科学保障方面应是更大的平台。实验室规划中，古纸数据库、修复配纸数据库的建立，对修复的研究和实施有很好的促进作用。古籍馆修复人员与文献研究者的配合一直是古籍修复保护的传统，单位内的交流、合作也一直是古籍馆的传统，是多年安全修复的保障。

在单位内部开放合作的同时，与业界其他单位合作，吸收不同风格和手法、不同管理模式的长处，取长补短，也是提高水平，让技术更全面、工作更有效、视野更宽阔的途径。

2010年起，国家图书馆与天津图书馆合作开展了天津图书馆藏周叔弢先生旧藏敦煌及宋元残页的合作修复，这是不同单位间合作开展的全方位研究型修复，科研含量高，合作范围广。事实证明，合作、借鉴和研究，成效显著。

早年，周叔弢先生将其旧藏敦煌残片和宋元古籍零页无偿捐献给天津图书馆。这些资料流传有绪，翔实可靠，时间跨度从南北朝到宋元时期，长达七八个世纪。对如此久远而又原料不同的珍贵纸张做一次完整系统的科学分析，将为这一时期纸张的研究以及古籍的鉴定提供科学的分析资料，在古纸库建立、修复用纸的适配以及保护方法的研究等方面，在古籍修复保护上，都具有重要意义。

周叔弢先生捐献的这两批残页、残片多年来未经系统整理，由于历史原因有起皱、变形甚至开裂、破损情况，一些敦煌文献已整体氧化，严重影响了文献的长期保存，需采取措施，更换衬纸，以防文献进一步氧化。

合作中利用古籍保护实验室的设备，我们对每个残片、残页进行纤维拍照，开展纤维分析，建立完整的纤维资料库，资料库包括纤维的平均长度、宽度，最大长度、宽度，以及长宽比例。对需要脱酸的文献、残页进行脱酸处理，还将进行脱酸、去除氧化斑前后扫描电子显微镜细节观察和对比，分析对比各种方法的优劣，形成脱酸报告，并进行定期跟踪回访，为今后批量脱酸提供理论和实践指导。项目中我们分析敦煌文献破损原因，形成影响因素调查报告，为文献保存寻找合适的微环境，并为文献定制符合文献存储要求的文献装具。

通过项目还记录了杜伟生、张平、万群等修复师的修复技艺，刻录成教学光盘，供今后国家古籍保护中心教学和交流使用。

计划中我们还将撰写出版中国早期纸张纤维图谱和关于中国早期文献的鉴定与保护的专著，为行业提供科学的参考资料。

通过这个修复、研究项目，两馆之间业务深入交流。对天津图书馆万群老师的敬业精神和研究能力、管理技巧，我们充满了敬意。

同行间的交流，思想火花的碰撞，让大家具有了更多的创新意识和思想，人才成长的理想氛围也越来越清晰。参加项目的实验室、修复组工作人员进步非常快，开放、合作、传承显示出强大的生命力。

四、修复事业的中国梦

"国家级古籍修复中心""国家图书馆古籍修复技艺传习中心""古籍保护科

技文化部重点实验室""第五届全国专业技术人才先进集体",这些名称是成绩也是压力,更是责任和使命。面对基础设施越来越好,平台越来越广阔的环境条件,我们下一步应该怎么发展,才能不辱使命?

文化部的重点实验室以国家古籍保护科技重大需求和战略目标为导向,以图书馆的各类文献,特别是纸质文献以及具有历史价值和需要长期保存的珍贵文献为主要对象,开展文献载体损毁机理研究、保护技术研究、保护用品与设备研发、保护标准和规范研究。在文献载体、字迹及保存环境研究,有害生物防治,保护标准制定和基础理论探索等方面,实验室都走在行业前沿,对全国古籍保护工作具有指导作用,是古籍保护科技工作的实践基地。

实验室最鲜明的特色在于多学科交叉与综合应用,包括理学、工学、文学、历史学的交叉,以及物理、化学、生物、环境和造纸等学科的综合应用。基础理论研究和应用技术研发并重,以基础研究支持应用技术研发。科技研究与工作实践有机结合,立足图书馆的古籍保护工作实践,科技研究与工作实践相互促进,现代科技与传统技艺相结合,产学研结合和国际交流并重。

目前实验室、修复中心和基础业务集合的相关标准的制定,专利产品的研发与投入使用等,代表着人才的走向和行业发展的方向。有更多的人关注古籍修复人才的成长,关注古籍修复科学化、规范化的进程,并亲身投入,倾情付出,去努力实现一个个目标,让古籍修复人才成长的环境更加优化,让海内外中文藏书的保护和修复更科学、更规范,让修复保护中文古籍技术和管理模式领先于世界,这或许就是修复保护工作者的中国梦吧。

(作者:陈红彦,国家图书馆古籍馆副馆长)

古籍修复事业任重道远

杜伟生

　　和众多的行业相比,古籍修复行业是个小众行业,而且是小众之中的小众。之所以这样说,是因为无论从哪个方面讲,古籍修复都和"大"无缘。首先,从业人员数量少。2007 年以前,据不完全统计,全国古籍公藏单位从事修复工作的人员不足 100 人。2007 年以后,国家古籍保护中心成立,到目前为止,已经举办了古籍修复技术初级、提高、研修培训班共 16 期,培训修复人员数百人次。与 2007 年相比较,现在公藏单位的古籍修复人员的数量大幅度增长,已经达到 200 余人,应该说发展还是很快的。

　　但是,我国幅员辽阔,有 4 个直辖市、23 个省、5 个自治区、2 个特别行政区。这 200 人左右的修复人员,平均到这 34 个省级地区,每个地区也就 5—6 人。更不用说这下面还有 333 个地级市、2860 个县级城市了。

　　从业人员少,得到的社会关注自然就少一些。古籍修复行业的出现是在纸张出现以后、我国古代文化高度发展的隋唐时期,至今已经一千余年了。隋唐以降,雕版印书风行,书籍数量大规模增加。但在数量众多的古代典籍中,想找一些古籍修复方面的记载,却非常困难。

　　2007 年,国家古籍保护中心成立,社会关注较少的局面被打破。随着古籍展览的增多,介绍古籍修复方面的文章经常出现在各种报章杂志上,社会各界对古籍修复工作的关注远远超过了前代。

　　现在,古籍修复作为专业课程走进了高等教育的课堂。一般来说,古籍修复课程都包含在"文物鉴定与修复"专业里面。而现在开设这个专业的各种院校,已经超过50所。今年还有两家大学开设了有关古籍修复的硕士课程。作为一个新兴专业,古籍修复现在还处于一个逐渐完善的阶段,特别在学科理论上还有许多需要发展和补充的地方。

第一,古籍修复技术史研究。任何一项技术都有自己的发展史。古籍修复技术史是关于古籍修复技术的产生、发展及其规律的科学。古籍修复技术史既要研究古籍修复技术内在的逻辑联系和发展规律,又要探讨古籍修复技术与整个社会中各种因素的相互联系和相互制约的辩证关系。因此,古籍修复技术史的研究既不同于一般的自然科学,也不同于一般的社会历史学,它是综合自然科学与社会科学的一门边缘学科。我国古籍中史学资料极其丰富,但是和古籍修复有关的史料却很少。这需要我们的研究者狠下功夫,在浩瀚书海中把分散在各种古籍中的有关古籍修复技术的史料寻找出来,集中整理,逐渐完善古籍修复技术史。

第二,古籍修复伦理学的研究。古籍修复伦理学在我国台湾等地已经有人开始研究,但在内地还没有引起古籍修复业内人士的足够注意。伦理表现在一切文化与现实生活中,当然也要反映到古籍修复工作中。一切文物,包括古籍都是古代伦理生活的物化。只有了解中国古代的伦理文化,才能正确理解古籍所表达的文化内容,才能做好古籍修复工作。古籍修复伦理学的研究大概有以下几个方面:

其一,是在古籍修复过程中,古籍修复者和收藏者的关系,古籍修复者和修复者的关系,古籍修复者和社会的关系,古籍修复者和古籍保护技术、修复技术科学发展的关系。

其二,古籍修复伦理学的基本理论,古籍修复伦理学的基本原则、规范和范畴,古籍修复伦理道德的教育、评价和修养。

这实际上和我们经常说的"职业道德"有很大关系,但其内容远远超出"职业道德"的范畴。古籍修复事业的发展,得益于业内每个人的劳动。说到底,这都是人的社会活动,都是对于某种道德的实现。我们研究古籍修复伦理,是为了探索古籍修复过程中各方参与者的道德规范,充分发挥"正能量",促进古籍修复事业的发展。

第三,古籍修复材料学的研究。古籍修复材料学是研究在古籍修复过程中使用的修复材料的组成、结构、工艺、性质和使用性能之间相互关系的学科,为古籍修复材料的设计、制造、工艺优化和合理使用提供科学依据。具体包括以下几个方面：

1. 传统手工纸。纸是制作古籍的最重要材料。中国古代书籍使用的都是传统手工纸，其品类主要有麻纸、皮纸、竹纸、混料纸等。原材料不同，造纸的工艺亦有所不同。现在发现，古籍中使用的纸张其实很有规律，在一定范围内，某一种材料的纸张流行有着很强的时代色彩。如麻纸，五代以前使用很普遍，但入宋以后，除个别地区外，就很少见到了。研究中国古籍用纸，要留心这些细节，通过对大量原始材料的积累、整理，找到古籍用纸生产、发展的规律。特别对于那些抄造技术已经失传的纸张，更要仔细研究，挖掘其抄造的工艺，争取品种的恢复，为做好古籍修复工作打好物质基础。

2. 丝织品。古代的丝织品基本按织物组织、织物花纹、织物色彩命名。根据丝织品种的组织结构、采用原料、加工工艺、质地、外观形态和主要用途，可分成纱、罗、绫、绢、纺、绡、绉、锦、缎、绨、葛、呢、绒、绸等十四大类。其中和古籍修复有关的，仅有绫、绢、锦、绸等，主要用来做书衣和镶料。现在我们能见到的和古籍有关的丝织品，宋元的很少，大量是明清时期的。虽然各代丝织品之间的区别不大，但还是有一定的差异。研究这些差异，针对不同时代的丝织品的特点，选择合适的材料来修复古籍中的丝织品，是今后古籍修复工作的方向。

3. 染料、国画颜料。常见的国画颜料主要分两大类：一类是矿物质颜料，也即常说的"石色"；另一类是植物质颜料，也就是"水色"。顾名思义，"石色"就是从各种有色矿石（或贝类）中经过筛选、研磨、过滤、水漂、沉淀、加胶（粉状颜料没有加胶工序）制作而成的颜料，如石青、石绿、朱砂、石黄、雄黄、蛤粉等；"水色"则是从各种植物的根、茎、叶片中提取汁液加工制作而成的颜料，如藤黄、花青、胭脂、曙红等。颜料的加工有严格的工艺要求，不同的产地、不同的工艺对颜色的形成起着决定性的作用。加强对国画颜料的研究，特别是对墨的研究，对于古籍修复来说非常重要。

4. 纸、墨、颜色的年代的测定，目前尚处于一个完全凭借经验来判断的阶段，没有比较科学的方法。特别是纸张年代的测定，数据尚需积累，建立一个有一定规模的古籍用纸数据库，对于加强这方面的研究是非常必要的。

5. 糨糊原料。主要是面粉或淀粉。南方地区做古籍修复时多用小麦面粉做糨糊，而北方地区多用小麦淀粉做糨糊。两种糨糊差异虽然不大，但在黏度上还是有一定的差别。过去国内很少有人做这方面的研究工作。做古籍修复的人，每天都在和糨糊打交道，对于小麦面粉和淀粉应该有所了解，特别是在现在，科技不断进步，很多经验的东西都可以量化、标准化。只要有一定的专业知识和必要的仪器设备，这项工作是可以开展起来的。

第四，古籍形态学的研究。顾名思义，所谓形态，就是古籍的外形构造和古籍内容的统一。通过古籍形态，可以将古籍内容主题准确地传达给读者。形态优美的古籍，一般都是在设计上有一定的创造性，同时是注重印刷、装订的质量和品质的。

初看一下，可能觉得古籍形态学和"中国古代书籍史"中间有关装帧形式的内容相重叠，其实不然。古籍形态学中除包含了中国古代书籍装帧的内容外，还有书籍的外观整体设计、版面的设计、装帧的设计以及制作材料的选择等各方面的内容。而这些都是原来的古籍装帧概念下容纳不了的内容。

第五，古籍修复技术的研究。古籍修复技术是指人们为了延长古籍使用价值，在一定的理论指导下，采取相应的措施从而达到理想目的的操作方法，包括相关的理论知识、操作经验及技巧。由于地域的不同，气候的不同，古籍修复的方法也略有差异。在何种情况下，采用何种方法修复古籍，取得最佳效果，这是需要认真总结的。再有，对前人古籍修复的成果，也要认真研究，特别是对于那些修复精品，要注意尽量保留原始的面貌，发掘精品技术，不断丰富我们的技术宝库。

第六，现代图书保护理论和修复技术相结合的研究。图书保护或图书资料保护技术，是按照图书制成材料的特性及其损坏规律，以研究图书资料保护的基本理论与方法的技术。图书保护在我国历史悠久，早在汉魏时期，当时的人们就懂得用黄檗汁染纸防蠹。长期图书保护工作的实践不仅为图书保护积累了丰富的经验，创造了宝贵的图书保护方法，同时也提供了一定的理论依据。近年来，图书保护新理论和新技术在图书保护中的应用，大大促进了图书保护工作的发展。目前在国际国内均有专门的图书保护机构和研究单位，在高等院校亦开设相应的课程从事专题研究。

古籍修复要和图书保护相结合，才能更好地发挥古籍修复的作用。在图书保护理论指导下，古籍修复工作才更有意义。

古籍修复工作使用的技术手段并不复杂，做好这项工作，经验的积累非常重要。由于传承方式以前一直基于师徒之间的口传心授,现在传下来的修复方法中有的是不符合现代图书保护理论的,例如将原件揭薄以后再装裱的方法。现在要系统地对传统古籍修复技术加以整理和研究,保留其精华,对于其中不符合图书保护理论的,要适当地予以剔除。特别是针对古籍中因纸张内部的因素而发生的酸化、老化现象,要加大研究力度,找出解决问题的方法,促进古籍修复工作的发展。

以上几项工作迫切需要投入一定的人力、物力来开展。除此以外,还有一些标准、规范有待我们去完善。比如古籍修复用纸的标准、糨糊使用的规范等。现在古籍修复技术规范与质量要求已经有了国家标准,但字画的修复、地图的修复等技术规范与质量要求还有待制定,总之,工作还有很多很多。

前面说过,古籍修复行业是个小众之中的小众行业,行业容量有限,故人员不多,也不会多。因为人少,走过的路就窄。不像有的行业,从业人员数以万计甚至更多,这么多人走过的路,肯定就宽阔。

但我们也不要悲观。任何一个行业,有其开始,就有其终结。古籍修复是一个古老的行业,同时也是一个充满生命力的行业。为什么这么说呢?古籍修复行业的产生是在纸的发明以后,她的生命力是和纸的生命力紧紧联系在一起的。纸张已经存在一两千年了,敦煌遗书的存在就是个很好的证明。这些珍贵的古籍再保存一两千年现在看来也没问题。尽管现在有了计算机,又有了多媒体,转移了一些纸的功能,但这些东西永远取代不了纸。只要有纸,古籍修复就有存在的必要。所以说,我们脚下的路虽然很窄,但却很长。希望古籍修复队伍里的年轻人努力学习,潜心研究,早出成果。

(作者:杜伟生,国家图书馆研究馆员)

在北图学习的回顾
——追忆恩师张士达先生

师有宽

人的一生有很多经历,而刻骨铭心的经历并不多,和张士达先生的一段师生缘是我一生都不能忘却的记忆。虽然恩师已经故去二十余年,但是他的音容笑貌依然清晰地留在我的脑海里,他的道德风范融化在我的血液里,他的精湛技艺镌刻在我的生命里。

回望在师傅身边学习的两年,中间已经隔着半个世纪的漫漫光阴。当年在张士达先生面前鞠躬,初入师门学习古籍修补时,我还不满二十岁。现在已年过七旬,忝列古籍修复技艺传习人,在西北一隅收徒教习,唯愿有生之年勉力发扬师傅的德艺。为使那段往事不致湮没于时光,今天对在北京图书馆(今国家图书馆)学习的两年经历做一个回顾。

一、初到北京

我自1959年参加工作后,一直在甘肃省图书馆工作。其中1961年7月至1963年7月的两年时间,组织选派我参加了文化部群众文化局举办的全国第一期装修古旧线装图书技术人员训练班,在北京图书馆古籍装修室学习。

馆人事干部口头通知我:馆里派你去北京图书馆学习两年,被褥及生活用品自备,伙食费自付,迁转户口和粮食关系。我听后真是高兴极了,做了三天的准备工作,第四天坐上了由兰州开往北京的列车。这是我平生第一次出远门,经过四十多小时到了北京站。下车出站一眼望去,北京真大、真美,我心里有说不出的高兴和激动,同时又很紧张,不知道北京图书馆在哪里,怕找不到。我从车站行李托运处取出行李,扛着沉重的被褥包袱,看到一辆人力三轮车,走近问车夫:你知道北京图书馆吗?他说知道,在北海公园西边。他帮我把行李放在座位的一头,我就这样坐着三轮车顺利地来到了北京图书馆。

第一天首先到人事处报到,并上交迁移到北京市的户口和粮食关系等手续。总务科给我们安排住处,在西皇城根集体宿舍内。我们两个男的就加住在男单身6人的一间大房内,共8人居住。肖顺华先生(大组组长)、肖振棠先生(古籍装修室组长)和学员们互相认识,简单介绍了北京图书馆的情况和办班的目的,还领着我们看了食堂的位置。

第二天早上9时,在北图装订组的一排平房前举行了开班仪式。善本部主任赵万里先生和冀淑英女士参加,会议由肖顺华先生主持,人事处处长宣读训练班的一些规定和制度,肖顺华先生宣读了以师带徒名单。

肖振棠师傅带北京图书馆的宋康民,张士达师傅带北京图书馆的王丽英和甘肃省图书馆的师有宽,肖振邦师傅带黑龙江省图书馆的柳长发,李道之师傅带吉林省图书馆的吴丽芝,魏梅占师傅带湖北省图书馆的王思靖,李书梦师傅带南京图书馆的朱殷章(名字记不准确,他学习中途回馆后再未回来),北京大学图书馆的康大姐(名字记不清)是中途来学习的。

仪式结束后,肖振棠先生把每位学员领到各自的师傅面前做介绍,他把我领到张士达师傅面前说:"你的师傅是张士达先生,他是修补古书的能手,以后就跟着他学技术。"并对张士达先生说:"这是西北甘肃省图书馆的学员师有宽,你带着他。"我在张士达师傅面前很虔诚地鞠了一躬,师傅微笑着说:"你很年轻,好好学吧。"从此开始了我两年跟从大师的宝贵经历。

古籍装修室、古籍装裱室和新书装订室同是一个大组,名称为装订组,组长是肖顺华先生。装订组的位置在北图最后边书库大楼东边东北角的一排大平房里,坐北面南。古籍装修室在西边的大三间里,古籍装裱室在中间的大两间里,新书装订室在东边的大四间里,还有一间印刷室。

古籍装裱室共4位师傅:韩魁占先生(组长)、张万元先生、张永清先生和徐朝彝先生。

新书装订室有10人左右,肖顺华先生兼组长,其他人具体名字记不清,因为那时纪律很严,不许串岗,只有大组开会和政治学习才在一起。

二、师从国手

训练班采取以师带徒,边教、边学、边做的方式。开始学习时,肖振棠先生让学员们先看几天,观看师傅们是怎样操作的。我们在每位师傅跟前都仔细看了,然后师傅教我们学习修复普通的破旧古籍,先易后难,不断熟练。在这段时间里,我遇到一些难以操作的工序,反复操作几次后心里不免厌烦,张士达师傅看出了我的不正常情绪,非常和善地劝导说:"学这门手艺,年轻人一开始都会觉得很枯燥,越做就越觉得很有意义,做的时间长了,你会感到很有乐趣。"随着时间的推移,确实如此,我也就喜欢上了这一工作,学习比较刻苦认真。半年后,训练班将学员的学习成果进行展评,我的学习成绩最优。

学习进行到 7 个月以后,师傅开始教我们处理有各种严重问题(如焦脆、絮化、酸化、脏污、粘连等)的书页的方法和操作技术,同时学习古籍的各种装帧形制(从卷轴装、经折装、蝴蝶装、包背装到线装),并学习以"整旧如新"的方法加固古籍的装帧形式——"金镶玉"。由于学习项目和工序不断增多,操作难度也越来越大,这就要求在操作过程中更加认真、细致。张士达师傅对我说:"这是一门手艺活,每一道工序都得细致、认真,不能马虎。上道工序做不好,会影响到下道工序。一个环节出了问题,做出来的活肯定不成样子。"师傅还说:"做手艺活,必须眼到、手到、心到。""没有学不会的技巧,要多练,熟能生巧。眼里过千遍,不如手里过一遍。"在师傅这种对事业执着精神的鼓舞和灵巧双手的指导下,我的学习成绩在一年后的评展会上再次领先。

一年后,训练班根据学员的学习进展,特别是操作技术的掌握,开始让学员参与修复善本书。修复古籍最主要的一道工序就是配纸,只有做到配纸准确无误,才能达到保持古籍原貌和延长寿命之目的。在此期间,训练班专门邀请著名版本专家赵万里先生讲授有关版本知识和古纸常识。我国古纸和现代手工纸的品种有百余种,归纳起来可分为五个大类:麻纸、皮纸、竹纸、宣纸和绵纸。张士达师傅鉴别纸张的经验非常丰富,他经常教我的是看、摸、拉三种技巧。看,多看古纸旧纸,观察纸张细腻匀整程度及色泽等;摸,识别纸张质地柔韧性及平整光滑度;拉,测试纸张是否坚韧有力、耐久性强。他还说:"各种纸张有它的鼎盛期,宋麻,明绵,清开化(宣)。"古籍装修室有两册自制的各种古纸样本,师傅让我平时多翻看,经常和自己修补的书页对照,在实际工作中识别纸张。

张士达师傅对补纸的要求十分严格,从纸张的性能、颜色深浅、厚薄程度,直到帘纹宽窄都基本与原书页一致。师傅在补书页时特别注意原书页和补纸的帘纹,他要求补上的纸纹和原书页纸纹横竖是同一方向,保持纸性的一致,避免横竖拉力不一,书页难以平整。

师傅有一个"百宝囊",是一个布包袱,里面不是金银珠宝,全是各种碎旧纸片。他经常提醒我们,古旧纸张的来源越来越少,而我们修补古籍用纸量越来越大,除积极寻找外,平时的节约也是很必要的。师傅每次都将补书剩余的整张纸很整齐地归还到原材料柜里,把补书页撕下来剩余的碎片,用皮纸条捆扎起来放在他的"百宝囊"里,待以后再用。

师傅性格沉稳,为人谦和,底蕴深厚,见识卓远,缜密严谨,不事浮华。他从不迟到早退,每天总是早到十几分钟,甚至半个小时。他做起活来总是那么专心致志,聚精会神。我坐在师傅的右边,每次看到师傅修复的书都是赵万里先生或冀淑英女士亲自送来,交到师傅手里。师傅将书册小心翼翼地翻开,先仔细观察,商量好修复方案后,就开始做修复的准备工作。从开始清点书页、配纸、修补书页到扣皮订线,都是慎始慎终,一丝不苟。我记得有一天早晨,赵万里先生和冀淑英女士将三册书皮全部破损脱落的《永乐大典》交到师傅手里,让他当天将书皮补粘好。师傅告诉我这是"国宝",我们要认真细致,不能有错。师傅找到和书皮、护页相近的纸,我帮师傅尽快补好后,先将护页粘于书心,然后师傅包裹书皮排实,分册夹在压书板内压实。下午 5 时左右赵万里先生和冀淑英女士亲自来,将三册《永乐大典》全部翻看后,笑着拿走了。

跟随师傅两年,耳濡目染,对师傅的敬佩之情与日俱增。师傅之所以被称为"国手""大师",其实过人之处恰恰在于细微处的精益求精。师傅工作非常细致。拿到书册首先是仔细观察装帧形式、书皮及书页等处的破损程度,然后进行清查。如果页码不清无序,书脑订线以外破损,又不能在书页上做任何记号,师傅就拿一张空白纸,将第一页第一行最前面的两个字和最后一行的最后两个字记录下来,以此顺序类推将全书书页记录完后再进行修补,并保存好记录纸张。修补结束后,对照记录进行检查,订纸捻时做最后一次核查,保证做到准确无误。还有极个别书册在清点时发现有缺页现象,师傅除做缺页记录外,还必定在拆线前告知管理方,经管理方查看后再打开修补。这样做的目的就是让双方都明白是原装缺页,而不是修复时丢失书页。

师傅在修补时根据书页厚薄等情况，细心调好糨糊的稀稠度，这往往是许多修复者忽视的一点，但又是师傅特别强调的。这是因为糨糊的稀稠直接关系到修复的质量和书籍的寿命，稠了书页发硬发脆不平展，稀了没有黏性，起不到固定的作用，补纸与原书页容易脱开，而师傅总是能够把握得恰到好处。师傅还对补痕的宽窄度控制得非常好，一般不超过3毫米，这样补出的书页让人难以看出补痕，书页也很平整。

师傅知识渊博，技艺精湛，古籍修复技艺的高超在业界得到公认。著名版本目录学家、藏书家孙殿起在其所著的《琉璃厂小志》一书中多次提到张士达师傅，称其"颇通目录学，并善装订古书"。许多文化名人与学者也慕名找师傅修复古籍。据师傅讲，鲁迅、郭沫若、冯友兰、郑振铎、李一氓等先生都曾找他修书，赵万里先生还称他为"国手"。

师傅鉴别古籍版本的知识和鉴别纸张的经验非常丰富。我经常看到赵万里先生和冀淑英女士拿着古籍图书和师傅共同鉴赏，师傅从纸张质地、字体墨迹、印章题跋等方面一一细述，滔滔不绝，论理清楚，判断合理。赵万里先生称赞："张先生说得很对啊！"冀淑英女士也连连点头，表示十分赞同，他们每次总是满意而归。古籍装修室和装裱室的各位师傅和同志们，特别是古籍装修室组长肖振棠先生和古籍装裱室组长韩魁占先生也经常向师傅请教这方面的问题，他成了古籍装修室和装裱室的"百科全书""活字典"。大家离不了他，他也很热心地帮助大家。

师傅是个忠厚善良、勤奋节俭的人，与同志们的关系很融洽，大家非常喜欢他。师傅除考虑工作问题时态度比较严肃外，平时总是面带笑容，言语亲切。让人感到最可贵之处，是师傅只看别人的长处，从来不议论别人之短，隐恶扬善，谨言慎行。他为人处世的哲学是和为贵，忍为高。人们常说"志士惜时"，师傅在单位的八小时，可以说都是被忙碌的工作和学习占去，他对待工作是那么细致认真，学习是那么刻苦钻研。

张士达师傅于我既是严师，更是慈父。师傅的耳提面命，常让我感到如醍醐灌顶。师傅对我格外器重，悉心指点，时时点拨，当面示范。在师傅无微不至的关怀和手把手的精心指导下，经过自己的刻苦努力，我学习到了一些古籍装修的知识，也掌握了古籍修复的基本技术。记得赵万里先生和冀淑英女士拿来一套六册的善本书，交到我的手里，并对肖振棠先生和张士达师傅交代让我修补后装成"金镶玉"。这套书非常破旧,天头、地脚焦脆,师傅对我从配纸、修补到齐栏订线的每一道工序都严格要求,仔细查看。修好后交到赵万里先生手里,他仔细翻看补痕后,又从整体细看,六本书的齐栏和订线都成一条直线,赵万里先生满意地对师傅说:"真是名师出高徒啊。"这套善本书后来也做了我的结业成果展品。在学习结业会上,我作为学员代表发了言。结业后,北京图书馆要求我留下工作,因为甘肃省图书馆不同意,我于1963年夏天迁返户口回到兰州。

三、修复《赵城金藏》

师傅常讲,肖振棠先生对古籍修复事业很重视,技术也很全面,有许多绝活。还讲韩魁占先生的装裱技术非常精湛,是整个北京琉璃厂出了名的高手,要我向他们好好学习技术。学习的后期,也就是最后的两个月,张士达师傅和韩魁占先生(装裱室组长)商议,让我在韩魁占先生的亲自指导下,学习《赵城金藏》的修复技术,也是让我学习修复"卷轴装"的技术。因为我经常帮装裱室的师傅们打糨糊,和师傅们的关系很好,韩魁占先生也就同意了。

装裱室的两间大房内摆着两个大裱案,北面墙上和东边墙上订着绷板,还立着些单独的绷板,西边靠墙立着两个柜子,柜内保管着各种材料和当时要修复的《赵城金藏》卷轴。两位师傅在一个大案上工作,各占一边,有分有合,协同工作。韩魁占先生和张万元先生合作,张永清先生和徐朝彝先生合作。

初到装裱室的十多天,韩魁占先生让我先看师傅们是怎样做的,同时我承包了所有的杂活。后来我一直跟着韩魁占先生,给他打下手。在揭托前,先打制糨糊,半小时后调兑糨水,并用细箩过滤。做好各种准备工作后,开始清理卷子上的脏物。用猪鬃刷(油漆刷)将卷子外边粘上的异物全部清刷干净,再用排笔蘸开水刷在粘成块状的卷子上,让卷子浸透,放置在裱案的一边。

接着将比卷子宽15厘米左右的薄水油纸浸湿后刷平在裱案上,接刷得和裱案一样长。然后将放置了约15分钟的湿卷子放正在水油纸上,背面向上,用针锥从卷首的一边开始轻轻揭起。如果揭剥有困难,就再次用排笔蘸开水将卷子浸透一两次,用毛巾吸掉多余水分,用针锥小心地挑揭,揭到案长为一段,找到书心的接缝处分离。

将铺在裱案上的卷段揭去托裱背纸,揭之前用排笔蘸开水在背纸上再浸透一次,用毛巾吸掉水分,开始从一头用针锥轻轻挑起揭开,有的背纸可揭成片,有的可揭成条,有的地方还需搓揭。一段全部揭完后,将比裱案长1米多的白线两头拴上古铜钱,将古铜钱从裱案的两端垂下,白线沿书心上边缘拉直,看书心是否正,如果不正,用排笔蘸水移动对齐或揭开某书页的接缝移动对齐。吸掉多余水分,将接缝处的脏物用小刀刮去,用毛笔蘸半稠稀糨糊粘上接缝。然后用排笔蘸稀糨水刷在书心的背面,絮化严重的地方用羊毫笔刷糨水,刷均匀后及时补上破洞,补齐缺口,将多余的补纸撕去。尽快用小镊子清除书心背面的毛及杂物,紧接着二人协作将托纸对齐书心背面,一人用棕刷将托纸刷平于书心背面,垫上高丽纸,用棕刷排实。

将一段托纸上好后,从一头连同水油纸卷起,擦干净裱案,再将卷子正面向上展开,揭去水油纸,检查文字或线条是否对齐。如有个别不齐的地方,可以正面用针锥轻轻挑起来对齐,背面用毛笔刷上稀糨水,上面垫吸水纸排实。书心上的脏污,用棕刷蘸热水洒于书心,垫吸水纸排粘,多反复几次,将书心洗粘干净,再进行一次排实后,晾在平架起的绷板上。然后再揭托另一段书心,其方法同前。

早晨将晾干的每段书心上墙绷平,把一段书心平展在裱案上,用棕刷蘸清水洒于书心,使之潮润,又卷起来闷润几分钟,再展开用棕刷刷平,然后在托心纸的四周余边处垫油纸条,刷约1厘米宽的稠糨糊。在绷板上横拉一条直线,由几人协作,把书心反过来提起,将书心上面的横边对齐绷板上的直线伸平粘实,放启口条后再次用棕刷墩实。过十几分钟后,给托心纸上洒水花潮润,以防书心比各接缝和边口先干而发生绷裂。

书心经托心上墙绷平,待干透后下墙。我学的那两个月正是炎热的夏天,师傅说不能在气温较高的中午下墙,以防绷裂卷心,因此我们都是在早晨启心下墙。将竹启子插入启口内,让启子前端贴紧墙面,慢慢地向外划出,先下边,再两端,最后用双手夹住书心一头上下两边,向上斜着抬高缓慢取下。

一整卷分几段揭托后,要进行方裁连接。首先在保证原卷不受损的情况下,以原卷上下边缘取一统一标准,进行方裁。先裁齐上下两边,然后再裁齐两头,要注意各接缝的余留尺寸。将经过方裁的各段书心连接成原来的一整卷,就需要将每段的接缝粘接好。在裱案上放一较长裁尺,上面压小铁块固定,再把两段书心的上边紧靠木尺成一条直线,然后将接缝3毫米处用手裁刀轻刮斜,抹上稍稠糨糊粘实。用同样的方法完成一整卷的连接,然后在各接缝处的上下垫吸水纸，放上短木尺用重物压干。

卷心接缝干后，将长卷从尾部卷起，进行简单的削平。用马蹄刀将上下端稍长出的部分轻轻削去，并用细砂纸轻轻磨去刀痕。

以后各道工序，从上覆背纸到最后的装天地杆及缝、粘、穿扎带和骨别子，同传统的长卷装裱方法，不再赘述。

修复的古籍书和《赵城金藏》经卷，都是由各室组长肖振棠先生和韩魁占先生从古籍善本书库领取，填写领书单，并在领书单上签字。肖振棠先生领书、还书时，我们跟着抱书；韩魁占先生每次领十卷左右。一批古籍书领来后，肖振棠先生召集各位师傅，研究每部书的修复方法和修复时间，没有登记册，只是写在纸条上，夹在书里。修书人按纸条上所写的内容进行修复，并按时完成任务。每个人修复完成后，都要交给肖振棠先生检查验收。再集中归还古籍善本书库，经书库管理人员细致核查验收后，将领书单退还给肖振棠先生，先生认为手续清了，领书单也就不保存了。装裱室将卷子领来后，经师傅们研究，按量分给每位师傅，但集中保管在柜子里。修复后经韩魁占先生检查验收，用同样的方法归还书库。

记得修复《赵城金藏》的补纸是从原卷裱背上揭下来的旧纸。修复时用的托心纸和覆背纸，都是广西绵纸。我在装裱室的两个月时间，没有染过纸。

装裱《赵城金藏》使用的糨糊，是用小麦富强粉洗掉面筋的粉子制作的，多为在火炉上（冬天）和电炉上（夏天）熬制，有时也用开水冲制。

我在装裱室的那两个月，每月的定额是 28 卷。那时的制度是很严格的，只许超额完成任务，如果没有完成任务，在下月必须加班补上。

以上是我在全国第一期装修古旧线装图书技术人员训练班学习时的一些回顾。虽然只是短短的两年时间，但我有幸师从全国修复界鼎鼎大名的"国手"、德高望重的张士达先生，使我有了人生中最美好的经历，也使我的人生无怨无悔。

师者如兰，高山景行。

（作者：师有宽，甘肃省古籍修复中心顾问，国家古籍修复技艺传习中心甘肃传习所传习人）

浸水纸质藏品的稳定与干燥

刘家真

遭水浸的纸质藏品需要得到迅速而正确的抢救,使藏品稳定在损坏的初始状态以免继续受损。切不可将其叠放或在日光下曝晒,这会使纸质文献粘连、起翘或变质,导致无法挽救。

在水害发生后的头 8 个小时,水对纸张的损害就已经开始。如果环境条件得不到改善,水的问题得不到解决,在短短 72 小时内霉菌就会生长,并迅速蔓延。一旦出现这类问题,霉菌将难以控制和消除,在其后的数月甚至数年,由霉菌所带来的问题都难以消除[1]。因此,较为成功的抢救方案应是及时采取措施,使藏品在遭受水害后尽快稳定下来。

稳定水湿藏品的方法有干燥与冷冻两种。是先冷冻再干燥还是直接干燥,主要取决于被处理文献数量的多少以及纸张与墨迹对水的敏感性。

尽管对浸水的纸质文献进行干燥也属于稳定方法,但必须在 48 小时以内(也有专家建议在 72 小时以内)得到干燥才可能达到稳定的目的。若无法做到这点,就必须考虑先行冷冻。美国的《重要文件手册:安全备份、灾难准备、反应和恢复》建议:若仅仅是少量藏品受灾,可不进行冷冻,但必须在 72 小时内采取干燥措施。若受损量大,如超过 30—50 本书或是多于 3 个文件柜的文件,立即干燥可能缺乏人力或空间,可考虑先尽快冷冻以防止水对纸张的进一步危害[2]。修复宜在干燥后进行。

若水湿藏品的纸张、墨水遇水易损,则应首选先冷冻再干燥,而修复等工作均需要在干燥后再进行。

1.浸水后纸质藏品的冷冻

水渍的纸质藏品经过冷冻处理,尽管纸内还含有水,而且也需要再处理使之干燥,但只要水渍后的纸质藏品在冰点以下,就可避免其状况继续恶化,例如水溶性墨迹的洇化、纸页继续膨胀及霉菌的滋生等。冷冻的主要优点是使水浸文献可以安全地搁置一段时期,使人们有充足的时间进行干燥与从事后续的修复。绝大多数纸质文献是可以被冷冻的,但也有某些纸质文献不宜进行冷冻,如纸质文献的彩色颜料含有胶料,就不适于采用冷冻法。可将其充分展开后风干,或者封入有脱氧药剂的不透明袋子中暂时保存。

1.1 冷冻前污物的清洗[2]

首先必须指出的是,冷冻前清洗的目的不是让它恢复到原来的洁净程度,而仅仅是去掉附着其上的污物。因此,在清洗过程中,不要力求去除所有泥土或顽固污渍,这不仅会花费大量的时间,降低抢救的速度,还可能进一步损坏纸质文献。这类清洁工作,需要留待冷冻、干燥后的修复工作处理。一旦被清洗,应将这类纸质文献尽快进行干燥或冷冻处理。

1.1.1 被清洗对象的选择

浸水的纸质文献在干燥或冷冻前是否需要清洗,需要考虑多种因素。

(1)遇水即损的文献冷冻前不宜清洗。

遇水洇开的可溶性墨迹(水彩图画和许多手稿)、纸质的艺术品以及具有涂层的纸质文献,冷冻前对其冲洗,可能造成墨迹洇开、褪色或加剧纸张粘连等。建议当其浸水后应首先冷冻稳定。此外,被水饱和与糟朽的纸质文献,若需要冷冻前用水清洗,必须小心谨慎,以防进一步损坏。

(2)烧焦、熏黑或被霉菌覆盖的受湿纸质文献,在干燥或冷冻前不宜先进行清洗。若在干燥前进行清洗,会导致书或文件被污损,使修复更加困难。

(3)要考虑人力资源是否充足。

当抢救出大量纸质文献,清洗工作无法及时有效开展时,长期在水浸或受潮状态下放置的纸质文献就会大量霉变,此时的关键问题就转化为需设法延缓霉变过程,为清洗工作争取时间。因此,若人手不足,建议将纸质文献先冷冻或干燥,而后再进行清洗、修复等后续工作。

1.1.2 被推荐的清洗方法

美国《重要文件手册:安全备份、灾难准备、反应和恢复》对冷冻或干燥前的清洗给出以下建议：

（1）如果纸质文献仅是其边缘附有泥土或杂物，或是泥污沉积不很多，可考虑使用安有喷雾嘴的软管进行清洗。清洗时不要打开书本，自来水应从喷嘴以雾状轻柔地喷出，逐本冲除书上的污物。

（2）若纸质文献上泥污沉积厚重，可用大塑料垃圾桶或浅盘盛满水并用海绵在水中轻轻擦除，书在清洗过程中应始终闭合。

1.2 冷冻方法

采用冷冻法稳定浸水纸质文献必须注意两个问题：一是冷冻前的包装，二是冷冻温度的选择。

（1）冷冻前的包装

在送入冷库前，每本书或每份文献均需要用塑料袋分别独立包装，再放入有支撑作用的塑料箱内。其目的是避免水浸后书籍或其他文献变形，防止受湿的文献在冷冻过程中由于堆积而冻结在一起。对于受湿后已经相互粘连的文献，可将其装入一个塑料袋内，不要强行分离，以避免再次损坏文献。

由于纸质文献在水浸后会产生霉菌等致病生物，若放置于食品厂冷库时，则需要先装入密封塑料袋内避免污染冷库。

（2）冷冻温度的选择

美国《重要文件手册：安全备份、灾难准备、反应和恢复》对冷冻温度的建议是低于-46℃，以便湿文献内部的水迅速产生冰晶，尽快阻止水对文献的损坏[3]。我国国家档案局编制的《档案馆防治灾害工作指南》建议：对水淹档案实施冷冻，冷冻初始温度为-30℃至-40℃。当水淹档案完全冻结后，温度可以调至-10℃左右[4]。

2.干燥方式的选择

纸质文献浸水后的干燥方法很多，每种方法都有自己的特点。干燥方法的选择取决于受湿文献的潮湿程度、物理特性以及投入恢复的经费。所选择的方法应使文献所受的物理性损伤（如纸张起皱、封面翘曲与装订损坏）最小，可溶性字迹与色彩的泅化最小。

表1列出了常用的干燥法。其中传统风干法与夹插干燥法均属于传统的干燥法，干燥的速度慢，需要投入的人力资源多，但较为便宜。去湿干燥法、真空热干燥法、冷冻存储干燥法、低温冷藏干燥法，以及冷冻真空干燥法，在许多方面优

于传统的干燥法并被成功地用来干燥浸水的纸质文献,但均需要配备一些专业设备,并需要专业人员进行处理。尽管不同的干燥方法各有适用的对象,并各有其特点,但有一个共同的问题就是:任何干燥方法都不可能将受水的藏品恢复到损坏前的状况,纸质文献干燥后仍然会留下可被观察到的损害痕迹。

表1 常见干燥方法的特点

方法	适用对象	直接费用	人力投入	存在的风险
传统风干法	1.轻微受潮或不是很湿的纸张 2.处理量较小的情况 3.对水敏感的纸张、字迹不宜选用	低	大	纸张起皱,结块,跑墨,可能发霉
夹插干燥法	中等程度浸水且处理量较小的纸质文献	低	大	纸张起皱,整体变形,跑墨,可能发霉
去湿干燥法	大部分的纸质文献无论其浸水程度如何,都可以选用这种办法干燥,但不推荐用于涂布纸(如铜版纸等),或其墨迹为见水洇开,或使用易褪色染料和颜料的文献	较高	适度	跑墨,可能发霉,可能起皱、结块与变形
真空热干燥法	适用于处理数量中等以及非化学烟雾烟熏过的一般受湿文献 不适用于纸张吸足水的情况,特别是被水饱和的书籍的干燥	较高	适度	破坏纤维素,可能变形、跑墨与纸张结块
冷冻存储干燥法	适用于暂时不用的文献的大批量处理	不高	少	可能结块或变形
低温冷藏干燥法	少量的受湿较轻微的纸质文献	较低	少	可能跑墨
冷冻真空干燥法	干燥大量潮湿的书籍与文件,包括有涂层的纸质文献与对水敏感的墨迹	较高	少	可能出现过度干燥

评价浸水书籍干燥法是否良好,起决定作用的因素主要在于干燥后书本外观以及书本纸张的物理状况的变化。书本外观包括:书本体积是否有很大改变,

书脊是否弯曲度大,装订是否变得松散,整本书是否变形,书页是否粘连以及粘连程度如何,书上字迹是否褪色或晕染到相邻部分,书籍纸张的皱缩程度等[5]。

纸质藏品干燥方法的选择主要考虑以下因素:

(1)载体的类型:纸质文献载体类型影响到对干燥方法的选择,例如有涂层的纸选择干燥方法不当,书页就会相互粘连,或是干燥后扭曲变形、僵硬等。字迹或墨迹容易见水洇化的,或浸水后已经模糊不清或跑墨的,就需要选择在冷冻状态下干燥,抑制字迹的继续恶化。

(2)被处理的数量:有些干燥方法廉价且有较好效果,却不适用于批量处理大量浸水文献。

(3)受损状况:某些干燥方法只适用于轻微受潮的文献处理,无法干燥浸水严重的文献,或若用这类方法处理,会在干燥过程中有变形、发霉等可能。

(4)人力、物力与经费支持程度:任何干燥方法都需要人力、物力与经费支持,选用干燥方法还得考虑是否有条件去实现。

(5)利用的迫切性:有些干燥方法可以批量处理水浸文献且价格便宜,但干燥时间很长。这就需要结合文献被利用的紧迫性等综合考虑各种因素后再确定。

以下是常用的干燥方法的介绍与评价,可供挑选时参考。

3.传统风干法

传统风干法又称为空气干燥(Air Drying)或自然晾干。

书浸水后,传统方法是先滴去过多的水,在有支撑的情况下,将书呈扇形打开并竖立在桌上,或是将单张文件或书页平放在桌上或架上,借助空气流通或辅以电风扇使其自然干燥。这是在室内处理水湿文献的最常见的方法,它最适于处理潮湿与微湿的书以及文件,但量不能过大。

3.1 优点

直接成本较低。只要有阴凉干燥的场所(温度21℃—24℃,相对湿度50%—55%),且场地安全与干净就可以进行。

纸张没有过度干燥的风险。

3.2 不足

这种方法的主要不足在于:

(1)对书的损伤率较高。

浸过水的书是十分脆弱的,尤其是年代久远的书更是不堪触动,用这种方法以及夹插法干燥书本,很容易伤书。有涂层的纸遇水后书页会粘连而难以分离,即使是细心、谨慎地分离之,也可能造成纸张严重剥离。采用风干法干燥这类书画,纸页相互粘连的风险很高,整册书有可能会因此而报废。

(2)干燥过程中,书页发霉的风险较大。

采用风干法进行干燥,需要的时间特别长,在干燥过程中若不能控制温度与相对湿度,被干燥的纸张就有可能发霉。对于大型水害,若风干场地的温度与湿度控制不好,浸水的书就可能发霉、发臭。即使在有空调与除湿机的环境中,纸张经历太长的干燥时间,其发霉的风险依然很大。

(3)纸张变形,书本膨胀。

湿书风干后,书页的体积会增大,不仅需要更多的上架空间,而且书本会严重皱缩变形。书的膨胀量取决于干燥过程,一般说来,其需要额外架藏空间的20%以上[6]。

(4)需要耗费较多的人力与空间。

风干法与夹插干燥法都需要投入大量人力,占用大量的空间。尽管它们不需要特殊的设备,仍然不被认为是廉价的干燥方法。因为,干燥后书籍的修复成本往往大于采用其他方法,如干燥后的纸张通常会起皱、翘曲或变形,为了达到平整的效果必须在风干过程中不间断地采用压书机进行压书,人力耗费颇多。而且,大多数经过这种方法干燥的书都需要重新装帧。

3.3 适用对象

风干法并不适用于遭受大规模水害后的湿书干燥,也不适用于有涂层的书画以及字迹遇水不稳定者的干燥。它的适用对象是轻微受潮或不是很湿的书,且被处理的量较小。

纸张里的纤维浸水后会变软,导致纸的张力减弱,所以浸水后的纸张极易破损,在操作中应谨慎。为了降低书页边缘的变形程度,干燥后需要对其加压使之平整。为避免干燥过程中霉菌发生,最好选择在有空调的环境中处理。在相对湿度为25%—35%、温度为10℃—18℃的稳定环境中,仅是书页边缘受湿的书在2周内可成功干燥而不必加入吸水纸[3]。尽管有严重变形的风险,若铜版纸的文献只能选择风干法时,则应在每两页纸之间夹插吸水纸以防结块[7]。

4.夹插干燥法

与风干法一样,夹插干燥法也属于干燥湿纸的传统方法,而且两种方法常常同时使用。夹插干燥法是在书页间插入吸湿材料来加速湿纸干燥的方法。吸湿材料应是清洁、干燥、未印刷过而且最好是脱酸的或碱性的纸。若插入酸性类纸（如新闻纸），书页干后必须立即撤掉。受湿的书在干燥前需要每 30 分钟更换一次吸湿材料，直到书本彻底干燥为止。夹入吸湿材料后的书，由于书页在干燥过程中会变形，也需要加压使其保持平整。

4.1 优点

其优点同风干法。

4.2 不足

需要耗费较多的人力与空间。干燥所需的时间较长，若不能控制干燥场所的温度与相对湿度，或书没有完全彻底干燥，霉菌常常会首先在书的装订线以及扉页生长。被干燥的书中若插入的纸过多，书脊会凹陷，整本书也会变形。

选用这类方法进行干燥的湿书，书干燥后会有大量的修复任务。

4.3 适用对象

与风干法一样，夹插干燥法颇费人力，不适用于大批量浸水的书的处理。其适用对象是中等程度浸水且处理量较小的纸质文献，白土涂布纸①与相片也可以用这种方法干燥。为了减少书本变形的风险，美国《重要文件手册：安全备份、灾难准备、反应和恢复》建议：稍湿的书②可以每 16 页为单位插纸，夹插纸在一本书中的总数不能超过全书厚度的三分之一。为减少湿纸霉变的风险，在整个干燥过程中要频繁地检查是否有霉菌发生[7]。

5. 去湿干燥法

去湿（Dehumidification）干燥法是通过除湿量大的商业除湿干燥系统来干燥藏品，大功率的去湿机造成干燥区域的空气流动，使被浸湿的纸张所含水分逐步释放到空气中，达到去湿干燥之目的。必须指出，普通的除湿机不具备强大到足以降低书内湿气的能力，因此普通除湿机并不适于作为去湿干燥法的去湿工具。

去湿干燥法需要在密闭的室内进行，严格控制环境温度和相对湿度，干燥的

---

① 白土涂布纸是表面平滑和不透明的高质量印刷纸，纸上可能涂布有白土。
② 美国东北文档保护中心将被水浸的纸质文献的受湿程度分为三个等级，并提供了可鉴别的方式：(1)受潮。纸张受潮后很难被人眼识别，但在高湿下会发霉。可以通过触摸感知是否受潮，人体接触到受潮的纸张会有发凉的感觉。(2)微湿。微湿的资料其边缘部分由于直接接触到水，从书页边缘向版心的半英寸（按：1 英寸等于 2.54 厘米）内，其纸张会呈现出较深的颜色（水痕）。(3)受湿较重。这类湿资料，其书页边缘向版心的位置有半英寸以上都是湿的，有的被水全部饱和。本文采用以上判断，以下同。

环境温湿度一般控制在21℃—26℃与20%RH范围内[8]。该除湿法一般与其他方法如传统风干法或夹插法等相结合。除大功率的去湿机与密闭性能好的处置场所外,去湿干燥法还需要配备用于干燥文献的书架或其他置物架。

5.1 优点

这种干燥方法的主要优点如下:

(1)可以不搬动受害藏品,所有藏品可以在原地进行处理。

(2)可以大批量处理浸水的纸质文献,其可以处理的量取决于所用的设备。

(3)可以不必先冷冻而直接进行干燥处理,节省了冷冻或真空处理的昂贵费用。

(4)大部分的纸质文献无论浸水程度如何,都可以选用这种办法干燥,包括感光材料浸水也可以这样处理。

(5)干燥速度比采用以上两种传统干燥法要快,具体情况视处理量的大小以及浸水程度而定。

(6)不会出现干燥过度的问题。

5.2 不足

其主要不足如下:

(1)若轻微受潮,纸张干燥后起皱有限。但受水严重者,仍然会在干燥过程中出现起皱、结块与变形等问题。因此,该处理方式仍然存在干燥过程中纸张展平的需要。

(2)遇水洇化的墨迹,在干燥过程中有可能出现跑墨现象。

(3)在干燥过程中仍然有发霉的可能。

(4)干燥浸水的涂布纸效果差。

(5)相较于传统的风干法与夹插法,其费用较高。

5.3 适用对象

该法适用于大批量处理浸水的纸质文献。大部分的纸质文献无论浸水程度如何,都可以选用这种办法干燥,但不推荐用于涂布纸,或其墨迹为见水洇开,或使用易褪色染料和颜料的文献。

6.真空热干燥法

真空热干燥(Vacuum Thermal Drying)是利用真空室在变温与真空状况下批处理待干燥的文献,将湿书中的水变成冰,再将冰转化为液体与气体,抽出水汽而使书干燥。可以通过以下两种方式进行：

（1）将冷冻的纸质文献放入一个密封空间内并抽成真空，密封空间内的湿气随之抽出。然后通入相对湿度为0%的热空气（0℃—38℃），直到与大气压相同为止。当该密闭空间再次充满湿气时再抽出该湿气，并换入干燥热空气，如此反复操作，直到纸质文献干燥为止。

（2）将冷冻的纸质文献放入密闭的真空室内，加热（0℃—38℃）真空室并不断抽真空，直到纸质文献全部干燥。

6.1 优点

美国《重要文件手册：安全备份、灾难准备、反应和恢复》认为，这种方法特别适用于火灾后受湿文献的干燥，以便于从文献中排除烟气。

6.2 不足

其主要的不足如下：

（1）在干燥的过程中，纸质文献（特别是书本）在干燥的过程中可能变形，干燥后纸页需要整平与重新装订。

（2）加热会破坏纸张纤维素，特别是"冷冻—热"的不断循环过程，会导致纸张损坏。因此不推荐用于珍贵书籍以及文件的干燥，除非该文件的保存期很短。

（3）干燥过程中，仍然有字迹洇开的可能，也可能出现纸张的过度干燥。

（4）黏土涂布纸若选用该法干燥，有可能出现结块。

（5）整个处理过程需要专用的设备。

6.3 适用对象

适用于处理数量中等以及非化学烟雾烟熏过的一般受湿文献，而且是稍微潮湿的。由于可能损坏纸张，仅适用于干燥非珍贵的书与保存期短的文件。不适用于纸张吸足水的情况，特别是被水饱和的书籍的干燥。不推荐用于珍贵书籍与文件的干燥处理[3]。

7. 冷冻干燥法

少量纸质文献被水浸，即使饱含水分，也可直接用保鲜膜包起来，放在冷冻柜中使其冻结。在有条件干燥时将其取出，去掉保鲜膜，并放在强化玻璃制成的容器中。再用电动泵抽掉容器内的空气，使冻结的水直接升华汽化，原本在冻结状态的各页之间形成的空隙得以保留下来，使纸张与纸张间不再粘连。干燥的过程至少需要1—2天[6]。

以上是最简易的冷冻干燥法(Freezer Drying),对于大量受湿的纸质文献还得采用更为专业的方法,例如冷冻存储干燥法、低温冷藏干燥法以及冷冻真空干燥法等。

7.1 冷冻存储干燥法

潮湿或稍湿的文献,在无霜冷库或带有鼓风机的冷库中就可以较为成功地干燥。其干燥的原理是,湿文献长时间放在冷库,其中的冰晶会缓慢升华而使文献得到干燥。

7.1.1 优点

这类干燥方法的主要优点如下:

(1)可大批量处理受湿文献,既可以终止受湿文献内部水的破坏作用,又可以直接干燥受湿的文献,且费用不高,也不会出现过干现象。

(2)只要处理得好,书页不会发生变形。

如果在冷冻前处理得好,是可能防止书本与文件变形的。例如,将其用干净的瓦楞纸板包住,并用松紧带固定,将有助于减少书页发皱。若要干燥后不发生变形,冷冻室的温度必须保持或低于-23.3℃。

如果将书或文件用没有字迹的干燥波纹纸板和强力松紧带一捆一捆地固定好,会减少文献变形的风险,也有助于减少书页起皱等。

(3)这类冷冻设施比较常见,只要是温度可达-23℃以下的自动除霜冰箱就可以使用。

7.1.2 不足

干燥速度非常缓慢。减少包装的体积可以加快干燥的速度,干燥的时间为几周到几月之间,甚至24个月,这主要取决于被处理文献中水的含量与冷冻的温度。书本与文件可以被堆叠放置在冷柜,堆叠越少,干燥得越快[1]。

7.1.3 适用对象

特别适用于那些可暂时不用的文献大批量处理。

受潮或轻微水湿的文献可以用这种方法很快干燥,只需要无霜冰箱或鼓风冷冻机就可以成功处理,但其温度必须保持在-23℃或低于-23℃。

7.2 低温冷藏干燥法

纸张在4℃—6℃时,具有干燥快、不粘连、不霉变的优点,故可以采用低温冷藏干燥法[9]。低温冷藏干燥法是将浸水书冷冻稳定后,将书从塑料袋取出并直接放入冰箱冷藏室(5℃以下),冷藏室内放置百里香酚(Thymol)以防书本发霉,并放入硅胶干燥剂。每24个小时更换一次硅胶干燥剂,直到书本干燥为止[5]。

7.2.1 优点

用这种方法干燥后,书的外观齐整,书本基本没有变形,有的甚至看不出浸过水。铜版纸间也没有粘连现象,若书的边缘或书角处粘连,可轻轻拨开。台北"故宫博物院"科技室曾经做过相关实验,其结果见表2,该实验的冷藏室温度为3℃—6℃。

表2 冷藏干燥实验结果[5]

材质	出版时间	重量(g)	吸水率(%)	干燥时间(天)	粘连程度(%)	书本长、宽、高(cm) 干燥前	书本长、宽、高(cm) 干燥后	干后外观
铜版纸	1988	770.9	88.6	15	0	27.6×21.2×0.7	27.6×21.2×0.8	与浸水前无异
铜版纸	1995	88.8	114.4	3	0	25.8×18.9×0.07	25.8×18.9×0.08	
模造纸	1995	109.2	109.2	9	—	29.6×20.8×0.3	29.6×20.8×0.35	

7.2.2 不足

这种方法干燥时间较长,手工纸书、机器印刷纸书15—18天才干燥,铜版纸45天才干燥。水溶性墨迹一类的文献采用该法干燥,干燥过程中墨迹有可能泅化。

7.2.3 适用对象

受湿较轻微的少量纸质文献。

7.3 冷冻真空干燥法

冷冻真空干燥法(Vacuum Freeze-Drying)是将被冷冻的纸质文献放入密闭容器内,用真空泵抽成真空,在真空的环境下,固态的水无法成为液体状态而直接被升华,冰转换成无水阶段的水蒸气被抽出,使纸张得以干燥[10]。干燥过程中,被冷冻的文献应放在真空室内,整体温度保持低于0℃。

7.3.1 优点

冷冻真空干燥法的优点如下:

(1)干燥速度较快。广泛适用于各类纸质文献,纸张没有结块的风险,墨迹一般不会泅开。

(2)文献中的固态水(冰)由于升华而干燥,因此文献不会变形。除非是湿文献在进行真空干燥之前已经水湿变形,在真空冷冻干燥过程中是不会发生变形的。因此,干燥后不会因重新装订等而产生修复费用。

如果文献在水湿后迅速被真空冷冻干燥,一般不会出现形体膨胀。

(3)冷冻真空干燥过程中,泥浆、污垢、烟灰也因冰升华作用被提升到纸张表面,便于清理,缩短了清洗时间[3]。

台北"故宫博物院"科技室曾经做过相关实验,其结果见表3。该实验的条件是:文献被自来水浸湿;干燥处的室温为20℃,真空压力为-680mm Hg 至-720mm Hg。这次实验,铜版纸虽有轻度粘连,但可用手轻轻分开。他们认为,真空箱理想的压力应是-745mm Hg,而且环境温度要更低。真空度若不够,铜版纸有可能会粘连,干燥后会变硬、不平整;真空室内温度若较高(与室温有关),铜版纸有可能会粘连。

表3 冷冻真空干燥实验效果[5]

材质	出版时间	重量(g)	吸水率(%)	干燥时间(天)	粘连程度(%)	书本长、宽、高(cm) 干燥前	书本长、宽、高(cm) 干燥后	干后外观
B	1993	1332.9	88.5	10*	1	25.6×19×2.5	25.6×19×3.4	
A	1995	21.9	274.9	6		29.4×19.4×0.9	29.4×19.4×1.1	△
B	1995	287.8	96	6	20	28.1×20.8×0.6	28.1×20.8×0.8	
B	1991	785.5	87.8	8	3	29.9×20.9×1.2	29.9×20.9×1.6	
B	1991	815.1	77.8	8	0	28.7×21×1.3	28.7×21×1.4	▲
B	1991	759.8	81.3		60	29.4×20.5×1.1	29.4×20.5×1.2	
A	1993	1103.6	109.3	10*		28.8×20.4×2.2	28.8×20.4×2.7	△
B	1994	625.9	82.3	6	60	29.8×20.9×0.9	29.8×20.9×1.1	▲
B	1994	481.5	78.8	10*	7	29.7×20.8×0.8	29.7×20.8×1.3	◆

A 为模造纸,B 为铜版纸。

*:已恢复原重,但内部仍然没有干燥,取出自然风干。

△:书籍纸张略有皱痕。

▲:书籍纸张有明显皱痕。

◆:与浸水前无差异。

7.3.2 不足

可能出现过度干燥。

有这类冷冻真空设备的单位并不多。若仅是处理少数文献,可能是较为昂贵的;对于批量处理,每本书的费用就会降低。

7.3.3 适用对象

这是最适用于干燥水湿量大的书籍与文件的方法,尤其适用于处理有涂层的纸质(如铜版纸)文献与对水敏感的墨迹。采用专业设备进行快速干燥,可以避免传统干燥法周期长、效率低、操作风险大的缺陷,同时还可以降低后续修复的难度。

目前,我国真空冷冻干燥技术比较成熟,可以应用真空干燥机完成冷冻后纸质文献的快速干燥。经地震灾区档案馆使用,效果理想,有粘连现象的纸张干燥后会自动分离开[11]。

8.恢复后的工作[2]

经灾害损伤的纸质文献,很难恢复到与原来一样。水,甚至是潮湿,都会造成纸张卷曲、发皱和膨胀,墨迹有可能模糊,甚至发生霉变;火灾或污染物损坏还会对纸质文献带来其他方面的影响。因此,大多数的纸质文献只需要恢复到可用即可。一般说来,水浸后干燥的文献将比浸水前体积大,因此上架时需要留有比以前更多的空间。

受湿纸质文献干燥并修复后,在进入正常流通前,应集中存储在温度与湿度可控的临时存储室内至少六个月,以便观察恢复得是否稳定。存储室要求通风良好,且温度控制在18℃,相对湿度控制在35%—45%,也可以将温度控制在10℃—15℃以内。更高的温度和相对湿度将促进霉菌的生长,特别是以前曾受损或发霉的纸质文献。

在存储室内,即使观察了半年以上也没有发现异常现象的灾后恢复的纸质文献,在送回正常存储温度与湿度的存储库区后,还应对其定期进行一年至少一次的随机抽样检查,以防有霉变发生。

(作者:刘家真,武汉大学信息管理学院教授,博士生导师)

参考文献:

[1] NEDCC.Emergency Salvage of Wet Books and Records.[EB/OL].[2014-02-15].
http://www. nedcc. org/free-resources/preservation-leaflets/3. - emergency-management/3. 6 - emergency-salvage-of-wet-books-and-records.

[2] Appendix C:Records Disaster Response and Recovey Procedures and Treatments.[EB/OL].[2014-02-15].
http://www.sos.wa.gov/archives/pdf/Appendix_C.pdf.
[3] Appendix E-Media Types and Methods of Recovery.[EB/OL].[2014-02-15].
http://www.sos.wa.gov/archives/RecordsManagement/EssentialRecordsDisasterPreparednessManual.aspx.
[4]国家档案局.档案馆防治灾害工作指南[M].北京:中国档案出版社.2010(03):19.
[5]周克治等.浸水书籍干燥法之研究[J]."国立中央图书馆"台湾分馆刊,1997(1):49—69.
[6]赖玟忻.文物典藏——以"辅仁大学中国天主教文物馆"为例.[EB/OL].[2014-02-01].
www.fuho.fju.edu.tw/sketch/writing/20081025.pdf.
[7] Division of Archives and Records Management.[EB/OL].[2014-02-15].
secstate.wa.gov/archives/pdf/Essential_Records_Manual_FINAL_Jan_04.pdf.
[8] Appendix E-Media Types and Methods of Recovery.[EB/OL].[2014-02-15].
http://www.sos.wa.gov/archives/RecordsManagement/EssentialRecordsDisasterPreparednessManual.aspx.
[9]IFLA NEWSLETTER NO.37:低温干燥法.
[10]IFLA NEWSLETTER NO.38:冷冻真空干燥.
[11]荆秀昆,方志华,陶琴.档案馆地震灾害及预防对策[J].中国档案,2006(7):20—21.

浅析常温常态下纸质文献的管理

杨文龙

常温常态一般指温度在 15℃—26℃和相对湿度在 40%—60%,在这一范围内纸质文献可以得到有效的保护。这是因为适宜的温度和湿度会减缓纸张中木质的氧化作用和水分蒸发,不会使纸张很快脆化变黄,而掌握控制好这个限度会延长纸质文献的寿命和使用期。

目前,图书馆内收藏的古籍图书大多数是纸质图书,植物纤维是构成纸张的主要原料,这些原料由于在制造和印刷书籍时,受过人工加工和人们翻阅使用时的损耗因素等,均有不同程度的磨损。而最好的保护方法当然是数字化技术的应用,不过因其成本昂贵,一时难以普及。这就需要寻找一种符合综合条件的方法来实施保护。我们提出的常规性的常温常态下保护方法是适应性强、成本低的一种有效办法,不仅便于实施,而且行之有效。

传统的造纸归纳起来有以下几道工序:"一是原料的浸沤、蒸煮,以去掉纤维的杂质;二是再将原料经过捶捣,使纤维更为精细;三是抄纸,将通过上述两道工序制成的纸浆掺入水中,用抄纸帘在水中抄纸,漏去水后,帘上就出现纤维交织的薄片;最后将薄片晒干后揭下,就成为纸张了。"① 而传统印刷的过程"是先将印版用粘版膏固定在台案的一定位置上,再将一定数量的纸夹固在另一台案上。由于纸和印版都固定在一定位置上,这可以保证每一印张的印迹规格都是统一的。印刷时先用墨刷蘸墨均匀地涂刷于版面,再从固定的纸中顺序揭起一张,平

---

① 罗树宝编著:《中国古代印刷史》,第 57 页,北京:印刷工业出版社,1993 年。

铺于版面上,再用干净的宽刷(或称耙子)轻轻刷拭纸背,然后揭起印版上的纸张,使其从两案间自然垂下,这时的纸张已称为印页或印张。如此逐张印刷一定的数量"①。其中使用的工具和原料均为天然的纤维物质,很少经过化学反应。这就为我们提供了一个重要信息,就是符合植物纤维生存的环境便是有效保护的条件,即常温常态保护的措施。我们已知,"纤维素是由植物吸收水分和空气中的二氧化碳,通过光合作用,经过复杂的加工和一系列化学变化而生成的"②,而催化合成的重要因素是空气的温度和湿度,它们的高低限度影响着纸质中纤维素分子的蜕变速度。因此,掌控好空气的温、湿度就可以延缓纸张的机械强度发生变化,从而达到保护的目的。

我们找到保护古籍最基本的、经常起作用的因素后,就需要对温、湿度加以控制。一般情况,书库是相对封闭的空间,这样给实施人工控温控湿创造了有利的条件,同时也能够进行有效的操作。

(一)库房与入库时间管理

库管员需隔天入库检查,这样库内可经常保持温度 16℃—26℃、湿度 45%—60% 的均衡,同时也避免人为带入灰尘。书库温、湿度的管理可分为外、内两部分,前者主要考虑墙体隔热保温、房顶雨漏方面,后者主要指门、窗、地面、书柜等方面的管理。如书库设于顶层,可在顶层外部筑隔热附属物,如用石棉瓦、砖搭建一个高 150cm 左右、呈三角形状的屋面,既能防雨漏,同时也可降低库内温度 3℃—5℃。如书库设于地下,可多开启库门通风防潮,利用换气扇调节温度,换气扇可收到单一方向的通风效果,只允许换气扇向外抽风。实践证明,经过 5 小时后库内温度可降低 3℃,并且外部灰尘不易入内。而早 9 时入库是最佳时间,因为此时空气中的尘埃及温、湿度经过一夜的沉静而相对稳定,入库时不会带入太多的灰尘和影响库内温、湿度的变化。

(二)库内的门、窗管理

书库窗户一般为全封闭状态,玻璃采用具有阻光作用的压纹玻璃,这种玻璃可减少太阳光直射而损害书籍,还可以避免瞬间使库内温度增高或湿度减小。窗帘的使用可以调节透光度,一般选用半阻光材料如深红色、深蓝色布料制作。

---

① 罗树宝编著:《中国古代印刷史》,第 76—77 页,北京:印刷工业出版社,1993 年。
② 中国国家古籍保护中心编:《古籍普查培训讲义(试用本)》,第 77 页,2009 年。

当库管员需入库工作时,可采取间隔拉帘来控制光亮强度,一般以看清楚为宜,尽可能减少日光和灯光对书的照射时间。这是因为阳光和人工光源中均包括紫外、红外光线等,它们可使纸的植物素裂解、氧化,促使纸张因抗酸强度变化而变脆发黄。"值得注意的是它对纸的破坏作用是积累性的,表面看起来并不明显,而实际的危害是很严重的,因而容易使人麻痹大意。其损坏的速度,因光的强度、照射时间的增长,以及温、湿度的增加而加快"[1]。库门、窗、地面的设置是控制温、湿度的重要环节,利用这些设置可进行有效操作。比如可用含水分较多的棉质拖把拖地,这种方法的好处是在很短的时间内就可增湿,而且室内湿度较均匀。如需慢增湿度,可放置几盆清水入库,效果很好。遇到湿度过大时,首先采用的是打开库门自然吹风,或开启几台电风扇分别对库内的四壁对吹,通常3小时左右湿度会降低5%。

(三)库内空气味道管理

书籍因材料使用的不同而散发出不同的味道来,因大多数古籍的纸张成分以植物纤维为主,在正常状态下有原浆味的墨香味,但又因存世时间长而稍有尘土味,同时也有臭香味。这是加工时纤维发酵产生的氨所致。如因雨漏或湿度过大,还会产生酶苦味和臭鸡蛋味,这是因含硫导致纸张变质腐败,因此要进行应急处理。通常库内以樟脑片散发的味道为主,所以需及时检查是否有其他味道散发,以此来判断图书有无腐损现象发生。樟脑"极易挥发,防虫驱虫能力较强",一般20克可使用10个月左右,如库内樟脑味道减少需及时更新。

(四)库内环境卫生管理

书库入口处设置缓冲间,既可保持库内温、湿度的恒定,又能有效地阻止自然风和人为带来的尘埃,"尘土的成分是很复杂的,其中夹杂有很多对文献资料有害的物质,如酸、碱、微生物等。尘土粘附在书籍上,不仅会将书籍弄脏,在受潮时还会使书页粘连在一起,而且容易滋生微生物,成为书虫的温床,对人的身体也有害"[2],所以经常保持环境卫生、个人卫生是非常重要的。首先,古籍书柜要清洁,其扇、柜、隔板、底板等处用干的化纤织布擦净,待表面干透后方可置放书籍。有的古籍装具因存世长带有油渍、尘埃,入柜时需细致清洁,减少杂质的

---

[1] 中国国家古籍保护中心编:《古籍普查培训讲义(试用本)》,第165页,2009年。
[2] 赵冬生、刘锦宏编著:《文献典藏与保护》,第79页,北京:文津出版社,1993年。

含量。如书册中有尘土,要拿到库门外轻轻拍打除尘,切忌使用掸子掸灰。同时,用喷雾消毒剂进行消毒。缓冲间也要勤换空气,并保持清洁。地面宜用鹿皮拖把清洁。一般隔3天小清洁一次,15天大清洁一次。其次,库管员需注意个人卫生,主要是勤换鞋、衣、手套,避免带入尘土。

(五)利用人体对气候的感受来调节库内的温、湿度

人体有如天气晴雨表,可随着气候的变更而产生不同的感受,春秋之时气候的干燥,冬夏季节的寒冷和湿热,人体都有明显的感受。而皮肤是直接与外界接触的部位,它的感受最敏锐。皮肤存在着许多看不见的"感受器",它们通过神经纤维把外界的刺激变成一种信息传递给大脑,使人感受到冷暖干湿的变化。"冷感受器"位于皮肤的浅层,"热感受器"位于皮肤的深层,这种结构遇到环境湿度过大或接近皮肤湿度时,人体会出现散热不畅,而产生增加汗液的不适感。这是因为人体要保持恒温,需要向外不断排出新陈代谢所产生的热量,当空气湿度过大时,人体就会遭到"湿淫"侵害,体内松果激素量增大,甲状腺素浓度相对减低,人会无精打采。而温度在15℃—26℃,相对湿度达到45%—60%时,人体的感受最舒适,这个"舒适指数"完全适合纸质文献的保护条件。而环境温度是影响人体热量平衡调节的一个最重要因素,人体与周围环境热量交换的过程同样受其影响。比如环境温度低于15℃的时候,人体感受到的是冷、凉刺激,这时人体与外界环境的热量交换过程即以失热为主,其大小受风速和气温的综合影响。而高于25℃时,人体与周围环境的热量交换过程又以得热为主,其大小除受气温的影响,还受太阳光辐射、空气湿度等因素的直接影响。很显然,我们可以应用自己身体对环境因素的感受来调节库内的温、湿度,通过控制库中的门、窗、帘及采取通风、拖地等措施达到保持恒温恒湿的基本要求。

这些措施适用于常规化的管理,更有利于中小型图书馆的文献收藏与保护,因为主要采取物理性的手法,其结果不会给书带来损害,而常温常态是自然属性,人工利用它的功能不仅符合环境要求,更可以减轻因经费匮乏带来的不利影响,同时还可以更好地保护古籍。当然,我国地域辽阔,是一个多气候区域的国家,常温常态各地标准不同,但掌控好文献生存的温、湿度环节是至关重要的问题。

(作者:杨文龙,祁县图书馆馆长)

《大清万年一统地理全图》
分切合裱操作述评

鲍国强

2014年9月10日,国家典籍博物馆首展"国家图书馆馆藏精品大展"的9个展览正式开展。其中"咫尺天下——舆图"展厅展出了一幅《大清万年一统地理全图》。

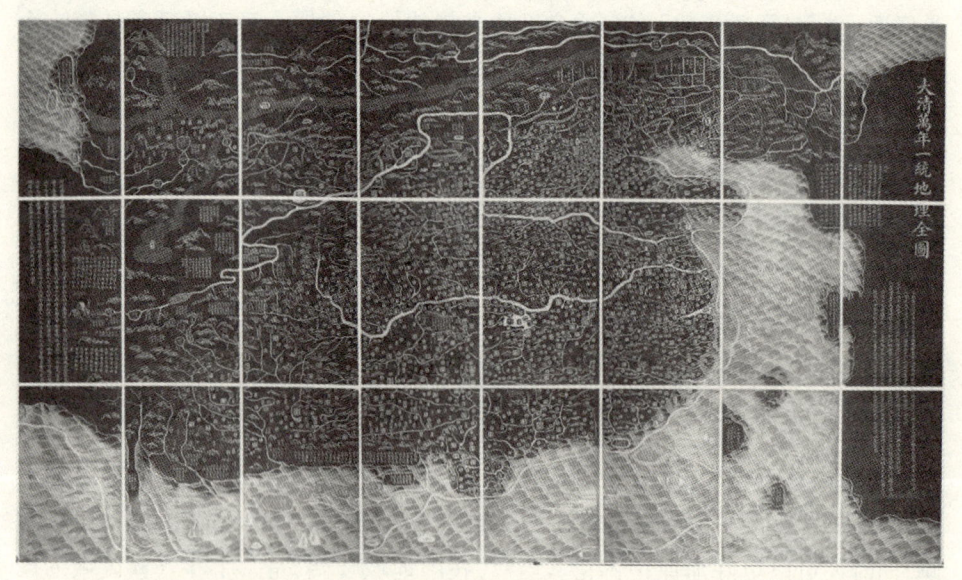

《大清万年一统地理全图》

因为笔者负责舆图厅展品的编辑工作,有细心的观众提出问题:"此图《题记》说'兹特刻为屏幅',意即制作成若干屏的条幅,为什么这是分切24张并合裱成一整幅?为什么第一和第八两个条幅的宽度要比中间六个条幅窄一些?"由于业务工作的需要,笔者从 2006 年开始就关注此件藏品的版本与修复等问题,并收集、分析了相关资料。现针对上述问题,将有关情况和个人认识分述于下,敬请方家教正。

一、作者属意的装帧形式

此图清黄千人(1694—1771)原绘,清佚名增补,清嘉庆蓝绿拓本,8 条(分切 24 张,合裱 1 幅),纵 135 厘米,横 236 厘米。图首增补者《题记》云:"本朝幅圆之广,恒古未有。东西南朔莫可纪极,而万国之梯航、重译、职贡、称臣者更指不胜屈。乾隆丁亥年间,余姚黄千人曾为《天下舆图》,其中山川、疆界、都邑、封圻麋不星罗棋布,如指诸掌,洵足瞻盛世之版章,为远近之观度矣!然其时,金川、西藏、新疆州郡未经开辟,而河道、海口等尚不无挂漏之讥。兹刻遵御纂诸书悉为增补,较旧图似加详晰。……其塞徼绵亘无际,海屿风讯不时,难以里数计者,载其方向,俱仍旧式,未敢稍易。已见此图久经镌版行世,兹特刻为屏幅,俾途寓书箱,便于携带,博雅君子悬壁纵观天下之广,可以全览焉。"

上述《题记》前两句基本上来自清黄千人绘制《大清万年一统天下全图》清乾隆三十二年(1767)刻本的《题记》前两句①。其后文字便表述了此图增补者的创作意图。而其末"已见此图久经镌版行世,兹特刻为屏幅,俾途寓书箱,便于携带,博雅君子悬壁纵观天下之广,可以全览焉"一句则是明确传达出作者属意的此图装帧形式——分幅式卷轴装。

第一个理由是"特刻为屏幅,俾途寓书箱,便于携带,博雅君子悬壁纵观天下之广,可以全览焉"一句文字。

为了达到能够将此图"途寓书箱,便于携带……悬壁纵观"的目的,增补者认为应该"刻为屏幅",即分成若干屏,制作成分幅式卷轴装,需要时逐一舒卷悬挂,即可全览天下。我们由此图实物可知,全幅纵 135 厘米,横 236 厘米,分为 8 条,每条宽约 30 厘米。8 轴长约 33 厘米的卷轴装舆图装入较小的书箱收藏或路途携带当无问题,打开悬观亦无困难。

第二个理由是"已见此图久经镌版行世,兹特刻为屏幅"这 16 个字。

---

① 清黄千人绘制的《大清万年一统天下全图》清乾隆三十二年(1767)刻本的《题记》前两句为:"本朝幅员之广,亘古未有。东西渐被,南北延袤,莫可纪极,而外彝之梯航、重译、职贡、称臣者更难指屈。"

此寥寥 16 个字深含增补者有关此图装帧形式全局理解上的比较、转折之意。"此图久经镌版行世"即指清乾隆三十二年刻本《大清万年一统天下全图》。国家图书馆藏有此版本的两幅藏品①，可见传世较多。

第一幅（原编目次序为部二）图廓（黑实线，平均宽 3 毫米）106.1 厘米×106.2 厘米。经仔细观察，整幅图由 4 块版（自上而下每块版分别高 28 厘米、26.8 厘米、26.8 厘米、25.3 厘米）拼合分两次刷印而成，即第一、二块先拼刷一次，第三、四块再拼刷一次。因第二块版下边和第三块版上边是分别印上去的，由于对接不够准确，接缝处笔画和线条有重叠现象。此图为清乾隆三十二年黄千人重订初刻初印本。

第二幅（原编目次序为部一）图廓 106.5 厘米×108 厘米。4 块版自上而下每块分别高 27.4 厘米、26.8 厘米、26.8 厘米、25 厘米。拼合刷印方式与上图相同。此图为清乾隆三十二年黄千人重订初刻后印本。因后印年代略久缘故，各块印版尺寸略有变化。

以上两图均为整幅挂轴形式，加上图廓四周镶边宽度，每个图轴长度均超过 110 厘米，装裱难以平齐划一，日久难免起伏不平，若再加上轴筒或轴盒，收藏、携带均有不便。此即《大清万年一统地理全图》增补者目睹已经行世的整幅挂轴的诸般不便，欲将此图改为分幅式卷轴装的现实原因。

第三个理由是原图第一条右侧即配有 8 张轴签，是为实证。

右图为《中国嘉德 2011 春季古籍善本拍卖会图

嘉德公司拍品《大清万年一统地理全图》第一条书影

---

① 两幅藏品的登录号分别为 6945 和 1085。

录》第 78 号拍品《大清万年一统地理全图》第一条的书影。其右侧自上而下为 8 张轴签。每张轴签文字为"大清一统地理全图×"("×"为"一"至"八"字,偏右略小),外加单边竖框①。此件拍品与国家图书馆藏品为同一版本,全图亦分为 8 条,未经装帧。

由此可知,国家图书馆藏品第一条右侧所缺部分实为增补者特意准备的可以贴于图轴外侧的 8 张轴签。连 8 张轴签都已具备,此图应装帧为分幅式卷轴装当无疑义。

第四个理由是北京大学图书馆收藏的此图两种略早版本②均为卷轴装,可视为进一步的补充佐证。

1.清嘉庆十七年(1812)古吴近竹斋石刻蓝绿黄拓本《大清万年一统地理图》装帧为 8 轴。

2.清嘉庆二十一年(1816)古吴墨林堂石刻蓝绿拓本《大清万年一统地理全图》装帧亦为 8 轴。

由上可见,展品《大清万年一统天下全图》作者所属意的装帧形式确为分裱 8 轴的卷轴装。

二、分切合裱过程回溯

上文已明确《大清万年一统天下全图》作者鉴于整幅刻印挂轴的诸般不便,意欲制作成 8 轴,以便于保存、携带和观览。客观地说,若单从这三个目标来衡量,此图目前的分切合裱为整幅的状态确实要比分裱 8 轴较易于保存、携带和观览。笔者认为此图分切合裱者的用意与此目标大抵也相差不远,或许也反映了收藏者对此图过去已有各种版本整幅印制形式的留恋心态,但因为在分切合裱过程中没有很好地把握科学修复理念,故而出现了故意或无意识的一系列失误,造成现在呈现在大众面前的这种状况。

下面我们从文字上来回顾一下此图的分切合裱以便折叠的操作过程:

1.每条分切 3 张,全图 8 条共分切 24 张。每条为纵向平均分切,中切两刀,

---

① 北京泰和嘉成拍卖有限公司《2011 年春季艺术品拍卖会古籍文献图录》第 1450 号拍品《大清万年一统地理全图》亦属同一版本,其第一条右侧也配有 8 张轴签。

② 经笔者查考,展品《大清万年一统地理全图》反映了清嘉庆年间的各地建置变化,而道光年间的各地建置变化则全无反映,当镌刻捶拓于嘉庆末年。有关考证文字将另文发表。

分为 3 张。折叠后每张约 45 厘米×30 厘米。要折叠成这种尺寸的分切法应该是经过一定考虑和计算的。其目的是影响舆图内容最少,折叠后厚度最薄。但每条均施以拦腰两刀,一共 16 道切口,地理信息遭到割裂是毋庸置疑的。

2. 关键的是第一条腰部切了两刀,以致右侧第三、七张轴签也被拦腰切断。8 张轴签的完整性遭到破坏,加上分切合裱者本来就不想做成卷轴装,将轴签视作鸡肋,遂 8 张轴签一并切去,废弃不顾,致使第一条相比于中间 6 条窄了一截,亦即毁掉了极易否定改折装的有力实证。

3. 第一条窄了,第八条如果不窄,合裱成整幅后,两侧图外边框宽度就会出现不等。刚好第八条左侧自上而下有个无内容竖长条,遂亦将其切去。这样第一、八条宽窄一样,合裱后左右边框宽度相同,即第一条宽度加右边宽度、中间六条宽度、第八条宽度加左边宽度,这八个宽度相等。

右图为上述嘉德公司拍品《大清万年一统地理全图》左侧未经裁切的第八条书影。

4. 将 24 张分切小图每张托裱等大的宣纸。托裱前喷以水雾,使之洇湿展平,最后均涂糨糊,平贴粘实。

5. 在 24 张分切小图之间各留出 1 厘米的空隙,用白绸粘连,以便反复折叠耐用,不会伤及舆图内容。

6. 整幅大图背面再整体合裱于等大面积的白布之上。

7. 阴干,压平。

主要经过以上几个环节,此图的分切合裱操作才告一段落,可以折叠(厚度不超过 2 厘米)装入一个薄薄的图盒之中了。

这样一个 46 厘米×31 厘米×3 厘米大小的图

嘉德公司拍品《大清万年一统地理全图》第八条书影

盒,应该说保存和携带还是比较方便的,若要展示,或一张大桌,或几张小桌拼合,即可查阅地图信息,也是相当简易。

客观地说,如果操作中没有出现一系列故意或无意识的失误,这种分切合裱也不失为一种有益的尝试。

三、分切合裱操作得失

时至今日,我们现在已难以准确掌握此图要如此分切合裱的全部真实意图,肯定是考虑到更加方便地查阅、保存和携带地图。而我们面对这一分切合裱操作,需要认真仔细地分析研究,汲取其中的经验教训,以警示后来者。这才是最有意义的事。

上述《大清万年一统地理全图》进行分切合裱操作的优点很明显:1.便于折叠收纳保存;2.占用库房空间较小;3.打开阅览较为方便。其义自明,毋庸赘述。

但我们依据古籍修复的"整旧如旧""最小干预""材料和措施可逆"和"最大限度保存信息"四大原则来衡量此项分切合裱操作,尤其是在比较全面地掌握舆图原有信息的情况下,其中存在的不足也是很值得重视的:

1.有违制图者的创作本意

制图者本意是要装帧为8轴的卷轴装,现在分切合裱为折装,显然有违制图者的创作意图,也与此图创作时的时代特征不符。如上文所述,制图者考虑到整幅挂轴的诸多不便,欲改整幅挂轴形式为分幅式卷轴装,也符合清嘉道时期整幅挂轴式与分幅式卷轴装并存的时代特征。

此图经分切合裱操作硬改为折装,没有尽可能地保持舆图的原有特点,没有保持原貌,使舆图的资料价值、文物价值因分切合裱而受到一定的损害,有违"整旧如旧"的古籍修复原则。

我们在查找资料过程中还发现一个有趣的现象:

日本早稻田大学图书馆所藏的《大清万年一统地理全图》[1]8轴是笔者所知的又一个复本。此复本亦为蓝绿两色拓本,大沙漠处为人工设为黄色。其第一条右侧八张轴签及第八条左侧空白处亦被裁去,故此两条宽度亦均窄于中间六

---

[1] 日本早稻田大学图书馆所藏《大清万年一统地理全图》书影网址:http://archive.wul.waseda.ac.jp/kosho/ru11/ru11_01159/。

条。有意思的是被裁下的八张轴签还分别纵向贴于每条地图的上方正中。右图为其第二条上部书影。装帧为8轴符合制图者本意,但轴签的如此贴法并不可取,不符合轴图的装裱惯例。

2.地理信息标识遭受割裂

舆图中的地理信息标识包括图名、题记、说明文字、地理名称以及标示地貌的线条图案等。

因为每条均被拦腰切了两刀,一共16道切口,图中大量的地理信息遭到割裂。如图首整段的题记、图中的琉球国和青海等被腰斩,汀州、龙南、镇宁、泰安等许多地名被一切为二,地图左侧的整段说明文字被割裂为三段,对地理信息查阅产生较大的负面影响。

全图被制图者预分为8个条幅,此为作者既定之事,上述地理信息标识并未受到影响,而一旦再被施加16刀,分切为24张,地理信息标识由此大受影响,属于十分明显的过度加工,严重违反了"最小干预"的古籍修复原则。

日本早稻田大学图书馆所藏的《大清万年一统地理全图》书影

3.重要成分被人为遗弃

全图第八条左侧无内容空白纸被裁去已属不妥,而第一条右侧8张轴签全被裁弃,致使丢失制图者意欲制作成8个卷轴装的实证,造成后人长期无法确认分切合裱为折装之事正确与否,确属不可忍受的错误之举。

古籍修复工作中采取的任何一项措施都要求可以反复地重复使用,必要时甚至可以恢复修复前的原貌。此即所谓的"材料和措施可逆"原则。此间第一、八条的两大重要成分被弃如敝屣,从此杳无踪影,无可挽回,实与"材料和措施可逆"的修复原则要求大相径庭。

4.捶拓特征被人为淡化

2011年春,笔者实地仔细观摩嘉德公司古籍善本拍卖会预展的第78号拍品《大清万年一统地理全图》拓本原件。其中的捶拓特征十分明显:空白处宣纸皱纹相当清楚,文字和线条的字口处棱角分明,一看便知是拓本。

而此图空白处宣纸皱纹相当微弱,文字和线条的字口处多是洇化发虚而模糊不清,究其原因即是合裱前喷以水雾,使之洇湿并展平,而后又均涂糨糊,平贴压实,以致捶拓特征被人为淡化,直接造成了1935年8月5日的《国立北平图书馆舆图个别登记簿》中《大清万年一统地理全图》账目著录为"重刻本 两色套印",即误定为木刻套印本,与拓本毫不相干。这个错误在图书馆的卡片目录、书本式目录和书目数据库中一直被因袭下来,直到2006年才得以改正。

古籍修复中的"最大限度保存信息"的原则,就是要在修复过程中最大限度地保存文献修复前的原有信息。此图因为托裱而人为淡化了原有的捶拓特征,不能不说是与"最大限度保存信息"原则背道而驰,实属拓片修复中不应出现的人为事故。

四、结语

综上所述,此图的分切合裱操作是弊大于利。此图的理想装帧形式是8轴的卷轴装,但笔者认为即便如此,第一条右侧的8张轴签也不应裁下来贴于图轴外侧,而是图签在原处不动,图轴外侧的图名另行解决。唯有如此保护轴签原貌,才与"材料和措施可逆"的修复原则相符。

其实,此图经分切合裱改为折装也不是绝对不行。只要第一、八条不加裁切,捶拓特征不被淡化,尽管不合作者意图,但这样的分切合裱操作过程是可逆的,亦不失为一种有益的保护方式,毕竟折装在收纳、保存、携带和展示等方面都更为方便。

我们还可以从大小两个方面引申一下此图分切合裱操作的经验教训:

1.从小的方面看,我们要在修复工作中坚持"三护"做法:

(1)墨色维护

如此图蓝绿两色层次和字口墨色要认真保护,避免洇化、虚化与模糊。

(2)版痕呵护

如拓片空白处的皱纹,古籍刷印后字口、界栏的压痕,套印后的错位印痕,同时捶拓若干墨色的不错位特征等,均应悉心加以保护,不能淡化、磨灭或压平。

(3)附件守护

附件就是与文献主体分离,而修复前保存在一起的书签、夹纸、配件以及脱落的邮票、税票和藏书票等物品。如此图的8张轴签被裁下来,就成为原图的附件,绝对不能丢失,最起码要粘贴在图轴外侧中上方的图名处。

2.从大的方面说,我们要在修复工作中追求如下的境界:

(1)修复前,要在世界范围内(含拍卖会、私人博物馆等)搜集修复对象的相关资料与信息,尽量全面把握这一部文献所处的背景、地位与作用,以便更好地设计修复操作方案。

(2)修复后,要认真审视自己的修复成果有何得失,置于世界范围内(集合尽可能多的修复样例)评判达到了什么样的修复水平,以便形成真正科学的修复档案,以利日后进一步总结和提高。

(作者:鲍国强,国家图书馆古籍馆舆图组副研究馆员)

蝴蝶装金镶玉的实际应用

——手稿的一种修复方法

葛瑞华　程仁桃

古籍修复主要有"整旧如旧"和"整旧如新"两大类方法,其中"金镶玉"是"整旧如新"的主要方法。"金镶玉"的古籍修复方法又分为普通金镶玉、湿法金镶玉和蝴蝶装金镶玉三种[1]。在实际工作中,普通金镶玉和湿法金镶玉运用十分广泛,蝴蝶装金镶玉的应用相对少一些。

蝴蝶装金镶玉是20世纪60年代由著名修复专家张士达先生发明的,不过一直未受到人们的足够重视。近年来,这种修复方法也渐渐被重新挖掘出来,并且应用到实践中。

笔者在整理馆藏的时候,偶然发现两张落款"诸葛锡祜"的手稿。该手稿纸张较厚,材质介于绵纸和皮纸之间。由于馆藏诸葛锡祜的手稿只有此两页,而其他手稿都已经装订成册,笔者决定将这两页手稿修复后单独成册。

此手稿天头地脚的空余都不是很大,左下方还印有花草纹。手稿本身的样式也是很值得保留的,因此笔者首先排除了将手稿反面对折、前后各加上护页后直接装订成普通线装的装订方式,这种装订方式不但会改变手稿的样式,还会损害手稿原件。为保持手稿原貌,又便于储存,笔者决定用蝴蝶装金镶玉的方法来进行修复。

蝴蝶装金镶玉的具体做法,详见邱晓刚老师《蝴蝶装金镶玉:一种古籍装帧

---

[1] 参见葛瑞华、杨健:《整旧如新的古籍修复方法——三种金镶玉方法论》,《图书馆工作与研究》2012年第12期。

新方法》[1]一文。蝴蝶装金镶玉的外观与普通线装书一样,打开书页来却是蝴蝶装的样式。笔者的具体做法如下:

1.先将两页手稿做基本的修复处理。由于手稿年代已久,又长期搁置在书库架上,上面落满了灰尘,这就需要先除尘。考虑到可能会掉墨,笔者先选用干洗书页除尘法。此方法操作简单,且对于表面灰尘多的书页有着较为明显的效果。具体做法为:将全麦面粉加上凉水,用竹板搅拌均匀,稀稠程度类似于人们平时喝的面汤;再慢慢加入滚开的水,边加边搅匀,将面烫熟,若不熟,可以借助电磁炉加热;再往盆里加干面粉,将面揉匀,面粉加到不粘手为宜;将面团分成一个个的小面团,将手稿单张铺在撤潮纸上,手拿面团从书页中间往上下滚搓除尘,脏污严重处多搓几次,面团脏了要更换新的面团,手稿纸张的正反面都要除尘。经干洗除尘后,手稿页已大致干净,可再用水洗书页法进一步除尘。由于手稿存在跑墨的风险,所以一定要先在局部试水。为保险起见,可先将手稿用宣纸包起来上锅蒸一下。此手稿上有几处破洞,接着就是要补洞了。由于手稿本身纸质较厚,补纸也要选较厚一些的,如果身边没有合适厚度的补纸,可以将薄一些的补纸叠起来使用,以与手稿纸厚度相同。

2.溜口。邱晓刚老师在上引文章中指出,凡是做蝴蝶装金镶玉的,都要重新溜口,而且溜口纸的宽度要宽于平时修补书页的溜口纸。这是为下一步粘拉手做准备,如果不溜口,拉手将直接粘在书页上,之后在拉手上打眼订线引起的受力会直接作用于书页上,使书页更易受损。溜口时将手稿正面对折,以背面折痕处为中线溜口。

3.粘拉手。拉手的纸质要非常好,要坚韧有力。拉手由上底与书口同长,下底长于书口且不超过衬纸的高度的梯形与长方形组成,宽1.5—2厘米即可。按邱晓刚老师文章中所述方法粘好拉手后,再将手稿页压平备用。

4.挖衬。用与手稿纸张厚度相当的宣纸做金镶玉的材质,宣纸的尺寸要大于计划完成金镶玉的尺寸,以备下一步裁边。两张宣纸一起对折,注意书口处要尽量贴靠在一起,不留空隙。取出手稿其中一页,量好尺寸,将手稿的四条边缘在宣纸上扎出针眼以做标记。需要注意的是,由于手稿年代久远,手稿的边缘并不能对整齐,所以需要半页半页地做标记(仍是四条边),并且还要在宣纸上标明是

---

[1] 发表于《江苏图书馆学报》1996年第5期。

哪半页的标记,这样才能使做出来的书各处都厚薄一致。然后将内层的宣纸按照标记裁切出对应手稿(半页)的矩形,也就是说这时内层宣纸被裁出一个矩形空缺出来。将内外层宣纸仍然叠在一起,书口处仍旧不留空隙。用同样方法裁出其他手稿半页的宣纸矩形。

5.确定手稿的位置。手稿位置的确定一定要弄明白,因为做完以后还是蝴蝶装,所以手稿的整页是正面对折后放在两张宣纸叠成的整个宣纸与宣纸之间,也就是说打开书来,手稿仍旧是完整的。将手稿的边缘用稀糨糊点在宣纸上,一两个点就可以。手稿均放好后,压平待用。

6.打眼订线。打眼订线一如普通金镶玉,需要注意的是将拉手当作书页的书背与宣纸一起打成斜八字眼,订马蹄捻。前后加上护页。护页也需是两张叠在一起的宣纸,护页前后各加两张。接着裁边,上封皮,打眼,穿线,包角等,此不赘述。

至此,这两张手稿算是修复和装帧完毕,外观是普通的线装书,打开来是蝴蝶装。这种修复和装帧方法,既保护了单页的手稿书页:没有在手稿上扎眼订线,使手稿完整不受损,这是其他修复方法所不能做到的;也保存了手稿的原貌:翻开即是整页手稿原件。线装的形式更是方便存放,配上函套,贴好书签,安全存放于书库之中,方便易找。

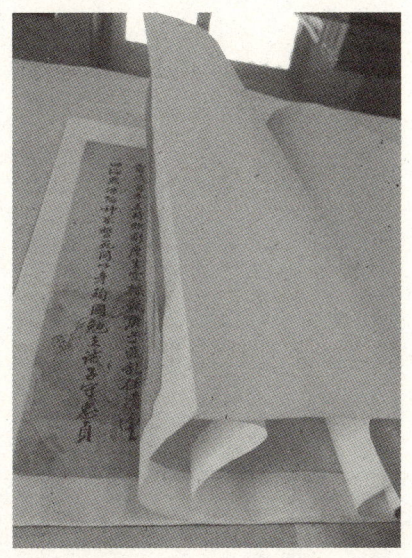

用蝴蝶装金镶玉手法修复后的手稿

通常在修复装订手稿、信札时多用挖衬的方法,这种方法适用于较窄较小型的手稿、信札,对于这种较宽大的手稿,笔者认为蝴蝶装金镶玉的修复方法最为适宜。我国清代名人手稿、信札保存较多,可以利用这种方法保存单张独页的手稿、信札等。如果能把同一类别的手稿或信札装帧在一起,既能最有效地保护原始资料,又易分类区别,方便研究。

(作者:葛瑞华,北京师范大学图书馆馆员;程仁桃,北京师范大学图书馆副研究馆员)

《中华古籍总目》分类表(修订稿)

李致忠

经部

丛编
易类
 经文之属
 传说之属
 图说之属
 文字音义之属
 分篇之属
 专著之属
 易例沿革之属
 古易之属
 易占易纬之属
书类
 经文之属
 传说之属
 文字音义之属
 分篇之属
 书序之属

 专著之属
 逸书之属
 书纬之属
诗类
 经文之属
 传说之属
 分篇之属
 三家诗之属
 诗序之属
 诗谱之属
 文字音义之属
 逸诗之属
 摘句之属
 诗纬之属
周礼类
 经文之属
 传说之属
 文字音义之属
 分篇之属

仪礼类
　经文之属
　传说之属
　文字音义之属
　分篇之属
　图谱之属
　逸礼之属
礼记类
　经文之属
　传说之属
　文字音义之属
　分篇之属
大戴礼记类
　经文之属
　传说之属
　分篇之属
　逸礼之属
三礼总义类
　通论之属
　名物制度之属
　图说之属
　通礼之属
　杂礼之属
　目录之属
　礼纬之属
乐类
　乐理之属
　乐制之属
　律吕之属
　乐纬之属

春秋左传类
　经文之属
　传说之属
　文字音义之属
　释例之属
春秋公羊传类
　经文之属
　传说之属
　文字音义之属
春秋穀梁传类
　经文之属
　传说之属
　文字音义之属
　专著之属
春秋总义类
　经文之属
　传说之属
　文字音义之属
　春秋纬之属
　附春秋繁露之属
孝经类
　经文之属
　传说之属
　文字音义之属
　孝经纬之属
四书类
　大学之属
　　正文
　　传说
　中庸之属

    正文   训诂之属
    传说   群雅
  论语之属   字诂
    正文   方言
    传说   总义
    分篇   文字之属
    文字音义   说文
    古齐鲁论   注解
    论语纬   音释
  孟子之属   六书
    正文   部目
    传说   总义
    文字音义   玉篇
    逸文   字书
  总义之属   通论
    正文   古文
    传说   字典
    文字音义   字体
    四书纬   蒙学
群经总义类   音韵之属
  传说之属   韵书
  图说之属   古今韵说
  文字音义之属   等韵
  授受源流之属   注音
  石经之属   译语
    通考   文法之属
    专考   文法
  集纬之属   函牍格式
小学类   公文程式
  类编之属   杂著

史部

丛编
纪传类
  正史之属
    通代
    断代
  别史之属
    通代
    断代
编年类
  通代之属
  断代之属
纪事本末类
  通代之属
  断代之属
杂史类
  通代之属
  断代之属
  外纪之属
载记类
史表类
  通代之属
  断代之属
史抄类
  通代之属
  断代之属
史评类
  史学之属
  史论之属
  考订之属
  咏史之属
传记类
  总传之属
    历代
    郡邑
    家乘（家传、谱牒）
    姓名
    人表
    君臣
    儒林
    文苑
    技艺（书画、印人、伶人、畴人）
    忠孝
    隐逸
    列女
    释道仙
  别传之属
    个人
    年谱
    事状
    碑传
    墓志
  日记之属
  杂传之属
  科举录之属
    总录
    历科会试录
    恩科录
    历科乡试录

诸贡录　　　　　　　　军政之属
武试录　　　　　　　　　兵制
职官录之属　　　　　　　马政
　总录　　　　　　　　　保甲
　历朝　　　　　　　　　团练
政书类　　　　　　　　边政
通制之属　　　　　　　　律令之属
仪制之属　　　　　　　　刑制
　通礼　　　　　　　　　律例
　典礼　　　　　　　　　治狱
　杂礼　　　　　　　　　判牍
　专志　　　　　　　　　法验
　　纪元　　　　　　　考工之属
　　谥法　　　　　　　　营造
　　讳法　　　　　　　　杂志
　　科举校规　　　　　掌故琐记之属
邦计之属　　　　　　　公牍档册之属
　通纪　　　　　　　**职官类**
　营田　　　　　　　　官制之属
　赋税　　　　　　　　　通制
　贸易　　　　　　　　　专志
　俸饷　　　　　　　　官箴之属
　漕运　　　　　　　**诏令奏议类**
　盐法　　　　　　　　诏令之属
　钱币　　　　　　　　奏议之属
　户政　　　　　　　**时令类**
　地政　　　　　　　**地理类**
　荒政　　　　　　　　总志之属（全国总志）
　衡制　　　　　　　　方志之属
邦交之属　　　　　　　　通志（各省总志）

郡县志（府州县志）　　　　　陵寝
专志之属　　　　　　　　　　　**金石类**
　　古迹　　　　　　　　　　　总志之属
　　宫殿　　　　　　　　　　　　目录
　　寺观　　　　　　　　　　　　图像
　　祠庙　　　　　　　　　　　　文字
　　陵墓　　　　　　　　　　　　通考
　　园林　　　　　　　　　　　　题跋
　　书院　　　　　　　　　　　　杂著
杂志之属　　　　　　　　　　　金之属
水利之属　　　　　　　　　　　　目录
山川之属　　　　　　　　　　　　图像
　　山志　　　　　　　　　　　　文字
　　水志　　　　　　　　　　　　通考
游记之属　　　　　　　　　　　　题跋
外纪之属　　　　　　　　　　　　杂著
防务之属　　　　　　　　　　　钱币之属
　　海防　　　　　　　　　　　　图像
　　江防　　　　　　　　　　　　文字
　　陆防　　　　　　　　　　　　杂著
舆图之属　　　　　　　　　　　玺印之属
　　坤舆（世界地图）　　　　　　目录
　　全国（全国地图）　　　　　　文字
　　郡县　　　　　　　　　　　　通考
　　山图　　　　　　　　　　　　杂著
　　水图　　　　　　　　　　　石之属
　　道里　　　　　　　　　　　　目录
　　军用　　　　　　　　　　　　图像
　　园林　　　　　　　　　　　　文字
　　建筑宫殿　　　　　　　　　　通考

題跋
义例
字书
杂著
玉之属
目录
图像
通考
题跋
杂著
甲骨之属
图像
文字
通考
义例
字书
陶之属
图像
文字
郡邑之属
目录
图像
文字
题跋
杂著
目录类
通论之属
义例
考订
掌故琐记

藏书约
总录之属
史志
官修
私撰
地方
氏族
汇刻
征访
禁毁
书志之属
提要
题跋
专录之属
版本之属
通论
专考
书影

子部

丛编
儒家儒学类
经济之属
性理之属
礼教之属
鉴戒之属
家训
乡约
女范
蒙学

劝学
　　　俗训
道家类
　　先秦之属
　　　合编
　　　老子
　　　庄子
　　　其他
兵家类
　　兵法之属
　　操练之属
　　武术技巧之属
　　兵器之属
法家类
农家农学类（综合论农之书入此）
　　农艺之属
　　　农历农谚
　　　土壤耕作
　　　农家器具
　　　作物种植
　　　灾害防治
　　　产品加工
　　　膳食烹调
　　蚕桑之属
　　园艺之属
　　　总志
　　　蔬菜
　　　瓜果
　　　花卉
　　畜牧之属

　　水产之属
　　附兽医
医家类
　　丛编
　　医经之属
　　　内经
　　　难经
　　医理之属
　　　阴阳五行
　　　五运六气
　　　脏象骨度
　　　病源病机
　　　综合
　　伤寒金匮之属
　　　伤寒论
　　　金匮要略
　　　综合
　　诊法之属
　　　脉经脉诀
　　　历代脉学
　　　其他诊法
　　针灸之属
　　　经络腧穴
　　　针法灸法
　　　通论
　　推拿按摩外治之属
　　本草之属
　　　神农本草经
　　　历代综合本草
　　　本草药性

食疗本草　　　　　　　　口腔科
本草杂著　　　　　　　　妇产科之属
方书之属　　　　　　　　　广嗣
　历代方书　　　　　　　　产科
　单方验方　　　　　　　　通论
　成方药目　　　　　　　儿科之属
温病之属　　　　　　　　　痘疹
　瘟疫　　　　　　　　　　惊风
　痧症　　　　　　　　　　通论
　疟病　　　　　　　　　养生之属
　其他瘟疫病症　　　　　　导引
内科之属　　　　　　　　　气功
　通论　　　　　　　　　医案之属
　中风　　　　　　　　　医话医论之属
　脚气　　　　　　　　　合刻合抄之属
　疝症　　　　　　　　　杂著之属
　虚劳　　　　　　　　**杂家类**
　虫蛊　　　　　　　　　杂学杂说之属
　其他　　　　　　　　　杂考之属
外科之属　　　　　　　　杂品之属
　外科方　　　　　　　　杂纂之属
　痈疽疔疮　　　　　　　杂编之属
　疯症霉疮　　　　　　**小说家类**
　疔毒　　　　　　　　　杂事之属
　其他外科病症　　　　　异闻之属
　通论　　　　　　　　　琐语之属
骨伤科之属　　　　　　　谐谑之属
五官科之属　　　　　　**天文历算类**
　眼科　　　　　　　　　天文之属
　耳鼻喉科　　　　　　　历法之属

算书之属
术数类
　　数学之属
　　占候之属
　　命书相书之属
　　相宅相墓之属
　　占卜之属
　　阴阳五行之属
　　杂术之属
艺术类
　　总论之属
　　书画之属
　　　总论
　　　题跋
　　　书法书品
　　　法帖
　　　画法画品
　　　画谱
　　　画录
　　音乐之属
　　　总论
　　　琴学
　　　乐谱
　　　雅乐
　　　燕乐
　　　杂乐舞
　　篆刻之属
　　　印论
　　　印谱
　　游艺之属

　　　棋弈
　　　联语
　　　诗钟
　　　谜语
　　　剧艺
　　　投壶
　　　蹴鞠
　　　捶丸
　　　烟火
　　　角力
　　　酒令
　　　猜拳
　　　博戏
　　　杂艺
　　　锦绣
谱录类
　　饮食之属
　　器用之属
　　　陶瓷
　　　器具
　　　几案
　　　其他
　　文房之属
　　　丛录
　　　纸
　　　墨
　　　笔
　　　砚
　　　装潢
　　观赏之属

庭院
瓶花
古玩
璞玉
奇石
杂赏
服饰之属
香乘之属
宗教类
　道教之属
　　合编
　　经文
　　戒律
　　威仪
　　方法
　　众术
　　表章赞颂
　　劝戒
　　修炼
　　符箓
　　杂著
　佛教之属
　　大藏
　　经藏
　　　宝积部
　　　般若部
　　　华严部
　　　涅槃部
　　　阿含部
　　律藏

论藏
　释经论部
　宗经论部
密藏
　金刚顶部
　胎藏部
　杂咒部
　附藏密经籍
疑伪
撰述
　章疏部
　　经疏
　　论疏
　　密校经轨疏
　　义章
　论著部
　　三宗论
　　天台宗
　　慈恩宗
　　贤首宗
　　律宗
　　禅宗
　　净土宗
　　三阶教
　纂集部
　史传部
　音义部
　目录部
　杂撰部
　其他

其他宗教之属
  基督教
    合编
    圣经
    景教
    天主教
    东正教
    新教
    史志
    其他
  伊斯兰教
    经典
    至圣言行
    教义
    仪规
    史志
    其他
  摩尼教
  民间宗教

集部

楚辞类
别集类
  汉魏六朝别集
  唐五代别集
  宋别集
  金别集
  元别集
  明别集
  清别集

总集类
  丛编之属
  通代之属
  断代之属
  郡邑之属
  氏族之属
  酬唱之属
  题咏之属
  尺牍之属
  谣谚之属
  课艺之属
  域外之属
诗文评类
  诗评之属
  文评之属
  郡邑之属
  制艺之属
词类
  丛编之属
  别集之属
  总集之属
  词话之属
  词谱之属
  词韵之属
曲类
  诸宫调之属
  散曲之属
  曲选之属
  弹词之属
  宝卷之属

曲韵曲谱曲律之属
　　曲评曲话曲目之属
戏剧类
　　杂剧之属
　　传奇之属
　　总集之属
　　选集之属
小说类
　　话本之属
　　文言之属
　　短篇之属
　　长篇之属

类丛部

类书类
　　通类之属
　　专类之属
丛书类
　　汇编之属
　　郡邑之属
　　家集之属
　　自著之属

新学类表

丛编
史志类
　　诸国史之属
　　别国史之属
　　政记之属
　　战记之属
　　帝王传之属
　　臣民传之属
政治法律类
　　政治之属
　　制度之属
　　律例之属
　　刑法之属
学校类
交涉类
　　公法之属
　　外交之属
　　案牍之属
兵制类
　　陆军之属
　　营垒之属
　　海军之属
　　舰船之属
　　枪炮之属
　　子药之属
农政类
　　农务之属
　　蚕务之属
　　树艺之属
　　畜牧之属
　　农家杂务之属
矿务类
　　矿学之属
　　矿工之属
工艺类
　　工学之属

汽机之属
　　杂工之属
　　杂艺之属
财经类
船政类
格致类
算学类
　　数学之属
　　几何之属（形学）
　　代数之属
　　三角八线之属
　　曲线之属
　　微积之属
　　算器之属
重学类
电学类
化学类
声学类
光学类
气学类
　　气学之属
　　水学之属
　　火学之属
　　热学之属
　　器具之属
天学类

地学类
　　地理学之属
　　地志学之属
全体学类
动植物学类
　　动物学之属
　　植物学之属
医学类
　　诊疗之属
　　方药之属
　　卫生之属
图学类
　　图算之属
　　测绘之属
幼学类
游记类
报章类
议论类
　　通论之属
　　论政之属
　　论兵之属
　　其他之属
杂撰类
　　杂记之属
　　小说之属

（作者：李致忠，国家图书馆研究馆员，国家文物鉴定委员会委员，国家古籍保护工作委员会主任委员，故宫博物院顾问）

《中华古籍总目》著录规则

吴 格

一、著录原则

《中华古籍总目》(以下简称《总目》)是现存中国古籍的总目录,所著录古籍包括汉文古籍和少数民族文字古籍。本规则为著录汉文古籍而制定,旨在全面、准确地反映中国汉文古籍的存藏现状。《总目》编纂分两步进行,第一步各省(区)先行编纂分省卷,而后择机再进行全国性统编。《总目》两步编纂的共同基础,是全国古籍普查登记的基本著录,这就保证了《总目》"目验原书而后立目"的基本著录原则。本规则规范著录各书书名、著者、版本及其他信息。《总目》兼具联合目录功能,各款目均编制序号,各省(区)及藏书单位均编制代码,各分卷之后编制索引,从而实现联合书目功能。

二、著录内容

(一)分类标记(依《〈中华古籍总目〉分类表》标记于各部、类、属之首)

(二)基本著录

书名项(主要书名、其他书名、附录及卷数等)

著者项(主要著者、其他著者姓名及所属朝代、著作方式等)

版本项(出版年、出版者、出版地、版本类型、丛书名、批校题跋等)

附注项(对书名、著者、版本项著录的补充说明)

三、著錄格式

（一）書名項頂格著錄。著者項空一格著錄於書名項後。版本項縮入一格著錄於次行，版本附註空一格著錄於後。附註項再縮入一格著錄於次行。各項回行均與上一行對齊。例：

  史記一百三十卷　（漢）司馬遷撰　（南朝）宋裴駰集解　（唐）司馬貞索隱　（唐）張守節正義　（明）徐孚遠　（明）陳子龍測議
   明末素位堂刻本　清朱駿聲批校

（二）書名項由若干書名組成，應區分與各書對應的著者及著作方式，依次著錄。例：

  周易傳義十卷上下篇義一卷　（宋）程頤　（宋）朱熹撰　易圖集錄一卷易五贊一卷筮儀一卷　（宋）朱熹撰
   明正統十二年（1447）司禮監刻本

（三）一書有多種版本，各版本分立款目。版本相同而附有批校題跋者，另立款目。例：

  劉向古列女傳七卷　（漢）劉向撰　續一卷
   明萬曆三十四年（1606）文林閣唐錦池刻本
  劉向古列女傳七卷　（漢）劉向撰　續一卷
   明萬曆三十四年（1606）文林閣唐錦池刻本　清徐沅跋並錄清吴騫校

四、著錄字體

（一）以規範繁體字據實著錄，字庫中缺字，可暫以"■"替代並加說明（如"左某右某""上某下某""外某内某"等）。例：

  武林舊事六卷　（宋）周密撰
   明正德十三年（1518）宋廷佐刻本　明徐■（左火右勃）、清何應舉跋

（二）書名、著者、版本、附註各項，暫以相同字號、字體著錄。例：

  禮記二十卷　（漢）鄭玄注　（唐）陸德明音義
   宋余仁仲萬卷堂家塾刻本　周叔弢跋

（三）書名項中卷數、版本項中年份，均以漢字著錄（年份後加注公元紀年）。例：

[康熙]天津衞志四卷首一卷　（清）薛柱斗修　（清）高必大纂
　　　清康熙十四年（1675）刻十七年（1678）補刻本

（四）各著錄項中原有缺字或存疑待考者，以"□"表示。例：

　　皇明制書□卷　（明）□□輯

五、基本著錄

（一）书名项（包括书名、卷数、卷首、卷末、附录等）

1.书名

（1）书名据正文卷端所题著录。例：

　　詩集傳通釋二十卷詩序辨說一卷詩傳綱領一卷　（宋）朱熹撰　詩傳通
　　釋外綱領一卷　（元）劉瑾撰

（2）丛书书名一般据书前总目所题著录。例：

　　橫山草堂叢書二十二種附三種　陳慶年編

（3）正文卷端所题书名不足以准确反映其内容（如各卷题名不一），可酌取该书他卷卷端、卷末、内封、牌记、目录、序文、凡例、版心或题签所题书名著录。若无合适书名，仍依序著录各卷卷端题名。例：

　　A.唐詩始音一卷唐詩正音六卷唐音遺響四卷　（元）楊士弘輯
　　B.唐音十一卷　（元）楊士弘輯

（4）书名前"监本""纂图""互注""增订""新编""新刻""重校""绣像""钦定""御纂"等冠词，均据卷端所题如实著录。例：

　　新刻歷代聖賢像贊二卷　（明）胡文煥輯
　　欽定四庫全書簡明目錄二十卷　（清）永瑢　（清）紀昀等撰

（5）原书卷端未题书名，或因残缺而未见卷端者，可据卷末、次卷、内封、尾题、序跋、版心等所题酌补书名。稿本、抄本原无题名，可据内容并参考相关文献酌拟书名。拟书名均应加方括号。例：

　　［虞美人花倡和詩］一卷　（清）周山邮倡　（清）倪衡之等和

（6）地理类中方志等书，卷端题有纂修年号者，依原题著录。原题无纂修年号者，应考定其纂修年号并加方括号冠于书名前。例：

　　［萬曆］績溪縣志二十卷　（明）陳嘉策修　（明）何堂等纂

（7）传记类中登科录、缙绅录、名臣录等书，卷端所题已含年代或地名者，依

原题名著录。原题未含年代或地名者,应考定其年代或地名,加方括号冠于书名前。例:

　　[萬曆二十二年]浙江鄉試錄一卷

　　[永康]應氏先型錄六卷首一卷

(8)传记类中登科录、日记、行纪等书,书名后可加括号附注其起讫年代。例:

　　庚子辛丑甲辰科鄉會殿試題名錄不分卷(清順治十七至十八年、康熙三年)

　　三魚堂日記二卷(清康熙十六年至三十一年) （清)陸隴其撰

(9)谱牒类中家族谱等书,卷端所题已含省县地名者,即依原题名著录。原题未含省县地名者,应予考定并加方括号冠于书名前。例：

　　[江蘇武進]靈台丁氏宗譜四卷　（清)丁德順纂修

　　[浙江義烏]大玄吴氏宗譜二十五卷首一卷　（清)吴永聲等纂修

(10)传记类中年谱等书,书名未含谱主姓名者,应考定其姓名,加方括号附注于书名中。例:

　　直講李先生[覯]年譜一卷　（宋)陳次公編

　　荀卿子[况]年表一卷　（清)汪中編

(11)完整或基本完整之丛书,即以丛书名为题名。其子目书名缩入一格,依次著录于版本项之后。子目中又含有丛书,其子目书名依次著录于子丛书书名下。例:

　　馬氏家刻集　（清)馬□輯

　　　清光緒刻本

　　　奏略四卷　（明)馬孟禎撰

　　　翊翊齋遺書　（清)馬翮飛撰

　　　　翊翊齋筆記二卷

　　　　翊翊齋文鈔一卷

　　　　翊翊齋詩鈔一卷

　　　周易費氏學八卷叙錄一卷　馬其昶撰

(12)单独流传之丛书零种,即据该零种书名、著者信息著录,版本则应著录为某某丛书本。

(13)原书正式题名外,别有通行习见之题名,可加括号附注于后(不称"一名""又名")。例:

娄東雜著(棣香齋叢書)五十六種續刊十二種　(清)邵廷烈輯

張巫齋遺集(張力臣先生遺集)六種　(清)張玿撰

2.卷数

(1)卷数依正文所标卷次、卷目据实著录。

(2)正文卷次以"上、中、下"或干支、韵目、成语等表示者,合计其卷数著录。

(3)一卷之中含若干子卷,如"卷某之上""卷某之下"者,仍著录为一卷。

(4)正文前后目录、附录等内容,未分卷者可不著录,已分卷者可依次著录于书名后。例:

枕肱亭詩集十卷文集二十卷目録二卷附録一卷　(明)童軒撰　(明)金章輯

(5)正文首、末附加内容,如目录中已列出或版心刻有"卷首(首)""卷末(末)""叙録""附録"等字样者,可分别著录("卷首""卷末"简称"首""末"),目録或版心未反映者可不著录。例:

易經本意四卷首一卷末一卷　(清)何志高撰

惠山古今考十卷附録三卷　(明)談修撰

(6)正文内容分为若干部分,各部分前有大题(卷目),页(叶)次起讫分明而未标卷次者,可合计其卷数著录。

(7)正文内容完整,首有大题、末有尾题(或仅有大题)者,不论篇幅多寡,均著录为"一卷"。

(8)正文内容虽分为若干部分,各部分或标有小题(如"五古""七古"等),或页(叶)次分别起讫,但未分别标明卷次者,可著录为"不分卷"。例:

御覽孤山志不分卷蘭亭志不分卷　(清)王復禮輯

(9)章回小说、戏曲等书,应同时著录其卷数及章、回、折、出数。例:

新刻鍾伯敬先生批評封神演義十九卷一百回　(明)陸西星撰　(明)鍾惺評

(10)正文所存卷数不足或有余,书名项仍著录原有卷数,并于附注项说明实存或实缺之卷数及卷次。原有卷数不详,可以"□"表示。例:

相鑑二十卷　(明)太祖朱元璋撰

明洪武十三年内府刻本

　　缺四卷(賢臣傳五至六、奸臣傳三至四)

兵部則例□□卷

　　清乾隆内府鈔本

　　　存三十九卷(一至三十九)

(11) 正文缺卷如系原題"未刻""嗣刻"者，可于版本項後加注說明。例：

通義堂文集十六卷　(清)劉毓崧撰

　　清光緒十四年青溪舊屋刻本

　　　卷六以下未刻

(12) 叢書書名項應著録叢書種數(書名已含"某某種"者可省略)，而不計總卷數。子目卷數著録于各子目書名之後。例：

魏貞庵遺書二種　(清)魏裔介撰

　　清康熙龍江書院刻本

　　　論性書二卷

　　　樗林偶筆二卷續筆二卷閒筆一卷

(13) 叢書中含有子叢書，其子目著録于子叢書名下，仍計為一種。例：

陸雲士雜著五種　(清)陸次雲撰

　　清康熙二十二年宛羽齋刻本

　　　八紘繹史

　　　　八紘譯史四卷

　　　　八紘荒史一卷

　　　　峒谿纖志三卷

　　　　纖志志餘一卷

　　　　譯史紀餘四卷

　　　澄江集一卷

　　　北墅緒言五卷

　　　玉山詞一卷

　　　湖壖雜記一卷

(14) 叢書附刻之書，可于書名及種數後據實著録為"附某種"，子目有附刻，種數可不計。例：

幾亭全書五種附一種　（清）陳龍正撰
　　　　學言三卷
　　　　學言詳記十七卷
　　　　政書二十卷
　　　　文録二十卷
　　　　因述二卷
　　　　附
　　　　陳祠部公家傳二卷　（清）陳揆撰

(15)丛书原分编(辑、集、函)者,书名项亦予反映。例：
　　南菁書院叢書八集四十一種　王先謙　繆荃孫輯

(二)著者项(包括主要责任者、其他责任者及其时代、姓名及著作方式等)

1.著者时代

(1)著者时代以朝代名加括号著录于著者姓名前。

(2)著者时代按下列朝代名称著录,先秦子书著录时代及著者时应慎重。

　　周　春秋　戰國　秦　漢　三國魏　三國蜀　三國吳　晋　南朝宋
南朝齊　南朝梁　南朝陳　北魏　北齊　北周　隋　唐　五代　宋　遼
西夏　金　蒙古　元　明　清

其余朝代名称,可参照《中国历史年代简表》(文物出版社)。

(3)著者朝代一般以卒年为断,个别著者之朝代,可参考其生平活动、成书年代及传统著录确定。例：
　　永曆實録二十六卷　（清）王夫之撰
　　牧齋初學集一百十卷目録二卷　（清）錢謙益撰

(4)主要著者及其他著者姓名前,均应加朝代简称。例：
　　三國志六十五卷　（晋）陳壽撰　（南朝宋）裴松之注　（明）陳仁錫評

(5)著者生存时代已至辛亥革命以后者,姓名前可不加时代简称。例：
　　吴録一卷　（晋）張勃撰　葉昌熾輯

2.著者姓名

(1)著者姓名以通用真实姓名著录,除著者以字号行世者外,一般不取字号别称。

(2)正文卷端未题著者姓名,可酌题姓名。例：

253

史記一百三十卷　（漢）司馬遷撰

(3)正文卷端下題著者郡望、籍貫，著者姓名外連書字號、別稱等，著錄時可以省略。例：

　　　稚黃子文洴一卷　錢塘毛先舒稚黃一名騤字馳黃著

　　　稚黃子文洴一卷　（清）毛先舒撰

(4)正文卷端下題著者姓名未盡可信者，或正文卷端下題字號別稱，未能查知其真實姓名者，著錄時可加"題"字。例：

　　　關氏易傳一卷　題（北魏）關朗撰　（唐）趙蕤注

　　　戊申大政紀七卷　題（清）擷華主人輯

(5)一书有若干著者参与撰著，依次著录原著者及其他著者姓名。例：

　　　唐三體詩六卷　（宋）周弼輯　（元）釋圓至注　（清）高士奇補正

(6)一书由两人合著，著录两人姓名。两人著作方式相同，姓名间加空格分隔，前者撰著方式可省略。两人以上合著者，如其朝代及著作方式相同，一般可省略其他著者，径称"某某等撰"。例：

　　　祕書監志十一卷　（元）王士點　（元）商企翁撰

　　　[宣統]山東通志二百卷首九卷　（清）楊士驤等修　（清）孫葆田等纂

(7)原书未题著者朝代及姓名者，可著录为"（□）□□撰"。例：

　　　青岩禦寇實錄一卷　（□）□□撰

(8)官方修纂刻印之书，著者依原书所题机构名著录。原书未题著者且暂未考得者，著者项从省。例：

　　　農桑輯要七卷　（元）司農司撰

　　　洪武四年會試紀錄一卷

(9)"钦定""御纂"之书，可著录实际主持修纂人姓名，并省略"奉敕"等字。例：

　　　御纂周易折中二十卷首一卷　（清）李光地等撰

(10)历代帝王或后妃撰著之书，著者姓名前加庙号或谥号。例：

　　　翰墨志一卷　（宋）高宗趙構撰

　　　大明仁孝皇后內訓一卷　（明）仁孝皇后徐氏撰

(11)历代藩王或有封爵者撰著之书，可据考订所得著录其真实姓名。例：

　　　魯藩二宗室詩集一卷　（明）朱健根　（明）朱觀熰撰

(12)妇女所著之书,著录本人姓名,不冠丈夫姓氏。例:

　　列女傳補注八卷叙録一卷校正一卷　（清）王照圓撰

(13)僧侣所著之书,著录其法名,并于法名前冠以"释"字。例:

　　鼓山志十二卷　（清）釋元賢撰

(14)域外著者撰著之书,著者姓名前冠以该国国名。例:

　　七經孟子考文補遺一百九十九卷　（日本）山井鼎撰　（日本）物觀補遺

(15)合刻或主从书名之著者责任如可区分,书名及著者项可分别著录。例:

　　易傳集解十七卷　（唐）李鼎祚撰　周易音義一卷　（唐）陸德明撰

3.著作方式

(1)一般依正文卷端所题著录,性质相同或相近之著作方式,可适当归并而不尽据原题。

(2)原题为撰、著、述、学、拟、议等著作方式,可统称为"撰"。

(3)汇编整理前人著作者,可统称为"编"(如丛书、类书)。

(4)辑录编次前人著作者,可统称为"辑"(如辑佚书)。

(5)编纂有关资料以成专书者(如政书、方志等),可统称为"纂修"。

(6)对前人著作加工者,如注、疏、笺、训诂、音义、集译、集传等,可依原题著录。

(7)对前人著作批点、评述、校勘、考订、续补者,可依原题著录。

(8)图谱类著作,可著录为"某某绘"。书法类著作,可著录为"某某书"。印谱类著作,可著录为"某某篆"。

(9)目录及金石类著作,可著录为"某某藏""某某编(撰)"。收藏者自编目录者,可称"某某藏并编(撰)"。

(三)版本项(包括出版年、出版者、出版地、版本类别、丛书名、批校题跋等)

1.著录格式

版本项以书中序跋、牌记、题记等为主要依据,并参考相关文献著录之。完整之版本项应著录为:

　　某(朝)某某(年號)某某(年)某某(籍貫/郡望)某某(人)某某(堂、樓、齋、館等)刻(稿、寫、抄、活字印、影印等)某某(叢書)本　某某批校、题跋

2.出版年

(1)出版年以朝代名及年号纪年表示,辛亥革命后用民国纪年。

(2)干支、太岁及佛历等纪年,可转换为相应朝代年号纪年。例:

　　"光緒戊子九月"作"清光緒十四年"(月份從省)

　　"淳熙柔兆涒灘中夏初吉"作"宋淳熙三年"(月、日從省)

(3)原书反映始刻年,又知其终刻年者,著录时以终刻年为准。终刻年不详者,即著录始刻年。始刻年至终刻年完全明确者,可著录为"某某年至某某年刻本"。例:

　　述古叢鈔四集二十六種　(清)劉晚榮輯

　　　　清同治九年至光緒五年(1870—1879)古岡劉氏藏修書屋刻本

(4)原书无序跋、牌记、题记等说明刊刻年代者,可据其版刻特征并参考相关文献考定题为"宋刻本""元刻本""明刻本""清刻本"等。例:

　　春秋經傳集解三十卷　(晋)杜預撰　(唐)陸德明音義

　　　　宋刻本

　　增修陸狀元集百家注資治通鑑詳節一百二十卷　(宋)陸唐老集注

　　　　元刻本　清丁丙跋

(5)未能确定具体出版年份之明、清刻本,可据其版刻特征并参考相关文献对其刊刻年代略加界定,如:

A.明初刻本:一般指明洪武至永乐年间刻本。例:

　　書傳會選六卷　(明)劉三吾等選

　　　　明初刻本

B.明末刻本:一般指明天启至崇祯年间刻本。例:

　　詩經剖疑二十一卷　(明)曹學佺撰

　　　　明末刻本

C.清初刻本:一般指清顺治至康熙中期刻本。例:

　　畿輔人物志二十卷　(清)孫承澤撰

　　　　清初刻本

D.清末刻本:一般指清光绪至宣统年间刻本。例:

　　幼女歌一卷戒溺女歌一卷　(清)□□編

　　　　清末刻本

(6)已知大致刊刻年代而不能确定具体刊刻年份者，如原刻序跋等反映作序时其书已刻成或即将付刻，可将其出版年代著录为"某（朝）某某（年号）刻本"。例：

　　紀效新書十八卷首一卷　（明）戚繼光撰

　　　　明萬曆刻本

(7)刻本曾经修补续刻者，可据原书序跋、牌记、题记等一并著录原刻及修补续刻年代。例：

　　春秋屬辭十五卷　（元）趙汸撰

　　　　元至正二十年至二十四年(1360—1364)休寧商山義塾刻明弘治六年(1493)高忠重修本

　　［康熙］晋州志十卷　（清）郭建章原本　（清）康如璉續修　（清）劉士麟續纂

　　　　清康熙三十九年刻(1700)咸豐十年(1860)補刻本

(8)宋元刻本经历代重修后印者，可将原刻及重修年代一并著录。例：

　　南齊書五十九卷　（元）蕭子顯撰

　　　　宋刻宋元明遞修本

(9)抄本书据其题识及版本特征（如行格、堂号、纸质、字迹、避讳、印鉴、装帧等），以确定其抄写年代，著录方法同刻本。例：

　　仁廟聖政記二卷宣廟聖政記二十一卷　（明）□□撰

　　　　明抄本

　　國榷不分卷　（明）談遷撰

　　　　清初抄本

(10)丛书之出版年代确有依据者，著录方法同单刻本。例：

　　奇晋齋叢書十六種　（清）陸烜編

　　　　清乾隆三十四年(1769)陸烜奇晋齋刻本

(11)丛书经修补续刻者，可一并著录原刻及续刻年代。例：

　　稗海四十八種續二十二種　（明）商濬編

　　　　明萬曆商濬刻清康熙振鷺堂重編補刻本

(12)丛书由汇印前人版片而成，可一并著录原刻及汇印年代。例：

　　頤志齋叢書二十二種　（清）丁晏撰

　　　　清道光咸豐間丁氏六藝堂刻同治元年(1862)彙印本

　(13)丛书零种之出版项,如丛书系一次刻成者,即以丛书之刻年作为该零种之刻年;如丛书系陆续刻成,各零种自有刻年可据,即著录该零种之刻年(并著录为"某某丛书本")。例:

　　　華陽陶隱居集二卷　(南朝梁)陶弘景撰
　　　　明正統刻道藏本

　(14)一书确系先以单刻印行,后始编入丛书者,即著录其单刻年代,不称其为"某某丛书本"。如有必要,可于版本项后加注说明。例:

　　　周易通論月令二卷　(清)姚配中撰
　　　　清道光十四年(1834)一經廬刻本
　　　　　此書後編入《一經廬叢書》

　(15)稿本、抄本含有写抄年代信息者,可著录为"某朝(某年)某氏稿本""某(朝)某某某(人/机构)抄本"等。例:

　　　紀元編三卷　(清)李兆洛撰　羅振玉訂補
　　　　清光緒三十二年(1906)羅氏稿本
　　　西漢年紀三十卷　(宋)王益之撰
　　　　清乾隆翰林院抄本

3.出版地

出版地即一书之实际刊刻地,书中牌记、序跋等如有确切记录,即可据以著录(原题地名不改为今地名)。例:

　　　明季稗史彙編十六種　(清)留雲居士輯
　　　　清(北京)琉璃廠刻本
　　　船山遺書四十五種　(清)王夫之撰
　　　　清同治四年(1865)湘鄉曾氏金陵刻本

4.出版者

　(1)出版者以原书序跋、牌记、内封等所题为著录依据。序跋、牌记、内封无记录者,可依次查考原书卷端、版心、版框及相关文献著录(各处所题出版者不同,可于附注项说明)。

　(2)官刻之书,官方刻书机构即为出版者。例:

　　　梁書五十六卷　(唐)姚思廉撰

　　　　明萬曆三十三年(1605)北京國子監刻本
　(3)坊刻之书,书坊主人即为出版者。例:
　　　　新鐫通鑑集要十卷　(明)諸燮輯
　　　　　明金閶書林龔太初刻本
　(4)私刻之书,出资人、主持者即为出版者,出版者之姓名(氏)及室名堂号可一并著录。例:
　　　　轉情集二卷　(明)費元禄撰　(明)鍾惺等評
　　　　　清康熙九年(1670)鉛山費氏甲秀園刻本
　(5)原书所载刻书人姓名堂号及藏版处,应注意区分刻书藏版者及其他(如转版、借印、重修等)藏版者信息,著录时斟酌处理。例:
　　　　歷代通鑑纂要九十二卷　(明)李東陽　(明)劉機等撰
　　　　　明正德十四年(1519)劉氏慎獨齋刻隆慶元年(1567)崇正書院重修本
　　　　鼎鍥葉太史彙纂玉堂鑑綱七十二卷　(明)葉向高撰
　　　　　明萬曆書林種德堂熊成冶刻本
　　　　　明萬曆三十年(1602)書林熊體忠刻本
　(6)抄本书之抄写者可视为出版者。据抄本之卷端、题识、版心、版框及有特征之稿纸等,可确定抄书人姓名、别号者,即著录为"某某抄本"。例:
　　　　行朝録三卷　(清)黄宗羲撰
　　　　　清初毛氏汲古閣抄本　清王仁俊跋

5.版本类别(附批校题跋)
　(1)版刻刷印之书统称"刻本"(不称"刊本""雕本"),原称"重刻本""翻刻本"者,仍著录为"刻本"。
　(2)据旧本影写刻印之书称"影刻本",影刻本又可分"影宋刻本""影元刻本"等。例:
　　　　李翰林集三十卷　(唐)李白撰
　　　　　清光緒三十二年(1906)吳隱影宋刻本
　　　　孝經一卷　(唐)玄宗李隆基注　(唐)陸德明音義
　　　　　清初影元刻本
　(3)木、铜、泥制活字印刷之书称"活字印本",著录中应区分"木活字印本""铜活字印本"及"泥活字印本"等。例:

　　　　泥版試印初編七卷　（清）翟金生撰

　　　　　　清道光二十四年（1844）泥活字印本

　　　　函史下編二十一卷　（明）鄧元錫撰

　　　　　　明萬曆念初堂木活字印本

(4)清末西方活字印刷技术传入后排版印刷之书，统称"排印本"（不称铅印本、摆印本、聚珍印本等）。例：

　　　　華延年室題跋二卷殘明大統曆一卷殘明宰輔表一卷　（清）傅以禮撰

　　　　　　清宣統元年（1909）俞人蔚排印本

(5)清末西方影印术传入后所印之书，原书称"石印本"者可径依著录，其余统称"影印本"（不称照相印本、写真印本等）。

(6)印谱类书应注意区分"钤印本""钤拓本""刻本"及"影印本"等。原先刻有序跋、注释文字而后钤印者，可称"某某刻钤印本"。例：

　　　　印品七卷印章要論一卷　（明）朱簡輯

　　　　　　明萬曆三十九年（1611）刻鈐印本

(7)刻本非墨印者可称"某某刻蓝印本""某某刻朱印本"，两色印本可称"某某刻朱墨印本"，两色以上印本可称"某某刻几色套印本"。例：

　　　　御批歷代通鑑輯覽一百二十卷　（清）傅恒等撰

　　　　　　清乾隆三十三年（1768）內府刻朱墨印本

(8)原书以公文纸刷印者，可称"某某刻公文纸印本"。例：

　　　　通鑑續編二十四卷　（明）陳桱撰

　　　　　　元至正二十一年（1361）顧遜刻公文紙印本

(9)稿本分为手稿本、修改稿本、抄稿本、誊清稿本及写样稿本等，抄稿本、誊清稿本可仍称"稿本"，缺乏充分依据（如印鉴、题识、批校等）者则称"抄本"。

(10)手工抄写之书均称"抄本"，如称"影抄本"，可著录为"某（朝）某（人）影抄（宋、元、明、清）本"。例：

　　　　[萬曆]濮州志六卷　（明）李先芳纂修

　　　　　　明萬曆刻本

　　　　　　影抄明萬曆刻本

(11)宋元以前各代抄本、明清宫廷组织编纂缮写之书（如《永乐大典》《四库全书》《宛委别藏》等）、佛经、名人抄写者，可称为"写本"。例：

刊謬補缺切韵五卷　（唐）王仁煦撰　（唐）長孫訥言注　（唐）裴務齊正字

　　唐寫本

皇朝禮志二十一卷　（清）國史館編

　　清內府寫本

(12)原书残缺而以其他(刻、抄)本配补者,可将缺卷卷次及配补本之版本,加括号注明于版本项后。例：

白氏文集七十一集　（唐）白居易撰

　　宋刻本(卷三十二至三十三配明影抄宋刻本)

(13)清代编纂《四库全书》时进呈或用作底本者,可于版本项后加括号注明为"四库进呈本"或"四库底本"。例：

李群玉詩集三卷後集五卷　（唐）李群玉撰

　　清初抄本(四庫底本)

(14)原书有附图或插图者,可加括号注明于版本项后。例：

七十二朝人物演義四十卷

　　明刻本(有插圖)

(15)原书载有前人批校题跋(或过录批校题跋)者,即构成该书又一版本特征,应分别著录于原版本项后(著者朝代省略括号)。例：

國語二十一卷　（三國吳）韋昭注

　　明嘉靖七年(1528)金李澤遠堂刻本　清顧之逵校並錄清段玉裁校跋

國語二十一卷　（三國吳）韋昭注

　　明嘉靖七年(1528)金李澤遠堂刻本　清惠棟校並跋　清錢士真跋並錄清錢曾跋　清丁丙跋

(16)著录批校题跋应注意用语规范,格式统一。常见著录格式如次：

　　A.某某批(校、箋、評點、圈點)

　　B.某某跋(題識)

　　C.某某批(校、箋、評點、圈點)並跋(題識)

　　D.某某臨(過錄)某某批(校、箋、評點、圈點)並跋(題識)

(17)批校题跋者不止一人,据批校题跋者时代依次著录。不同方式之批校者间、相同方式之批校者间,各加空格分隔。例：

清勞權校並跋　清勞格校

周圭璋　章炳麟　張元濟　趙萬里跋

(四)版式項

1.著錄格式

版式項著錄行款字數、書口、邊欄、界格。完整之版式項應著錄為：

×行×字小字雙行×字×口×××邊　無格

2.行款

(1)半頁(叶)行數、每行字數、雙行小字字數，均據實際數字著錄，以中文數字表示。例：

十行二十字小字雙行二十八字

(2)若每行大小字數不易統計者，則著錄為"不等"。例：

九行大小字不等

十行二十字小字雙行不等

(3)若雙行小字字數同於每行字數，則著錄為"同"。例：

八行十八字小字雙行同

3.書口

根據實際情況著錄書口，不著花口。例：

白口

黑口

4.邊欄

根據實際情況著錄邊欄。例：

左右雙邊

四周雙邊

四周單邊

四周雙邊間四周單邊

5.界格

僅無格時著錄。例：

八行二十字白口四周雙邊　無格

(五)附注項

1.同書異名，異書名加括號著錄於書名後。

参见:五、基本著录(一)/1/(13)

2.正文所存卷数不足或有余,附注实存或实缺之卷数及卷次于版本项后。

参见:五、基本著录(一)/2/(10)

3.正文原有缺卷,缺卷情况加括号附注于版本项后。

参见:五、基本著录(一)/2/(11)

4.原书有配补,配补卷次及版本加括号附注于版本项后。

参见:五、基本著录(三)/5/(12)

5.原书为《四库全书》底本,加括号附注于版本项后。

参见:五、基本著录(三)/5/(13)

6.原书有附图或插图,加括号附注于版本项后。

参见:五、基本著录(三)/5/(14)

7.原书有前人批校题跋,空一格著录于版本项后。

参见:五、基本著录(三)/5/(15)

8.收藏单位简称,空一格注于版本项后。

参见:三、著录格式/四、著录字体

(作者:吴格,复旦大学图书馆研究馆员,复旦大学古籍保护研究中心主任、古籍研究所教授)

《中华古籍总目》款目组织(修订稿)

李国庆

《中华古籍总目》款目组织是按照经、史、子、集、类丛五部分类法对款目进行组织而形成的共同遵守的通则。

古籍编目包括著录、分类、款目组织三个环节。著录是编目的基础,分类是正确判定一书性质从而正确类归其应属的部类,款目组织则是将著录准确、分类正确的款目加以有序编排。三者有效结合,可以大大发挥目录著作的固有功能,更好地为读者服务。

长期以来,在古籍书目编制过程中,更多注重的是著录与分类,对于款目组织多率循旧目,比照部居,缺乏明文规定。此次编制《中华古籍总目》是依省区、机构、文献类型、文种等分卷,规模大,参编的范围广、人员多,若无统一明确的规定,就会使同一书在不同卷内部居在不同的位置,产生混乱。《〈中华古籍总目〉款目组织》这一规则的制定,正是为了规范编目过程中可能产生的这种歧异,从而保证《中华古籍总目》的编辑质量。

款目组织原则:

1.古籍产生之先后原则
原生古籍排序在前,衍生古籍(注释、研究等)排序在后。

2.著者生卒之先后原则
著者生(或卒)年早者排序在前,著者生(或卒)年晚者排序在后。

3.版本产生之先后原则

按照版本产生之时间先后排序：先行世者排序在前，后行世者排序在后。

款目组织方法：

1. 一般组织方法

指先按著者时代前后排序者。同一时代的作者，按生卒年前后排序。先按生年前后排序，生年不详者，再按卒年前后排序。生卒年皆不详者，按成书先后排序。成书年亦不详者，按作者的大致活动时期排序。同一种书按版本产生的时代先后排序。经、史、子、集、类丛各部类之下，凡说明按"作者时代的一般组织方法排序"者，即指按上述方法进行排序。

2. 特殊组织方法

在五部类表中，有部分款目需先用特殊组织方法排序，其后再按一般组织方法排序。凡属于按照"特殊组织方法排序"者，其类下须标示说明文字，并依说明文字说明的次序进行排序。

款目组织依据：

1. 时代依据

指按照中国历史发展过程中所产生的自然朝代组织排序：

周　春秋　战国　秦　汉　三国魏　三国蜀　三国吴　晋　南朝宋　南朝齐　南朝梁　南朝陈　北魏　北齐　北周　隋　唐　五代　宋　辽　西夏　金　蒙古　元　明　清

其余朝代名称，可参照《中国历史年代简表》（文物出版社）。

2. 地区依据

本规则指定使用的行政区划，指按照清嘉庆增修《大清一统志》所载地区顺序组织排序。遇有特殊情况，可参照《中国地方志联合目录》办法处理。

3. 国别依据

按照《中国图书馆图书分类法》附载国别表顺序组织排序。

正文

1　经部

1.1　丛编

经部丛编指汇编两种以上经书,并包括两个以上类目为一部丛书者。其款目组织,先排只带经文而无任何注疏者,后排带有注疏者。同是经文或带注疏者,按编刻早晚及收书多少排序,先少后多。相同者,按版本先后排序。

丛编以下经部诸类之书,除白文经书分别排在经部各类之首,各经分篇之属须按各经固有篇序排列外,其余以传说、图说、专著及音义等形式对各该经进行阐释者,均按作者时代的一般组织方法排序。各类之后,多附以谶纬之书。

1.2 易类

《周易》的内容包括经和传两部分。六十四卦,三百八十爻,附卦辞、爻辞为经;上彖、下彖、上象、下象、上系、下系、文言、说卦、序卦、杂卦称十翼为传。排序时先经后传,同篇者按一般组织方法排序。

1.3 书类

《尚书》又称《书》《书经》,是我国上古官方文件的汇编。分为《虞书》《夏书》《商书》《周书》。战国时期总称《书》,汉代改称《尚书》,即"上古之书"。《尚书》分今古文。西汉初年《今文尚书》传二十九篇,包括《尧典》《皋陶谟》《禹贡》及《洪范》等;《古文尚书》,也称《逸书》,较《今文尚书》多十六篇,只存篇目。现在通行的《十三经注疏》本《尚书》,是《今文尚书》与《古文尚书》的合编。按各篇先后顺序组织,同篇者按一般组织方法排序。

1.4 诗类

《诗经》共三百零五篇,分风、雅、颂三部分,然后再分篇。三家诗之属,先按鲁、齐、韩及三家诗次序排序;同类者按一般组织方法排序。

1.5 周礼类

《周礼》分《天官》《地官》《春官》《夏官》《秋官》《冬官》六篇。西汉时河间献王得《周官》,缺《冬官》,补以《考工记》。按各篇先后顺序组织,同篇者按一般组织方法排序。

1.6 仪礼类

《仪礼》今传十七篇,是汉郑玄注别录本,包括《士冠礼》《士昏礼》《士相见礼》《乡饮酒礼》《乡射礼》《燕礼》《大射仪》《聘礼》《公食大夫礼》《觐礼》《丧服》《士丧礼》《既夕礼》《士虞礼》《特牲馈食礼》《少牢馈食礼》《有司彻》。同篇者按一般组织方法排序。

1.7 礼记类

《礼记》,亦称《小戴记》或《小戴礼记》。秦汉以前各种礼仪论著的选集。有《曲礼》《檀弓》《王制》《月令》《礼运》《学记》《乐记》《中庸》《大学》等四十九篇。按各篇先后顺序组织,同篇者按一般组织方法排序。

1.8　大戴礼记类

《大戴礼》合八十五篇,其中四十七篇佚,存三十八篇,包括《主言》《哀公问五义》《哀公问于孔子》《礼三本》《礼察》《夏小正》《保傅》《曾子立事》《曾子本孝》《曾子立孝》《曾子大孝》《曾子事父母》《曾子制言》《曾子疾病》《曾子天圆》《武王践阼》《卫将军文子》《五帝德》《帝系》《劝学》《子张问入官》《盛德》《明堂》《千乘》《四代》《虞戴德》《诰志》《文王官人》《诸侯迁庙》《诸侯衅庙》《小辨》《用兵》《少间》《朝事》《投壶》《公符》《本命》《易本命》。按各篇先后顺序组织,同篇者按一般组织方法排序。

1.9　三礼总义类

本类包括通论、名物制度、图说、通礼、杂礼、目录及礼纬之属。各属之款目组织,均按一般组织方法排序。

1.10　乐类

本类包括乐理、乐制、律吕、乐纬之属。各属之款目组织,均按一般组织方法排序。

1.11　春秋左传类

本类包括经文、传说、文字音义、释例之属。各属之款目组织,均按一般组织方法排序。

1.12　春秋公羊传类

本类包括经文、传说、文字音义之属。各属之款目组织,均按一般组织方法排序。

1.13　春秋穀梁传类

本类包括经文、传说、文字音义、专著之属。各属之款目组织,均按一般组织方法排序。

1.14　春秋总义类

本类包括经文、传说、文字音义、春秋纬之属,附春秋繁露之属。各属之款目组织,均按一般组织方法排序。

1.15　孝经类

本类包括经文、传说、文字音义、孝经纬之属。各属之款目组织，均按一般组织方法排序。

1.16　四书类

本类包括大学、中庸、论语、孟子及总义之属。其中，除论语之属中要先分别古、齐、鲁论外，其余各属之款目组织，均按一般组织方法排序。

1.17　群经总义类

本类包括传说、图说、文字音义、授受源流、石经、集纬之属。各属之款目组织，均按一般组织方法排序。

1.18　小学类

本类包括类编、训诂、文字、音韵、文法之属。各属之款目组织，均按一般组织方法排序。

2　史部

2.1　丛编

史部丛编指汇编两种以上史书，并包括两个以上类目为一部丛书者。如十七史、二十一史、二十四史等，也包括少数研究几史或合刻几史的古籍，如《桐华馆史翼》五种，陆游、马令《南唐书合刻》等，其款目组织按汇编成书先后排序。相同者，按版本先后排序。

2.2　纪传类

本类包括正史和别史两属。

正史之属，指历史上逐渐形成的二十四史等。正史类之书分通代、断代。其款目组织按各史所记史事之时代先后排序。注解、研究正史之著作，列在各该正史之后，其款目组织按研究、加工者之时代先后排列。不同时代不同人同为某正史加工，视书所含加工内容及加工者时代排序，如《史记》，有只含南朝刘宋裴骃集解者，有又含唐司马贞索隐者，有再含唐张守节正义者，其款目进行组织时，则先排只含集解者，次排集解、索隐均具者，再排集解、索隐、正义均具者。三者当中的每一种都可能有若干版本，则再按版本先后排序。

别史之属，指上不至于正史、下不至于杂史，而又有补于正史的史书。别史类之书分通代、断代。通代别史按所记史事上下限时代早晚排序，同一史书，无加工阐释者排在前边，有加工阐释者按加工阐释者的时代编排，同一时代者按一般组织方法排列。断代别史，按各该书所记史事的时代早晚编排；有加工阐释者,按加工阐释者的时代排序;同一时代的加工阐释者,按一般组织方法排序。

2.3　编年类

本类包括通代和断代两属。

通代编年体史书按其所记史事上下限时代早晚排序;同一史书无加工阐释者排在前边,有加工阐释者,按加工阐释者时代排序;同一时代的加工阐释者,按加工阐释者时代的一般组织方法排序。

断代编年体史书,视其所记史事的时代早晚排序;同一断代的编年体史书,无加工阐释者排在前边,有加工阐释者,按加工阐释者时代前后排序;同一时代的加工阐释者,按加工阐释者时代的一般组织方法排序。

2.4　纪事本末类

本类包括通代和断代两属。另通纪一地一事之书,亦归入此类。

通代纪事本末之书,视其通纪史事上下限时代早晚排序。断代纪事本末之书,按其纪事所断时代早晚排序。通纪一地史事或一事本末之书,按其所纪之事的时代早晚排序。

2.5　杂史类

本类包括通代、断代和外纪三属。

通代之属先按所记史事之时代先后排列,同类者按作者时代的一般组织方法排列。断代之属按所记史事之时代先后排列,同类书按作者时代的一般组织方法排列。外纪之属先按国别的顺序排列,相同国别之史书按作者时代的一般组织方法排序。

2.6　载记类

按其所记割据政权的时代早晚排序,纪事相同者按作者时代的一般组织方法排序。

2.7　史表类

本类包括通代和断代两属。

通代之属按所记史事之时代先后排列,同类之书按作者时代的一般组织方法排序。断代之属按所记史事之时代先后排列,同类之书按作者时代的一般组织方法排序。

2.8　史抄类

先按所抄史书之时代顺序排列,同类者按作者时代的一般组织方法排序。

2.9　史评类

本类包括史学、史论、考订和咏史四属。

史学之属先排唐刘知幾《史通》，次接其他史评著作；同类者按作者时代的一般组织方法排序。其余史论、考订及咏史之属，按作者时代的一般组织方法排序。

2.10　传记类

本类包括总传、别传、日记、杂传、科举录和职官录六属。

总传之属，其下又细分为历代、郡邑等若干小类。各类款目组织，略有不同。

——历代，一般按被传人物的时代早晚排序；被传人物时代相同者，按作者时代的一般组织方法排序。

——郡邑，先按被传人物郡邑所属行政区划排序，再按被传人物的时代排序；被传人物地域时代相同者，按作者时代的一般组织方法排序。

——家乘，指家谱族谱之书，按传主籍贯或郡望所属行政区划排序；籍贯或郡望相同者，按传主姓氏笔画排序；同一姓氏者，按修谱时代前后排序；修谱之人相同者，按修者时代的一般组织方法排序。

——姓名，指姓氏录一类的古籍，按所录姓氏的时代早晚排序；同一时代者，按作者时代的一般组织方法排序。

——人表、君臣、儒林、文苑、技艺（书画、印人、伶人、畸人）、忠孝、隐逸、列女、释道仙诸类，均先按被传人的时代早晚排序；时代相同者，按修撰者时代的一般组织方法排序。

别传之属，指传述历史上某个人的传记、年谱、事状、碑传、墓志等书，先按传主的时代先后排序；时代相同者，按传主生卒先后排序。

日记之属，按日记撰者时代先后排序，同一撰者的日记按所记史事之年月先后排序。

杂传之属，先按被传人的时代前后排序；被传人时代相同者，按作者时代的一般组织方法排序。

科举录之属，指封建社会科举考试形成的录取名录，此类书的款目组织规则不尽相同。

——总录，指包括两代以上（含两代）的科举名录，据名录的时代先后排序。

——历科会试录，指封建社会历代历科的进士名录，先按所录名录的时代先后排序；同一时代者，再按科排序。

——恩科录，宋时凡士子于乡试合格后，礼部试或廷试多次不录取者，遇皇帝亲试士时，得别立名册以奏，经特许附试，谓之特奏名。凡特奏名者，一般皆能得中，故称恩科。其名册为恩科录。清时也有类似恩科。先按所录名录的时代先后排序；同一时代者，再按科排序。

——历科乡试录，指封建社会各省所举行的举人考试名录，要先按行政区划顺序排序，再按各省乡试先后次序排序。

——诸贡录，指封建社会各种贡士的名录。科举时代，在府、州、县生员中选拔成绩或资格优异者，到京师国子监读书，称为贡生。明代有岁贡、选贡、恩贡和细贡，清代有恩贡、拔贡、副贡、岁贡和例贡。登录各种贡士的名录，即为诸贡录。此类书的款目组织，按所登诸贡入监的时代先后排序。

——武试录，指封建社会乡试的武举、会试的武状元等名录，其款目组织按所录武举、武状元的时代先后排序。

职官录之属，分总录、历朝两个下位类。总录两代以上(含两代)职官名录者为总录，按所录职官时代先后排序；登录一代职官名录是为历朝，按所录职官的时代先后排序，所录职官为同一时代者，按一般款目组织方法排序。

2.11 政书类

本类包括通制、仪制及邦计等九属。

通制之属，指通考历代政治、经济制度的综论之书，其款目组织首排《通典》和十通；历代研究《通典》和十通的著作列在各该书之后；其款目组织依作者时代的一般组织方法排序。《通典》《通考》之后排会要，会要的款目组织依各会要所会集典要的时代前后排序。会要之后排历代会典、条例、则例性质之书，其款目组织依各该书所记内容的时代先后排序；同时代者，按编著者时代的一般组织方法排序。

仪制之属，包括通礼、典礼、杂礼、专志等书，专志中又包括纪元、谥法、讳法、科举校规等内容。通礼指通考通纪某种仪制之书，如清人所撰的《历代郊祀志》《释奠考》《大云山房十二章图说》等入通礼，按作者时代的一般组织方法排序。典礼之书则按各书所述时代的典礼排序；同时代者，按作者时代的一般组织方法排序。杂礼按杂礼作者时代的一般组织方法排序。专志中的纪元、谥法、讳法、科举校规之书，按作者时代的一般组织方法排序。

邦计之属，包括通纪、营田、赋税、贸易、俸饷、漕运、盐法、钱币、户政、地政、荒政、衡制等下位类,各类之书按作者时代的一般组织方法排序。

邦交之属,邦交之书按国别顺序排序,同一国者依作者一般组织方法排序。

军政之属,包括兵制、马政、保甲、团练、边政等下位类之书,按作者时代的一般组织方法排序。

律令之属,包括刑制、律例、治狱、判牍、法验等下位类。律令之书以及阐释某种律令的著作,先按时代先后排序;阐释某种律令所形成的著述,排在各相关律令之后,再按作者时代的一般组织方法排序;同一书同一作者,按版本先后排序。

考工之属,包括营造、杂志两个下位类之书,按作者时代的一般组织方法排序。

掌故琐记之属,按作者时代的一般组织方法排序。

公牍档册之属,先按公牍和档册类分,其中公牍按作者时代的一般组织方法排序;档册按其所属的时代排序,同一时代者按朝排序。

2.12　职官类

本类包括官制和官箴两属。

官制之属,包括通制、专志两个下位类,其款目组织先排通制之书,后排专志之书;同是通制、专志之书,均先按书中内容所涉及的时代先后排序;同时代者按作者时代的一般组织方法排序。

官箴之属,指封建社会做官所应遵守的规范之书,其款目组织按作者时代的一般组织方法排序。

2.13　诏令奏议类

本类包括诏令和奏议两属。

其款目组织先排诏令,后排奏议;同是诏令,按颁诏皇帝所属时代先后排序;同是奏议,按具奏人所属时代先后排序。

2.14　时令类

按作者时代的一般组织方法排序。

2.15　地理类

本类包括总志、方志和专志等十属。

总志之属,按作者时代的一般组织方法排序。

方志之属,包括通志和郡县志两个下位类,其款目组织先排通志,后排郡县志。郡县志之款目组织,先按清嘉庆增修《大清一统志》所列行政区划顺序分入各该行政区内,再按各行省所列府、州、县顺序排列。同一府、州、县志,按纂修朝代先后排序;同一朝代纂修之府、州、县志,按纂修人之先后排序。

专志之属,包括古迹、宫殿、寺观、祠庙、陵墓、园林、书院等各下位类之书,其款目组织先按行政区划排序;同一行政区划中各同类之书,按作者时代的一般组织方法排序。

杂志之属,按作者时代的一般组织方法排序。

水利之属,先按行政区划排列;同地区者再按一般作者时代的组织方法排序。

山川之属,包括山志和水志。

——山志,按行政区划排列;同地区者先排包含两山以上之总志,后排只记一山之分志;同类者按作者时代的一般组织方法排序。

——水志,按行政区划排列;同地区者先排含两水以上之总志,后排一水之分志;同类者按一般作者时代的组织方法排序。

游记之属,包括纪胜和纪行两部分。

——纪胜,先按行政区划排列各地次序;次排合纪,后排专纪;同类者按作者时代的一般组织方法排序。

——纪行,按作者时代的一般组织方法排序。

外纪之属,先排含两国以上之总志,后排一国之分志;总志按内容的时代顺序编排,分志按国别排序;同类者按作者时代的一般组织方法排序。

防务之属,包括海防、江防、陆防三个下位类,其款目组织按作者时代的一般组织方法排序。

舆图之属,包括坤舆、全国、郡县、山图、水图、道里、军用、园林、建筑宫殿及陵寝等下位类之书。其中坤舆,先排世界图,后排各洲图;同类者按制图者时代的一般组织方法排序。全国地图,按制图者时代的一般组织方法排序。郡县以下,各类均先按行政区划排列各地区次序;同地区者按制图者时代的一般组织方法排序。

2.16　金石类

本类包括总志、金及钱币等九属。

各属以及属下之各小类,其款目组织绝大部分按作者时代的一般组织方法排序;唯郡邑之属的各类,应先按行政区划排列地区顺序;同一地区者按作者时代的一般组织方法排序。

2.17 目录类

本类包括通论、总录、书志、专录及版本五属。

通论之属,按作者时代的一般组织方法排序。

总录之属中的史志,先按正史顺序排序,研究同一史志者,按作者时代的一般组织方法排序。总录之属中的官修、私撰目录,按编者时代的一般组织方法排序。总录中之地方目录,也称为地方艺文,先按行政区划排序,再按编修者时代的一般组织方法排序。总录中的氏族目录,先按氏族所属地域排序,同地域者按编修者时代的一般组织方法排序。其余汇刻、征访、禁毁等书目,按编修者时代的一般组织方法排序。

书志之属,包括提要、题跋两个下位类,按提要、题跋撰写者时代的一般组织方法排序。

专录之属,先按经、史、子、集四部顺序编排,同类者按一般编者时代的一般组织方法排序。

版本之属,包括通论、专考、书影三个下位类,均按编著者时代的一般组织方法排序。

3 子部

3.1 丛编

子部丛编指汇编两种以上子书,并包括两个以上类目为一部丛书者。其款目组织按编者时代的一般组织方法排序,同一书按版本早晚排序。

3.2 儒家儒学类

本类包括经济、性理、礼教及鉴戒四属。无注者排在前面,有注或加工阐释者,按注和加工阐释者时代的一般组织方法排序。

3.3 道家类

本类仅有先秦之属。包括合编、老子、庄子及其他四个下位类。无注者排在前面,有注或加工阐释者,按注和加工阐释者时代的一般组织方法排序。

3.4 兵家类

本类包括兵法、操练、武术技巧及兵器四属。无注者排在前面,有注或加工阐释者,按注和加工阐释者时代的一般组织方法排序。

3.5　法家类

本类的款目组织,无注者排在前面,有注或加工阐释者,按注和加工阐释者时代的一般组织方法排序。

3.6　农家农学类

本类包括农艺、蚕桑、园艺、畜牧及水产五属,末附兽医。各属的款目组织,无注者排在前面,有注或加工阐释者,按注和加工阐释者时代的一般组织方法排序。

3.7　医家类

本类包括丛编、医经及医理等二十一属。

丛编之属,指汇编两种以上医家类之书而为一书者,其款目组织先按医家类各属之顺序排列(暗分明不分),同属之书按编者时代的一般组织方法排序;同一编者之书,按版本早晚排序。

医经之属,包括内经和难经两个下位类。各类款目先按本文、注释、摘编、发挥之先后排序,同类书再按各书作者时代的一般组织方法排序。

医理之属,包括阴阳五行、五运六气、脏象骨度、病源病机及综合五个下位类。各类款目按作者时代的一般组织方法排序。

伤寒金匮之属,包括伤寒论、金匮要略及综合三个下位类。各类大致按合刻合编、注释发挥、方论歌括、杂著之先后排序,同类者再按各书作者时代的一般组织方法排序。

诊法之属,包括脉经脉诀、历代脉学及其他诊法三个下位类。本属之书大致按诊法通论、脉经、脉诀、诸家脉学、望诊、舌诊、其他诊法之顺序排序,同类者再按各书作者时代的一般组织方法排序。

其余针灸、推拿按摩外治、本草、方书、温病、内科、外科、骨伤科、五官科、妇产科、儿科、养生、医案、医话医论、合刻合抄及杂著十六属,其所属之下位类,均按作者时代的一般组织方法排序。

3.8　杂家类

本类包括杂学杂说、杂考、杂品、杂纂及杂编五属。各属均按著者时代的一般组织方法排序。

3.9　小说家类

本类包括杂事、异闻、琐语及谐谑四属。各属均按著者时代的一般组织方法排序。

3.10 天文历算类

本类包括天文、历法及算书三属。各属均按著者时代的一般组织方法排序。

3.11 术数类

本类包括数学、占候、命书相书、相宅相墓、占卜、阴阳五行及杂术七属。各属均按著者时代的一般组织方法排序。

3.12 艺术类

本类包括总论、书画、音乐、篆刻及游艺五属。各属均按著者时代的一般组织方法排序。

3.13 谱录类

本类包括饮食、器用、文房、观赏、服饰及香乘六属。各属均按著者时代的一般组织方法排序。

3.14 宗教类

本类包括道教、佛教及其他宗教三属。各属之下，先按部类细分；各部类之下，再按著者时代的一般组织方法排序。

4 集部

4.1 楚辞类

先排楚辞白文，再排历来对楚辞的注释与阐释加工之书。注释与阐释楚辞之书，按作者时代的一般组织方法排序。

4.2 别集类

本类包括汉魏六朝、唐五代、宋、金、元、明及清等七个时代别集。各时代别集，均按撰著者时代的一般组织方法排序；对某别集进行加工阐释者，则排在各该集之后，其款目组织按一般加工阐释者时代的组织方法排序。同一书者，按版本早晚排序。

4.3 总集类

本类包括丛编、通代、断代及郡邑等十一属。

丛编者，指总集类丛书，其款目按类丛所收书的时代先后排列，相同之类编，按版本早晚排序。

通代之属中的通代选集，先按所选书之时代前后排序，再按诗文俱选、只选诗、只选文排序。同类书则按选编者时代的一般组织方法排序。

断代之属中的断代选集，先按所断时代先后排序，同一断代之选集，按选编者时代的一般组织方法排序。

郡邑之属,指某一地区的总集,先按行政区划顺序排序;同一地区之总集,按选编者时代的一般组织方法排序。

氏族之属,指某氏族的总集,先按氏族所属地区的行政区划顺序排序,同一地区的氏族总集,按选编者时代的一般组织方法排序。

其他酬唱、题咏、尺牍、课艺之属,按作者时代的一般组织方法排序。谣谚按编者时代的一般组织方法排序。域外总集先按国别顺序排序,再按编者时代的一般组织方法排序。

4.4 诗文评类

本类包括诗评、文评、郡邑及制艺四属。

诗评、文评二属,均按作者时代的一般组织方法排序。郡邑之属先按行政区划顺序排序,同一地区者再按作者时代的一般组织方法排序。制艺之属按作者时代的一般组织方法排序。

4.5 词类

本类包括丛编、别集、总集、词话、词谱及词韵六属。

词类丛编,指词书的丛编丛刻,其款目组织同总集类类编。别集之属,先按时代先后排序,同一时代者,按作者时代的一般组织方法排序。总集之属,依历代、郡邑、氏族排序,同类书再按选编者时代的一般组织方法排序。词话、词谱及词韵之属,按作者时代的一般组织方法排序;同一书按版本早晚排序。

4.6 曲类

本类包括诸宫调、散曲及曲选等七属。

曲类各属之书,均按作者或编者时代的一般组织方法排序;同一书按版本早晚排序。

4.7 戏剧类

戏剧类包括杂剧、传奇、总集及选集四属,其款目组织按编著者时代的一般组织方法排序;同一书按版本早晚排序。

4.8 小说类

本类包括话本、文言、短篇及长篇四属,其款目组织按作者时代的一般组织方法排序;同一书按版本早晚排序。

5 类丛部

5.1 类书类

本类包括通类和专类两属,其款目组织按辑者时代的一般组织方法排序;同一书按版本早晚排序。

5.2 丛书类

本类包括汇编、郡邑、家集及自著四属。

汇编之属,按编者时代的一般组织方法排序;同一书按版本早晚排序。

郡邑之属,指地方丛书,其款目组织先按行政区划顺序排列,同一郡邑者按编者时代的一般组织方法排序;同一书按版本早晚排序。

家集丛书,指汇编某家前辈先贤各种著作为丛书者,其款目按所编之人的时代之前后排序;同一书按版本早晚排序。

自著丛书,指汇编历史上某个人著作而成为丛书者,其款目按所编之人的时代前后排序;同一书按版本早晚排序。

附录:《中华古籍总目·新学类表》

丛编

史志类
  诸国史之属
  别国史之属
  政记之属
  战记之属
  帝王传之属
  臣民传之属

政治法律类
  政治之属
  制度之属
  律例之属
  刑法之属

学校类

交涉类
  公法之属
  外交之属
  案牍之属

兵制类
  陆军之属
  营垒之属
  海军之属
  舰船之属
  枪炮之属
  子药之属

农政类
  农务之属
  蚕务之属
  树艺之属
  畜牧之属

农家杂务之属
矿务类
　　矿学之属
　　矿工之属
工艺类
　　工学之属
　　汽机之属
　　杂工之属
　　杂艺之属
财经类
船政类
格致类
算学类
　　数学之属
　　几何之属（形学）
　　代数之属
　　三角八线之属
　　曲线之属
　　微积之属
　　算器之属
重学类
电学类
化学类
声学类
光学类
气学类
　　气学之属
　　水学之属
　　火学之属

　　热学之属
　　器具之属
天学类
地学类
　　地理学之属
　　地志学之属
全体学类
动植物学类
　　动物学之属
　　植物学之属
医学类
　　诊疗之属
　　方药之属
　　卫生之属
图学类
　　图算之属
　　测绘之属
幼学类
游记类
报章类
议论类
　　通论之属
　　论政之属
　　论兵之属
　　其他之属
杂撰类
　　杂记之属
　　小说之属

（作者：李国庆，天津图书馆历史文献部主任、研究馆员）

南京图书馆古籍整理研究与推广

陈 立

南京图书馆是江苏省省级公共图书馆,国家一级图书馆,拥有百年馆史,文化积淀深厚。藏书总量超过 1100 万册,其中古籍约 160 万册,包括善本逾万部计十余万册,从敦煌遗书至宋元明清历代传世精品皆有所藏,是重要的古籍收藏机构。近几年来,南京图书馆在积极开展古籍保护工作的基础上,大力推进古籍的整理研究与利用,在社会服务、古籍阅读推广以及古籍整理研究等方面做了多重努力。

一、南京图书馆馆藏古籍来源与特点

(一)古籍收藏源流

南京图书馆古籍收藏可谓源流绵长。1907 年,江南图书馆诞生于古城金陵,民国期间,更名为江苏省立国学图书馆。1933 年,国立中央图书馆又筹建于南京。这两馆即为现今南京图书馆之前身。今日南京图书馆所藏上百万册古代文献,便是在百年风雨之中逐步积累而来。其中国学图书馆藏书十之八九得之于私家藏书楼,以钱塘丁氏八千卷楼、武昌范氏木犀香馆、桃源宋氏之藏书最为著名。在中央图书馆时期,曾两次大规模地收进历代文献。第一次是抗日战争初期,江、浙、皖、沪的藏书世家为生计所迫,同时怕被人劫掠,被迫出售藏书,大批善本图书逐渐流入上海书肆中,重庆教育部提取部分中央图书馆建筑经费进行了收购。第二次是在抗战胜利后,接收陈群"泽存书库"旧藏。1952 年,南京图书馆陆续接收了原苏南文管会调拨的线装书数十万册。1992 年购入顾氏过云楼藏书541种3707册。近年来，南京图书馆还通过古籍拍卖市场竞拍了几十种版本、文献、学术价值较高的古籍。令人感动的是，2014年4月，晚清著名词学家陈廷焯嫡孙陈光裕、陈昌、陈光远先生，代表家族将祖父陈廷焯的著作《词则》《白雨斋词话》两部手稿本及《骚坛精选录》残稿无偿捐赠给南京图书馆。《词则》《白雨斋词话》曾入选第二批《国家珍贵古籍名录》，文化价值极高。此次捐赠，不仅使南京图书馆有幸集齐了陈廷焯先生现存手稿，在古籍学术研究与市场化同时大热的今天，陈氏后人的无私捐赠之举，尤其令人感佩。

（二）古籍珍本特点

南京图书馆馆藏古籍中，有宋元刻本约200部、明刻本近7000部，诸如辽写经、敦煌遗书、稀见方志、名家稿抄等特色藏品丰富。目前馆藏古籍中年代最久的敦煌遗书，距今已有1500年历史。馆藏珍品，可以2010年评出的"十大珍品古籍"为代表：(1)《诗集传》二十卷，（宋）朱熹撰，宋刻本，吴寿旸跋并录陈鳣题识，丁丙跋，存八卷。此为南宋宁宗、理宗间刻本，楮墨古雅，刻印精良，为宋刻之上品。现今国内存世已无全本，南京图书馆所存八卷为最多。(2)《晏子春秋》八卷，明活字印本（目录、卷一第三至五页、卷七第一至六页、卷八第二十八至二十九页、后序配清抄本），丁丙跋。此本为明正德、嘉靖年间苏州地区活字印本，原本今海内仅存此一部。(3)《天下郡国利病书》不分卷，（清）顾炎武撰，稿本，钱大昕、黄丕烈（倩沈书山书）跋。此本为手稿，曾藏于清著名藏书家黄丕烈处。(4)《医说》十卷，（宋）张杲撰，宋刻本，黄丕烈、丁丙跋。此宋刻本现仅存南京图书馆。(5)《云仙散录》一卷，题（唐）冯贽撰，宋开禧刻公文纸印本，徐渭仁、丁丙跋。书中数页纸背有"嘉泰四年十二月""开禧元年六月"等字样，且有官印数枚，为宋嘉泰、开禧间公文纸所印实证，具有极高的版本学价值。(6)《大方广佛花严经》八十卷，（唐）释实叉难陀译，辽重熙四年（1035）泥金写本，存一卷。此本以金箔研磨制成的颜料缮写而成，卷轴装，辽重熙四年燕京宝塔寺沙门琼煦为辽圣宗耶律隆绪岳母齐国太妃祈福所制。(7)《温室洗浴众僧经》一卷，（汉）释安世高译，北宋熙宁元年（1068）写金粟山广惠禅院大藏经本。历代收藏家奉之为珍宝，今所存金粟山本藏经已屈指可数。(8)《颐堂先生文集》五卷，（宋）王灼撰，宋乾道八年（1172）王抚干宅刻本（目录及附录抄配），丁申、丁丙跋。王灼文集后世传本极少，此本虽残帙，亦为至宝。(9)《蟠室老人文集》二十二卷、《奏议》一卷、《涉史随笔》一卷，（宋）葛洪撰，宋刻本，存二卷（文集十四至十五）。

(10)《乐府新编阳春白雪》前集五卷、后集五卷,(元)杨朝英辑,元刻本,柳是校,黄丕烈、丁丙跋。传为清初柳如是手笔。书中钤"惠香阁读书记""女史"等印,皆为柳如是印。前有后人绘柳如是幅巾男装小像。

馆藏古籍方志亦为一大特色,近 6000 种,计 12000 部左右(注:包括不同版本、复本、旧志新印本及胶卷)。其中善本约 500 余部,有很多是南京图书馆独家收藏的志书,还有很多流传稀少,史料、版本价值均很高的稀见方志,如明代志书、明清乡镇志书,以及一些存世极少的名家批校本、稿本、抄本等。稀见方志(四家以下收藏)200 余种,其中孤本方志(或仅南京图书馆独家收藏全)的有几十种。

南京图书馆 1992 年所购过云楼藏书亦是精品纷呈,共 541 部 3707 册,内容涵盖经、史、子、集四大部类,版本类别完备精善,几乎囊括古代纸质书籍的所有类型。其中宋刻本 7 部,元刻本 10 部,另有明清刻本、批校题跋本、四库底本、稿本、抄本、拓本、钤印本、活字印本、套印本,除中国历代版本外,还有少量日本刻本和朝鲜刻本。其中,宋刻《乖崖张公语录》二卷、《字苑类编》十卷、《龙川略志》六卷、《龙川别志》四卷皆为此中精品之代表。《乖崖张公语录》二卷,(宋)李畋撰,宋绍定刻本,曹元忠跋。此本系宋刻宋印《语录》单行本,字体在欧、褚之间,体现宋代杭州本典型风格,单行者传世仅此一本,珍贵可知。《字苑类编》十卷,宋刻本。此书刊印精工,属南宋刻本。以"字苑"为名的古书虽有所闻,但《字苑类编》一书载籍罕见著录,堪称秘本。《龙川略志》六卷、《龙川别志》四卷,南宋刻本,曹元忠跋。此书系宋刻原本,久称海内孤帙。傅增湘曾影写一本,以校世行本,纠谬补缺至数百字之多,且可正今本更改卷帙、分合条目之失,洵为不世之秘籍。

二、南京图书馆古籍整理开发与研究

古籍服务的对象,过去主要以单一个体读者为主,他们通常具有很强的专业性,多为从事古文献研究的专家学者或者高校相关专业的学生,对于自身的需求非常明确,基本为从事某项课题研究或撰写论文而查找资料,非常重视原始文本的阅读。而近年来,文化建设及重大文化项目的古籍服务需求逐渐增加。博物馆、方志馆等文化单位的新建与扩建,各类古籍整理出版的重大文化项目,都需要公共图书馆提供大量古籍资源,公共图书馆古籍服务需求逐步由单一个体读者为主向项目扩展。这种扩展形成的古籍服务成果,也能够使更多的单一个体读者得到便利。古籍的整理开发,就是重要的服务成果形式之一。

南京图书馆近年来在古籍整理研究方面举措颇多,影印、编纂出版有《薛福成日记》《南京图书馆珍本丛刊》《南京图书馆珍本图录》《南京图书馆藏朱希祖文稿》《中国古籍总目·子部》《南京图书馆藏稀见方志丛刊》以及连续四批的江苏国家珍贵古籍名录图录等,分述如下:

1.《薛福成日记》,吉林文史出版社2004年出版,全2册。薛福成,晚清著名思想家、外交家、政论家,一生著述甚丰。本书以南京图书馆藏薛福成日记手稿本点校而成,真实记录了薛福成认识世界的心路历程,其思想中的维新色彩,对后期进步思想影响甚大。

2.《南京图书馆珍本丛刊》,是2007年南京图书馆为喜迎百年华诞与新馆全面开放,特精选代表馆藏精华的宋代至民国罕见文献影印编纂而成。内含宋刻本《诗集传》、元刻本《乐府新编阳春白雪》、清彩绘本《水浒传人物图像》、明刻本《金陵图咏》及民国旬刊《璎珞》等。

3.《南京图书馆珍本图录》,江苏人民出版社2007年出版,全1册。本书精选182种代表馆藏精华的中外文书刊编辑而成。全书分10篇,宋刻本与金元刻本依四部分类法排序,其余各篇依版本年代排序。本书意在向社会各界介绍文化典籍知识,以期馆藏历代珍本文献得到更好的保护和利用。

4.《南京图书馆藏朱希祖文稿》,凤凰出版社2010年出版,全7册。朱希祖先生是民国时期史学大家,南明史研究权威,一生著述极丰。本书以影印方式,收录馆藏朱先生的40余部手稿,内容以史学为主,兼及古典文学、版本目录学、金石学、朱氏宗谱等多个方面,其中很大部分为首次发表,反映了朱希祖先生的学术成就。

5.《中国古籍总目·子部》,上海古籍出版社2010年出版,全7册。《中国古籍总目》吸收了古代文献研究的最新成果,通过迄今最大规模的调查与著录,第一次查清中国古籍家底约20万种。全书分经、史、子、集、丛五类,共26册,子部由南京图书馆担任编纂。子部在传统分类基础上,新增诸教和新学两大类。

6.《南京图书馆藏稀见方志丛刊》,国家图书馆出版社2012年出版,全170册。该书收录南京图书馆藏方志144种,其中孤本方志53种,国内收藏单位在3家以内的稀见方志87种。涉及沪、冀、晋、内蒙古、陇、宁、新、鲁、苏、浙、皖、赣、闽、台、豫、鄂、湘、粤、桂、蜀、滇、藏等22个地区,包含了珍贵的明代方志、稿抄本及名家批校题跋本等。丛刊中有相当一部分为首次公开出版,具有较高的文献版本价值。南京图书馆为每部方志分别撰写了提要,考订了各志的纂修时代、书名、著者、版本年代、地名沿革等,并客观著述了各志主要内容与得失。全书提要总量近10万字,具有较高的学术价值。尤其值得一提的是,借该项目整理出版之机,南京图书馆对1985年出版并沿用至今的方志权威工具书《中国地方志联合目录》中的疏漏与讹误约20处,加以纠正订补,这也是对旧方志研究整理工作做出的积极贡献。此书的出版,为促进地方志文献资源的保护、开发与学术研究工作起到积极的推动作用。由于该书具有较高的学术研究价值,不仅于2013年荣获中国优秀古籍出版图书一等奖,2014年亦被江苏省人民政府评为第十三届哲学社会科学优秀成果奖一等奖。

7.《江苏首批国家珍贵古籍名录图录》《江苏第二批国家珍贵古籍名录图录》《江苏第三批国家珍贵古籍名录图录》《江苏第四批国家珍贵古籍名录图录》,凤凰出版社2008—2014年出版。本书共收录江苏省入选《国家珍贵古籍名录》的古籍1021种,配以书影和简单提要,全面反映江苏省丰厚的古籍资源,对版本学术研究也具有重要意义。

南京图书馆还参与《中华再造善本》项目,两期共入选33种珍贵古籍,均予以影印出版。同时还配合地方文史研究需要,参与《金陵全书》《广州大典》《无锡文库》《扬州文库》《泰州文献》等地方大型出版项目的整理与影印工作。这些成果不仅保存了文化遗产,为学术研究提供了文献史料,也为社会建设提供了信息咨询,发挥了重要的作用。

目前南京图书馆正在进行《南京图书馆过云楼藏书图录》《南京图书馆珍贵稿本丛刊》等项目的整理出版。《南京图书馆珍贵稿本丛刊》已经被列为国家重点出版项目,预计将收录馆藏稿本1000余种。

三、南京图书馆古籍之利用推广

古籍整理开发的最终目的是保护珍贵文化遗产,为学术研究、文化发展提供服务,这是古籍价值最大化的必然途径。因此,应该在做好古籍保护的基础上,重视对馆藏古籍及其整理出版的成果进行推广,以达到充分利用的目的。对于古籍整理的利用推广,南京图书馆从读者服务、阅读推广、学术研究三个层面进行：

（一）重视读者服务工作

南京图书馆的古籍阅览室，全年365天开放，是国内开放时间最长的公共图书馆古籍阅览室之一。阅览室提供4万册新印本、1万盒缩微胶卷与部分电子版、原本古籍阅览服务。古籍新印本可提供复印服务，同时提供各类课题咨询以及跟踪服务。为了方便读者，提供古籍普本和善本的原本阅览，珍贵古籍采用数字化扫描的方式为读者提供阅览，极大地解决了因保护而不能提供原本阅览的矛盾，受到读者的充分肯定。

（二）重视古籍的阅读推广

通过举办书展、媒体宣传等方式，向社会广泛宣传，扩大古籍及其整理研究成果的影响和应用范围。展览是阅读推广的常见形式，制作精良的展览可以在第一时间吸引观者，并使之对展览主题产生浓厚的兴趣。南京图书馆近几年接连举办"南京图书馆阅读节之主题展览""南京图书馆馆藏珍本精品展""百年珍藏——南京图书馆馆藏古籍珍本展""海峡两岸玄览堂珍籍合璧展""过云楼藏书合璧展""古都记忆——南京图书馆地方志文献图片展""江苏地方文献图片展""册府千华——江苏省藏珍贵古籍特展"等，将南京图书馆馆藏精品古籍与整理出版的成果相结合，予以宣传推广，不仅让更多的专家学者了解南京图书馆馆藏珍贵古籍的特点，为专业研究所用，也引导公众走近历史文献，了解古籍承载的历史源流与文化传统。

自2010年起，南京图书馆开始举办"南图阅读节"，阅读节中的"主题论坛"是整个活动的重头部分。该论坛邀请业界专家、中青年学者进行学术交流，并与读者互动，多层面、多角度地深入解读名著。目前已完成对《红楼梦》《西游记》《水浒传》《三国演义》四大传统名著的剖析解读。南图阅读节主题论坛的举办，更加注重专业性、学术性，是更高层次的关于历史文献解读的品牌活动。

为取得社会效益的最大化，南京图书馆还立足于建设全方位、立体化、多媒体的宣传网络，提高公众对古籍整理研究的认知度与参与度。比如先后与《金陵晚报》《现代快报》进行合作，开设南京图书馆馆藏珍贵历史文献以及国学专栏，由南京图书馆精选珍本古籍进行介绍与解析，开展全面宣传。

（三）开展专题学术研讨会

南京图书馆多次召开专家座谈会，就古籍整理出版专题进行研讨。如2012

年,南京图书馆联合国家图书馆出版社,举办了《南京图书馆藏稀见方志丛刊》新书发布暨地方志整理出版座谈会。南京大学教授茅家琦、浙江大学教授仓修良、复旦大学教授邹逸麟等来自高校、图书馆、档案馆、博物馆、出版界的40余位领导和专家学者参加了会议。与会的专家学者不仅就《南京图书馆藏稀见方志丛刊》的出版意义进行了讨论,更重要的是深入探讨了方志整理出版工作的意义和价值,并就方志出版的整体思路进行了具体的讨论。《南京图书馆藏稀见方志丛刊》的整理出版对进一步促进地方文献资源的保护、开发与利用,对地方志的整理和研究有着重要意义,且其推广与宣传工作开展得较为及时,因此受到图书馆界、文史学界的普遍关注。2012年南京图书馆还举办了"南京图书馆藏过云楼藏书专家鉴定会",2014年与台湾汉学研究中心联合主办了"首届玄览论坛:中华传统文化的价值追求"学术研讨会,社会反响热烈。

  中国历代产生的文献典籍,借助中国传统的笔墨纸张、书写装订及雕版印刷,经由先人的传抄刻印、流转传承,在今天仍然得以大量保存,是中华民族最为珍贵的遗产。只有充分发挥古籍的文化价值与学术价值,做到古为今用,才能真正实现优秀传统文化思想精粹的继承。我们应该在做好古籍原生性保护工作的基础上,积极思考与探索,采取更多有效的方式开展古籍整理研究,以实现古籍应有的价值。

(作者:陈立,南京图书馆历史文献部主任、副研究馆员,江苏省古籍保护工作专家委员会委员)

征稿启事

由国家古籍保护中心主办、大象出版社出版的《古籍保护研究》，在全面实施"中华古籍保护计划"的背景下，在图书馆古籍界同人的关注和支持下，于2015年底正式创办出版。编纂本书旨在推行"中华古籍保护计划"，为古籍工作者搭建一个交流古籍保护工作与业务研究成果的平台，广泛宣传古籍保护工作重要意义，总结先进工作经验，及时发表古籍保护研究成果，推进并指导古籍保护工作向纵深发展。

本书定为每半年一辑，一年出版二辑，每辑在6月和12月出版。为推进工作、加强联谊，并适时举办作者学术研讨会，兹向古籍工作者正式约稿，并将有关要求公布如下，敬希大家赐文或者推荐佳作。

一、征稿范围：凡与"中华古籍保护计划"业务有关、属于"古籍保护"新的研究成果，均在征集范围。

二、基本要求：本书欢迎原创文章，立题有创意有新意，文风朴实严谨，所论内容言之有物。

三、篇幅一般限5000字以下。有关古籍保护方面的重要工作和重要研究成果及特邀稿件不受此限。

四、除特殊约稿外，一般只收电子文稿，邮件请发至 gjbhyj@163.com，标题请注明"《古籍保护研究》投稿"字样。

五、文章署名（包括笔名）置于标题下面正中。作者真实姓名、工作单位、联系地址、邮政编码、电子邮箱以及电话等信息，请附于文末，以便及时取得联系。

六、本书栏目设置附后,作者可有针对性地撰稿。作者还可根据自己文章的内容自荐适合之栏目。

七、一个月内未接到编辑部采用通知者,作者可另行处理来稿。请勿一稿多投,更不能将已发文章更换题目后再发。如有发现,将列入不良记录。若给本书造成不良影响,将谢绝继续投稿。

八、来稿一经刊用,即按出版社标准支付稿酬、寄赠样书两册。

九、编辑部地址:北京市海淀区中关村南大街33号国家古籍保护中心(邮编:100034)。

联系人:王红蕾　联系电话:010-88545903

《古籍保护研究》编辑部
2015年10月

附录:《古籍保护研究》栏目设置

1.本栏目依据"中华古籍保护计划"执行情况设置。

2.栏目共设十二个,全部涵盖古籍保护工作与研究所涉及的范围。

3.一至十二栏目的顺序如下,各期保持不变。

4.每期根据收文实际内容和数量,设定相关栏目。

　　一、古籍保护综述

　　二、古籍普查与编目

　　三、古籍定级与《名录》

　　四、古籍人才培养

　　五、古籍存藏环境

　　六、古籍修复

　　七、古籍再生性保护

　　八、古籍数字化建设

　　九、古籍标准规范化建设

　　十、少数民族古籍保护

　　十一、海外中华古籍保护

　　十二、古籍保护推广